WISO: Scheidung, Trennung, Unterhalt

Dr. Matthias Nick ist Chef vom Dienst in der WISO-Redaktion.

Matthias Nick

Michael Opoczynski, Martin Leutke (Hrsg.)

Trennung, Scheidung, Unterhalt

Campus Verlag
Frankfurt/New York

Immer aktuell

Über Gesetzesänderungen, die sich nach Redaktionsschluss ergeben haben, informieren wir Sie hier:

 www.campus.de/wiso/scheidung

Einfach den QR-Code scannen oder
auf unserer Website zum Buch nachschauen!

ISBN 978-3-593-39836-5

Copyright © 2013 Campus Verlag GmbH, Frankfurt am Main
Umschlaggestaltung: hauser lacour, frankfurt; melanie opad
Umschlagmotiv: © getty images
Typografie & Herstellung: Julia Walch, Bad Soden
Gesetzt aus der Swiss 721 BT
Druck und Bindung: Beltz Druckpartner, Hemsbach
Printed in Germany

Dieses Buch ist auch als E-Book erschienen.
www.campus.de

Inhalt

Vorwort

Wenn Sie dieses Buch in der Hand halten, stecken Sie wahrscheinlich mittendrin – in der Krise. Sie haben sich von Ihrem Partner getrennt oder sind so zerstritten, dass Sie keine Zukunft mehr für Ihre Ehe sehen.

Natürlich ist das für Sie emotional ein sehr schwieriger Zeitpunkt. Und doch müssen Sie gerade jetzt einen klaren Kopf behalten – es gibt viele Fragen zu beantworten: Wie läuft eine Scheidung überhaupt ab? Was geschieht mit meinen Kindern? Stimmt es, dass man zuvor ein Trennungsjahr »überstehen« muss? Was ist ein Versorgungsausgleich, was ein Zugewinnausgleich? Und welcher davon hat mit meiner Rente zu tun? Mein Partner will in der Wohnung bleiben, muss ich ausziehen?

Einen der Schwerpunkte dieses Ratgebers bildet das Thema Geld: Was passiert mit der gemeinsamen Immobilie, dem Hausrat und dem Familienauto? Wie viel Unterhalt muss ich zahlen beziehungsweise mit wie viel Unterhalt kann ich rechnen?

Das neue Unterhaltsrecht, zum Januar 2008 in Kraft getreten, hat viel durcheinandergewirbelt. Im Folgenden sollen Sie erfahren, wie der Gesetzgeber Trennungs- und nachehelichen Unterhalt neu geregelt hat und ab wann Sie oder Ihr Partner wieder voll arbeiten müssen. Erst vor Kurzem wurden die Regelungen des Versorgungsausgleichs und des Zugewinns ebenfalls geändert und neue Regelungen für langjährige Ehen getroffen. All diese Reformen finden – wie auch das neue Verfahrensrecht – Berücksichtigung, damit Sie im »Paragrafendschungel« den Überblick behalten.

Dieser Trennungsberater widmet sich aber nicht nur dem Thema Scheidung, sondern auch dem Zusammenleben mit einem neuen Partner – ohne Trauschein. Was ist wichtig in der »wilden Ehe«? Was muss ich in Sachen Versicherung, Miete, Haftung, Steuern und vielen anderen Themen beachten?

Diesen WISO-Ratgeber können Sie an einem Stück durcharbeiten, um sich umfassend mit jedem Aspekt in Sachen Trennung und Scheidung vertraut zu machen. Sie können ihn aber auch wie ein Nachschlagewerk benutzen: Jedes Kapitel ist thematisch auf einen speziellen Gesichtspunkt hin ausgerichtet und für sich allein genommen verständlich. In der Vielzahl der angeführten Beispiele und Fallkonstruktionen finden Sie vielleicht Ihre eigene Situation wieder.

Das deutsche Scheidungsrecht besteht nicht nur aus vielen Gesetzen –

auf die wichtigsten wird in den entsprechenden Kapiteln näher eingegangen –, das deutsche Scheidungsrecht ist auch die Summe vieler wichtiger Gerichtsentscheidungen. Deshalb zitieren wir immer wieder höchstrichterliche Urteile zum Scheidungsrecht mit Quellennachweisen.

Wenn man plötzlich wieder allein ist oder mit einem neuen Partner zusammenlebt, ist es oftmals nicht leicht, den Kopf auch noch für das Wälzen von Sachliteratur frei zu haben. Das wissen wir und deshalb verzichtet dieser Ratgeber bewusst auf die manchmal schwer verständliche Juristensprache.

Machen Sie sich kundig, es kann sich lohnen – gerade in Ihrer jetzigen Situation.

Dr. Matthias Nick

Trennung

Wenn die Ehe zerrüttet ist, zieht meist einer aus der gemeinsamen Wohnung aus.

Er kommt bei Freunden oder der Familie unter, auf Dauer sucht er sich eine eigene

Wohnung. Dieser Schritt kann rechtlich sehr bedeutend sein, besonders dann,

wenn nicht beide Ehegatten die Scheidung wollen. Unterschätzen Sie die Trennung

daher nicht. Sie ist für die spätere Scheidung und die Scheidungsfolgen ein erster

wichtiger Schritt und kann die Weichen für spätere richterliche Entscheidungen

stellen, etwa wer die gemeinsame Ehewohnung zugewiesen bekommt.

Rechtliche Bedeutung

Der Gesetzgeber verlangt im Scheidungsverfahren, dass Ihre Ehe gescheitert sein muss, bevor Sie sich scheiden lassen können (§ 1565 Abs. 1 BGB). Sie sollen sich den Schritt aus der Ehe gut überlegt haben und Ihre Entscheidung soll endgültig sein. Um das sicherzustellen, besteht die Maßgabe, dass Sie in der Regel mindestens ein Jahr von Ihrem Ehepartner getrennt gelebt haben (§ 1565 Abs. 2 BGB). Die Trennung ist ein Indiz dafür, dass Ihre Beziehung im Alltag nicht mehr funktioniert, Ihr Beziehungsverhältnis tief greifend gestört ist. Erst nach diesem sogenannten Trennungsjahr können Sie sich in der Regel scheiden lassen. In Härtefällen wird die Frist verkürzt, allerdings kann sie auch länger sein.

Das Trennungsjahr

Nicht immer ist das Trennungsjahr allein für den Scheidungsantrag ausreichend. Nur wenn beide Ehepartner die Scheidung beantragen oder der eine dem Scheidungsantrag des anderen zustimmt, geht der Gesetzgeber davon aus, dass Ihre Ehe nach einem Jahr Trennung gescheitert ist. Stimmt einer von Ihnen der Scheidung nicht zu, wird das Scheitern erst nach drei Jahren des Getrenntlebens angenommen (§ 1566 BGB).

Bis zu drei Jahre

Auch wenn Sie sich einig sind, dass Sie sich scheiden lassen wollen, müssen Sie das Trennungsjahr abwarten. Eine Blitzscheidung gibt es nur in Ausnahmefällen. Selbst wenn Sie sich nach einem heftigen Streit in der Hochzeitsnacht trennen, müssen Sie grundsätzlich das Trennungsjahr abwarten.

WISO Tipp

Die Dauer der Ehe spielt grundsätzlich keine Rolle. Auch bei sehr kurzen Ehen muss das Trennungsjahr eingehalten werden. Der Umstand, dass man erst kurz verheiratet ist, wird in der Regel nicht berücksichtigt.

Unzumutbare Härte

Die gesetzliche Vermutung führt nicht immer zu befriedigenden Ergebnissen. Das Trennungsjahr kann für Sie eine unzumutbare Härte darstellen (§ 1565 Abs. 2 BGB). Besonders in Fällen, wenn Sie unter der Ehe psychisch oder körperlich sehr stark leiden, kann die Frist verkürzt werden.

Psychische oder körperliche Leiden

Da das Trennungsjahr die Regel ist, wird eine Verkürzung nur in ganz bestimmten Fällen vom Scheidungsrichter akzeptiert. Es muss ein besonderer Grund vorliegen, der das längere Abwarten unzumutbar macht – und Ihr Partner muss diesen Grund verursacht haben. Solche Umstände liegen zum Beispiel vor:

– wenn der Ehegatte in der Ehe misshandelt wurde;
– wenn die Ehefrau von einem anderen Mann schwanger ist;
– wenn der Ehegatte Alkoholiker ist;
– bei sexueller Erniedrigung durch den anderen Ehegatten.

Beispiel
Ihr Partner schlägt Sie und die Kinder. Oder er beleidigt Sie schwer und bedroht Sie daneben ernsthaft oder greift Sie körperlich an. Dagegen reicht es nicht aus, dass Ihr Partner während der Ehe fremdgeht. Es müssen neben seiner Untreue weitere erschwerende Umstände hinzukommen, beispielsweise das Verlassen des Ehegatten wegen einer gleichgeschlechtlichen Beziehung zu einem anderen Partner oder Prostitution nach der Trennung.

Auswirkung der Trennung

Wenn Sie aus der Wohnung ausziehen, schaffen Sie Fakten, die für den Scheidungsrichter später erheblich sein können. Denn Sie werden mit Ihrem Partner schon bei der Trennung wichtige Punkte klären müssen, die im späteren Verfahren nicht so leicht zu ändern sind. Besonders dann, wenn Kinder im Spiel sind, müssen schon bei der Trennung Regelungen vorliegen: Wer bleibt im gemeinsamen Haus und kümmert sich um den Nachwuchs? Wer zahlt wem Unterhalt? Alles, was Sie während des Trennungsjahres unternehmen, kann Folgen haben. Schließlich sind Sie noch nicht geschieden.

Die Trennung hat für Sie Auswirkungen in folgenden entscheidenden Punkten, die in eigenen Kapiteln später ausführlich behandelt werden:
– Wohnung und Hausrat
– Ausübung der elterlichen Sorge
– Unterhalt
– Vermögensauseinandersetzung
– Steuern
– Versicherungen

Ein weiterer wichtiger Aspekt bei der Trennung ist der Verlust der Schlüsselgewalt. Als »Schlüsselgewalt« wird die Befugnis bezeichnet, Geschäfte zur angemessenen Deckung des Lebensbedarfs der Familie abzuschließen; dabei wird der Ehepartner – auch ohne sein Wissen – mit verpflichtet. Die Schlüsselgewalt erstreckt sich zum Beispiel auf Haushaltsgegenstän-

Schlüsselgewalt

de, Lebensmittel, Verträge über den persönlichen Bedarf der Eheleute und der Kinder sowie Arztbehandlungen. Sobald Sie getrennt leben, entfällt diese Mithaftung (§ 1357 Abs. 3 BGB), da Sie durch die Trennung Ihren gemeinsamen Haushalt aufgegeben haben.

Was heißt »getrennt leben«?

Das Getrenntleben ist vom Gesetzgeber geregelt (§ 1567 Abs. 1 BGB) und setzt voraus, dass keine häusliche Gemeinschaft mehr besteht und zumindest einer der Ehegatten sie ablehnt und daher auch nicht mehr herstellen will.

Erst wenn auf Dauer einer der Partner die Beziehung beenden will, beginnt das Getrenntleben. Der Partner muss aber zuvor seinen Trennungswillen klar und unmissverständlich nach außen kundgetan haben und deutlich machen, dass er nach der längeren räumlichen Trennung keine Beziehung mehr will. Stellt er beispielsweise lediglich den Briefverkehr ein, ist das nicht ausreichend.

Trennungswillen

Beispiel

Sie müssen die Sachen Ihres Partners in der gemeinsamen Wohnung von Ihren Sachen trennen. Sie räumen die Kleidung aus dem gemeinsamen Kleiderschrank aus und schaffen sie in ein anderes Zimmer. Auch andere private Dinge werden separiert. Ihr Partner muss aber von Ihrem Trennungswillen erfahren.

Es liegt eindeutig ein Getrenntleben vor, wenn einer von Ihnen aus der gemeinsamen Wohnung auszieht und der andere darin wohnen bleibt. Will aber keiner von beiden ausziehen, kann es problematisch werden, wenn ein Zusammenleben unzumutbar für Sie ist, zum Beispiel weil Sie von Ihrem Partner bedroht oder geschlagen werden. Hier können Sie eine gerichtliche Regelung einfordern (§ 1361b BGB).

Aber Sie dürfen auf keinen Fall eigenmächtig handeln und Ihrem Partner den Zutritt zur gemeinsamen Wohnung verwehren. Sie dürfen ihn weder rauswerfen noch ihm die Koffer vor die Tür stellen. Auch der Austausch der Schlösser ist verboten. Das gilt auch dann, wenn Sie Alleineigentümer der ehelichen Wohnung beziehungsweise des Hauses sind. Es gilt: Haben Sie Ihren Partner mit in Ihre Immobilie aufgenommen, können Sie ihn nicht selbstständig der gemeinsamen Ehewohnung verweisen.

Austausch der Schlösser

Getrenntleben nach Auszug

Ziehen Sie aus der ehelichen Wohnung aus, liegt ein Getrenntleben im scheidungsrechtlichen Sinne vor. Neben der zusätzlichen finanziellen Belastung stellt sich bereits jetzt die Frage, wie oft Sie Ihre Kinder sehen können beziehungsweise sehen dürfen. Wie sieht das Umgangs- und Sorgerecht in der Trennungsphase aus?

Ihr Sorgerecht verlieren Sie nicht durch den Auszug. Sie sind beide gemeinsam für die Erziehung und das körperliche und seelische Wohl Ihrer Kinder verantwortlich. Solange das Sorgerecht nicht einem Elternteil übertragen wird, müssen Sie an den wesentlichen Entscheidungen, die die Kinder betreffen, beteiligt werden.

Daneben dürfen Sie Ihre Kinder auch regelmäßig sehen, Sie haben ein Recht auf Kontakt. Es sei denn, dieser schadet dem Kindeswohl. Wie oft Sie Ihre Kinder sehen dürfen, hängt von den Gesamtumständen ab: Wie alt ist das Kind, welches Verhältnis haben Sie zu ihm, wo treffen Sie sich? Und sind neue Partner im Spiel?

WISO Tipp

Sie tun sich und den Kindern einen Gefallen, wenn Sie das Umgangsrecht so flexibel wie möglich handhaben. Sie sollten nicht die Kinder zum Spielball Ihrer Krise machen.

Sechs-Monats-Regel

Haben Sie und nicht Ihr Partner die Wohnung verlassen, sollten Sie die Sechs-Monats-Regel beachten (§ 1361b Abs. 4 BGB). Sie verlieren Ihr Nutzungsrecht an der Wohnung, wenn Sie nicht innerhalb von sechs Monaten nach dem Auszug mitteilen, dass Sie in die Wohnung zurückkehren wollen. Selbst dann, wenn die Wohnung Ihnen gehört, können Sie während des Getrenntlebens nicht mehr zurück, wenn Sie die Frist verstreichen lassen. Die Bekundung muss nicht schriftlich geschehen – eine mündliche Äußerung gegenüber dem Partner reicht dafür voll und ganz.

WISO Tipp

Bei dieser Regelung geht es nur um die Wohnung. Sie müssen sich dadurch nicht verpflichten, mit Ihrem Partner wieder zusammenkommen zu wollen.

Beispiel

Ihr Partner reagiert bei Streit cholerisch und wirft Gegenstände nach Ihnen oder Ihr Partner schlägt Sie. Dann werden Sie in der Regel die Wohnung zunächst verlassen, um sich zu schützen. Auf die Dauer wollen Sie aber vielleicht wieder in Ihre Wohnung zurück. Sie beabsichtigen, dass Ihr Partner auszieht oder Sie sich die Wohnung teilen.

Sie müssen deutlich machen, dass auch Sie Interesse an der Wohnung haben. Hat sich beispielsweise der erste heftige Streit gelegt, wollen Sie vielleicht ebenfalls einen Teil der Wohnung beziehen oder die Wohnung für sich alleine beanspruchen. Um diesen Anspruch während des Getrenntlebens nicht zu verlieren, müssen Sie ernstlich Ihrem Partner gegenüber erklären, dass Sie in die gemeinsame Wohnung zurückkehren wollen. Sie müssen aber keinen Einzugstermin angeben.

Das Getrenntleben in der gemeinsamen Wohnung

Sie können auch in Ihrer gemeinsamen Wohnung getrennt leben (§ 1567 Abs. 1 S. 2 BGB). Verstehen Sie sich nach wie vor gut, ist das eine schnelle und einfache Lösung. Sie sparen eine zweite Wohnung und damit bares Geld. Vielleicht können Sie sich einen Auszug auch gar nicht leisten. Um im rechtlichen Sinne in der gemeinsamen Wohnung getrennt zu leben, müssen Sie Ihre Räume aufteilen. Das sollten Sie am besten schriftlich festhalten. Beispielsweise schläft der eine von Ihnen im Schlafzimmer, der andere auf der Couch im Arbeitszimmer. Gemeinschaftsräume wie Bad und Küche dürfen Sie gemeinsam nutzen. Aber nur diese Räume; ein gemeinsamer Fernsehabend im Wohnzimmer muss unterbleiben.

Räume aufteilen

Beispiel
Treffen Sie sich zufällig am Morgen in der Küche, ist das kein Problem. Etwas anderes gilt, wenn der eine für den anderen kocht und Sie gemeinsam zu Mittag essen. Das wäre keine Trennung von »Tisch und Bett«, die für das Getrenntleben verlangt wird.

Zwar dürfen Sie sich gemeinsam in der Wohnung aufhalten, Ihr Miteinander muss allerdings einer Wohngemeinschaft gleichen, das heißt, Sie haben keine intime persönliche Beziehung mehr. Es muss klar zum Ausdruck kommen, dass Ihre Ehe nicht mehr besteht, dass Sie in den eigenen vier Wänden getrennt leben. Ein Höchstmaß an Absonderung muss nach außen erkennbar sein.

Getrennte Kassen Sie müssen zwei komplett getrennte Haushalte führen: getrennte Kassen, getrennt einkaufen, kochen, bügeln, putzen. Keiner versorgt den anderen mit. Es sei denn, es entstehen Notfallsituationen – Ihr Partner wird zum Beispiel krank. Dann dürfen Sie eingeschränkt helfen und die nötigen Maßnahmen vornehmen.

Beispiel

Ihr Partner hat hohes Fieber. Sie können in der Apotheke Medikamente besorgen oder ihn zum Arzt fahren, nicht aber stundenlang am Krankenbett sitzen.

Sie sollten die Trennung konsequent durchziehen, wenn Sie sich scheiden lassen wollen. Beschränken Sie Ihre Kontakte auf das Nötigste; der Geschlechtsverkehr sowie gemeinsame Treffen mit Freunden in der Wohnung sind tabu. Entscheidet sich einer von Ihnen während des Getrenntlebens, wieder mit dem anderen Partner zusammenkommen zu wollen, bleibt die Trennung zunächst bestehen und die Frist für das Trennungsjahr läuft weiter. Denn es reicht aus, wenn zumindest einer von Ihnen erkennbar die häusliche Gemeinschaft nicht mehr herstellen will.

Beispiel

Ihr Partner hat sich während Ihrer Ehe neu verliebt und ist fremdgegangen. Daraufhin entscheiden Sie, sich am 1. April zu trennen. Sie bleiben aber beide in der Immobilie wohnen. Nachdem die kurze Affäre gescheitert ist, will Ihr Partner im August wieder zu Ihnen zurück. Sie sind aber so enttäuscht, dass jetzt Sie die Scheidung wollen. Das Trennungsjahr läuft daher ab dem 1. April.

Schwierig wird das Getrenntleben in der gemeinsamen Wohnung wenn Sie Kinder haben. Ihre Elternrolle behalten Sie wie gewohnt bei, müssen aber klar zum Ausdruck bringen, dass keine eheliche Beziehung mehr besteht. Das ist nicht einfach, denn der Alltag mit Kindern ist häufig sehr geregelt und eingespielt. Vieles macht man als Familie gemeinsam, jetzt muss es getrennt funktionieren. Ihr Haushalt muss auf jeden Fall aufgeteilt werden, darf auch nicht zum Schutz der Kinder zusammenbleiben. Ein gemeinsames Mittagessen zum Wohle der Kinder ist unter Umständen zwar erlaubt, mehr aber auch nicht. Sie müssen daher mit Ihrem Ehepartner klären, wie das Getrenntleben mit Kindern in einer Wohnung aussehen soll. Wo schlafen die Kinder, wer kocht für sie, wer bringt sie zur Schule? Vermeiden Sie Situationen, in denen alle Familienmitglieder anwesend sind, auch wenn es Ihnen und den Kindern schwerfällt.

Versöhnungsversuch

Sie können während Ihres Getrenntlebens versuchen, wieder zusammenzukommen, ohne dass die laufende Frist des Trennungsjahres unterbrochen oder gehemmt wird (§ 1567 Abs. 2 BGB). Sie sollen die Chance haben, Ihre Ehe zu retten, ohne dass Ihnen rechtliche Steine in den Weg gelegt werden. Sie müssen dafür aber die häusliche Gemeinschaft zumindest zum Teil wieder aufnehmen. Gelegentliche Besuche, regelmäßiger Geschlechtsverkehr oder ein gemeinsamer Urlaub reichen zum Beispiel für den Versöhnungsversuch nicht aus.

Für diesen wird Ihnen nur eine »kürzere Zeit« eingeräumt, sonst beginnt die Frist des Trennungsjahres von Neuem zu laufen (§ 1565 Abs. 2 BGB). Ein paar Wochen darf der Versuch zwar dauern, nach drei Monaten wird aber davon ausgegangen, dass Sie sich nicht mehr trennen wollen.

Beispiel

Sie sind am 1. Mai aus der gemeinsamen Wohnung ausgezogen, haben aber weiterhin Kontakt zu Ihrem Partner. Nach ein paar Monaten entscheiden Sie sich, es noch einmal miteinander zu versuchen. Sie ziehen am 1. September wieder in die gemeinsame Wohnung ein, stellen jedoch nach zwei Wochen fest, dass es doch nicht mehr funktioniert, und ziehen wieder aus. Ihr Versöhnungsversuch ist gescheitert. Dennoch haben Sie rechtlich für das Trennungsjahr keine Zeit verloren, denn die zwei Wochen des Zusammenlebens verlängern die Frist nicht. Es wird so getan, als ob Sie nicht wieder zusammengelebt hätten. Das Trennungsjahr läuft hier am 30. April des Folgejahres aus.

Mehrere Versöhnungsversuche

Sie können auch getrennt mehrere Versöhnungsversuche starten. Manchmal kommen Paare nicht so leicht voneinander los, und gerade wenn Sie noch eine gemeinsame Wohnung haben, kann Ihnen die Trennung von »Tisch und Bett« schwerfallen. Sie sollten es aber nicht übertreiben, sonst könnte ein grundsätzliches Getrenntleben angezweifelt werden.

Fazit

Die Scheidung erfordert eine »zerrüttete Ehe«, die durch ein (bis drei) Trennungsjahre nachgewiesen wird. Wenn beide die Scheidung wollen, dann ist das kein Problem. In allen anderen Fällen sollte man die rechtlichen Vorgaben peinlich genau einhalten – und dokumentieren.

Scheidung

Durch die Scheidung sind Sie wieder frei – gewollt oder ungewollt. Ihre Ehe ist mit Rechtskraft des Scheidungsbeschlusses aufgelöst. Alles, was Sie jetzt erwirtschaften, fließt wieder in Ihre eigene Tasche – Sie müssen das Geld nicht mehr mit Ihrem Partner teilen. Sie können nach der Scheidung auch wieder heiraten und eine neue häusliche Gemeinschaft gründen.

Wie lange der Scheidungsprozess dauert und wie teuer er für Sie wird, hängt von Ihnen und Ihrem Ex-Partner ab: Je besser Sie sich verstehen und je mehr Sie sich einig sind, desto schneller wird der Scheidungsrichter das Verfahren »durchwinken«.

Voraussetzungen der Scheidung

Sie streiten sich nur noch, brüllen sich an, ein friedliches, harmonisches Miteinander ist nicht mehr möglich. Sie sehen keine gemeinsame Zukunft mehr mit Ihrem Partner. Die Ehe ist Ihrer Meinung nach gescheitert. Genau das verlangt das Gesetz als Voraussetzung für eine Scheidung: Ihre Ehe muss gescheitert sein, damit Sie sich scheiden lassen können *Zerrüttung der Ehe* (§ 1565 Abs. 1 BGB). Es muss eine nicht heilbare Zerrüttung der Ehe vorliegen.

Wenn Sie sich einig sind, dass Ihre Beziehung zerrüttet ist, kann das später als ein Indiz für die gescheiterte Ehe verwendet werden. Dann wird das Scheitern nach einem Jahr vermutet. Doch die Einigung muss nicht zwingend bestehen: Das Scheitern kann auch durch Beweisantritt oder nach einer dreijährigen Trennungszeit festgestellt werden.

Wollen Sie den Scheidungsantrag einreichen, sollten Sie die Zeit der Trennung berücksichtigen. Wird der Antrag zu früh gestellt, muss er vom Gericht zunächst zurückgewiesen werden. Für die Zeitberechnung spielt es eine Rolle, ob Sie beide die Scheidung beabsichtigen oder nicht.

Einverständliche Für die einverständliche Scheidung gilt Folgendes:
Scheidung
– Getrennt unter einem Jahr: Scheidung ausnahmsweise. Gericht muss Scheitern konkret prüfen.
– Getrennt ab einem Jahr: Ehe gilt als gescheitert.

Streitige Scheidung Bei einer streitigen Scheidung hingegen sind diese Zeitvorgaben zu bedenken:
– Getrennt unter einem Jahr: Scheidung ausnahmsweise. Gericht muss Scheitern konkret prüfen.
– Getrennt ab einem Jahr bis drei Jahren: Gericht muss Scheitern konkret prüfen.
– Getrennt ab drei Jahren: Die Ehe gilt als gescheitert.

Zerrüttung

Keine Schuldfrage Vorbei sind die Zeiten, in denen man noch nach dem Schuldigen bei einer Scheidung suchte. Lassen Sie sich scheiden, wird heute nicht mehr danach gefragt, wer die Ehe auseinandergebracht hat. Sind Sie während der Ehe fremdgegangen, können Sie genauso gut einen Scheidungsantrag stellen wie derjenige, der keinen neuen Partner in petto hat. Das ist für die Scheidung rechtlich unerheblich.

Heute gilt das sogenannte Zerrüttungsprinzip, das heißt, Ihre eheliche Lebensgemeinschaft muss aufgehoben sein und es kann nicht erwartet werden, dass Sie diese wiederherstellen. Entscheidend ist also, ob Sie glauben, dass Sie die Ehekrise überwinden können, oder ob Ihnen jegliche Versöhnungsbereitschaft fehlt. Solange Sie noch eine gemeinsame Zukunft sehen, ist Ihre Ehe nicht gescheitert. Nur wenn einer von Ihnen der Meinung ist, dass es nicht mehr gemeinsam geht, dass die Ehe keinen Sinn mehr hat, wird die Ehe als zerrüttet betrachtet und dann können Sie sich scheiden lassen.

WISO Tipp

Die einseitige Zerrüttung reicht hier aus. Es genügt, wenn einer von Ihnen durch sein Verhalten und seine Bekundungen klarmacht, dass er die Ehe nicht länger fortsetzen will.

Vielleicht stellen Sie im Lauf der Ehejahre fest, dass Sie Ihren Partner nicht mehr lieben, ihn ablehnen und gerne ohne ihn weiterleben möchten, Ihr Partner hingegen hängt noch sehr an Ihnen und will sich auf keinen Fall von Ihnen scheiden lassen. Dennoch können Sie nach der Trennungsphase einen Scheidungsantrag stellen. Es reicht aus, wenn einer der Partner die Ehe als gescheitert ansieht.

Das Getrenntleben ist dafür ein Indiz, muss aber nicht immer vorliegen. Besteht die häusliche Gemeinschaft nur aus wirtschaftlichen Gründen fort, kann es trotzdem zur Scheidung kommen, wenn Sie beweisen können, dass die Lebensgemeinschaft aufgehoben und die Wiederherstellung aussichtslos erscheint.

Trennungsphase in gemeinsamer Wohnung

Beispiel

Sie haben mit Ihrem Partner vier Kinder und leben in einer kleinen Vierzimmerwohnung. Sie arbeiten nicht, Ihr Partner verdient das Geld für die Familie und Sie kommen gerade so über die Runden. Eine Trennung können Sie in dieser Situation nicht vornehmen. In der Wohnung ist kein Platz mehr für ein getrenntes Leben – eine andere Wohnung können Sie sich nicht leisten. Dennoch ist hier die Lebensgemeinschaft aufgehoben, da Ihr Partner schon längst eine andere Beziehung hat und Sie nur noch eine Zweckgemeinschaft sind.

Unwiderlegbare Vermutung

Wie kann ein Richter feststellen, dass Ihre Ehe gescheitert ist? Dafür müsste er eigentlich bei Ihnen einziehen, Sie im Alltag beobachten und begleiten. Da dies natürlich nicht machbar ist, bleiben dem Richter also nur Ihre Schilderungen und Beweismittel, anhand deren er Ihre Beziehung analysieren und entscheiden muss, wie es um Ihre Ehe steht. Um den Prozess zu beschleunigen und zu erleichtern, wird in bestimmten

Fällen das Scheitern der Ehe unwiderlegbar vermutet. Vor allem geschieht dies wenn:

– Sie seit einem Jahr getrennt leben und beide die Scheidung beantragen beziehungsweise der eine Partner dem Antrag des anderen zustimmt (§ 1566 Abs 1 BGB).
– Sie seit mindestens drei Jahren getrennt leben (§ 1566 Abs. 2 BGB).

In diesen Fällen muss das Gericht in der Regel die Scheidung aussprechen. Es darf nicht mehr überprüfen, ob noch eine Wiederherstellung der ehelichen Lebensgemeinschaft möglich ist.

Beispiel

Sie leben seit drei Jahren getrennt, weil Sie eine neue Beziehung haben. Ihr Partner wohnt mit den Kindern noch im ehelichen Haus. Auch wenn Ihr Partner gegen die Scheidung ist, muss der Richter sie grundsätzlich aussprechen.

Weitere Gründe

Wollen Sie nach einem Jahr Trennung die Scheidung, obwohl Ihr Ehepartner dagegen ist, kann das Scheitern der Ehe nicht unwiderlegbar vermutet werden. Dennoch können Sie die Scheidung durchsetzen.

Sie müssen in diesem Fall mit Ihrem Scheidungsantrag dem Gericht alle Tatsachen vorbringen, die das Scheitern der Ehe erklären. Sind diese Gründe, warum Ihre Ehe zerrüttet ist, für den Richter überzeugend, wird die Ehe auch gegen den Willen Ihres Partners geschieden. Ausschlaggebende Gründe können beispielsweise sein:

WISO Tipp

Die Gründe müssen nicht unbedingt dieselben sein, die zur Trennung geführt haben. Sie können auch neue Aspekte anführen, die erst nach der Trennung eingetreten sind.

– Anderweitige dauerhafte Partnerbindung
– Ehebruch
– Misshandlungen
– Strafbare Handlungen
– Beleidigungen
– Trunksucht
– Vernachlässigung des Haushalts und der Kinder
– Hass gegen nicht gemeinsame Kinder des Ehepartners

Beispiel

Sie haben sich von Ihrem Ehemann getrennt, weil Sie sich nur noch gestritten haben und Sie kein gemeinsames Wort mehr in Ruhe wechseln konnten. Nach der Trennung lernen Sie einen neuen Partner kennen und sind jetzt schwanger.

Härtefälle

In besonderen Härtefällen können Sie auch schon während des Trennungsjahres die Scheidung einreichen (§ 1565 Abs. 2 BGB). Es kann für Sie unzumutbar sein, das Jahr durchzuhalten, wenn Sie unter der Ehe extrem psychisch oder körperlich leiden.

Psychische oder körperliche Leiden

Der Scheidungsantrag vor Gericht

Um eine Scheidung zu erwirken, muss einer von Ihnen einen Anwalt beauftragen, den Scheidungsantrag beim zuständigen Gericht zu stellen.

Der Antrag

Ihr Partner kann den Antrag einreichen oder Sie können das tun; Sie können aber auch beide einen Scheidungsantrag bei Gericht stellen (§ 1564 BGB).
Der Anwalt muss den Scheidungsantrag verfassen, ihn unterschreiben und bei Gericht einreichen. Der Anwalt ist auch beim gerichtlichen Scheidungstermin anwesend.

WISO Tipp

Da im Scheidungsverfahren der sogenannte Anwaltszwang gilt, müssen Sie sich vor Gericht anwaltlich vertreten lassen (§ 78 Abs. 2 ZPO).

Das Familiengericht

Zuständig ist für das Scheidungsverfahren das Familiengericht, eine Abteilung des Amtsgerichts. Die Verfahren werden jeweils von einem Einzelrichter geführt, der über den Scheidungsantrag wie auch über alle anderen Familienangelegenheiten entscheidet. Das heißt: auch über Ihre Scheidungsfolgen wie elterliche Sorge, Unterhalt, Hausrat, Wohnung, Versorgungsausgleich und das Güterrecht.
Welches Gericht örtlich zuständig ist, hängt davon ab, ob Sie noch in der Ehewohnung gemeinsam leben oder gemeinsame Kinder haben (§ 606 Abs 1 ZPO). Haben Sie sich innerhalb der Ehewohnung getrennt, ist für den Scheidungsantrag das dortige Amtsgericht (Familiengericht) zuständig.
Leben Sie dagegen nicht mehr zusammen, haben aber gemeinsame Kinder, ist immer das Familiengericht örtlich zuständig, in dessen Bezirk der Partner mit den Kindern lebt. Dort liegt der Schwerpunkt des Verfahrens, das Jugendamt kann gut eingebunden werden.

Haben Sie keine gemeinsamen Kinder, wird darauf abgestellt, ob noch einer von Ihnen in dem Bezirk der gemeinsamen Ehewohnung lebt, ohne dass es sich um diese handeln muss.

Gerichtsstand Sind Sie dagegen beide an einen anderen Wohnort gezogen und haben Sie keine gemeinsamen Kinder, kommt es darauf an, wer den Scheidungsantrag stellt.

Beispiele

Sie leben zusammen in Köln. Nach der Trennung ziehen Sie nach Düsseldorf, Ihr Partner bleibt in der gemeinsamen Ehewohnung in Köln. In diesem Fall ist immer das Amtsgericht in Köln zuständig, weil Ihr Partner noch am letzten gemeinsamen Wohnort wohnt, unerheblich hingegen ist, wer den Antrag stellt.

Sie leben zusammen in Köln. Sie ziehen nach Düsseldorf und Ihr Partner nach München. Gemeinsame Kinder haben Sie nicht. Falls Sie den Scheidungsantrag stellen, ist das Amtsgericht München zuständig; falls Ihr Partner den Scheidungsantrag stellt, das Amtsgericht Düsseldorf.

Ausländische Ehepartner

Viele Länder haben ein sogenanntes »Internationales Privatrecht«, das regelt, welches Recht angewendet werden soll, wenn beispielsweise Ehepartner unterschiedlicher Nationalitäten sich scheiden lassen wollen. Ein Deutscher kann mit einer Ausländerin verheiratet sein oder zwei Ausländer leben als Ehepaar in Deutschland. Welches Recht gilt in diesen Fällen?

Jedes Gericht geht von den Gesetzen des eigenen Landes aus, wendet also zunächst sein nationales Recht an. Stellt nun ein Ausländer, der mit einer Deutschen verheiratet ist, einen Scheidungsantrag in Deutschland, **Zuständigkeit** muss zunächst die Zuständigkeit des Gerichts überprüft werden und es **des Gerichts** ist zu entscheiden, ob deutsches oder ausländisches Verfahrensrecht anzuwenden ist. In einem zweiten Schritt muss geklärt werden, wie das Scheidungsrecht konkret im einzelnen Fall aussieht.

Kommt das Gericht zu der Entscheidung, dass ausländisches Recht angewendet werden muss, entscheidet das deutsche Gericht auch nach diesem. Lassen sich beispielsweise zwei Spanier scheiden, muss der deutsche Richter das spanische Scheidungsrecht anwenden. Häufig ist das unproblematisch, da viele ausländische Familiengesetze den deutschen Richtern vorliegen. Ist das Scheidungsrecht nicht bekannt, kann der Richter ein Rechtsgutachten von einer Hochschule des jeweiligen Staates beantragen.

Die Zuständigkeit wird das Gericht von Amts wegen prüfen. Die Staatsangehörigkeit des Antragstellers ist entscheidend: Ist einer der Ehepartner Deutscher bei Antragstellung, wird deutsches Recht für das Scheidungsverfahren angewandt – selbst dann, wenn die Heirat im Ausland vollzogen wurde.

Etwas anderes gilt, wenn einer von beiden Ehepartnern erst nach der Heirat die deutsche Staatsangehörigkeit angenommen hat und die Partner vorher die gleiche Staatsangehörigkeit besaßen. Dann wird das Recht dieses Staates angewendet und nicht deutsches Recht.

Sind beide Ehepartner Ausländer, gilt immer deren Heimatrecht, wenn sie die gleiche Staatsangehörigkeit haben. Besitzt das ausländische Ehepaar hingegen verschiedene Staatsangehörigkeiten und lebt gemeinsam in Deutschland, richtet sich die Scheidung nach deutschem Recht.

Beispiele

Zwei türkische Staatsbürger heiraten. Nach der Eheschließung erwirbt die Ehefrau die deutsche Staatsangehörigkeit, der Ehemann hingegen behält die türkische Staatsangehörigkeit. In diesem Fall erfolgt die Scheidung nach türkischem Recht.

Die Ehepartner besitzen beide die französische Staatsangehörigkeit. Der deutsche Richter muss französisches Recht anwenden.

Der Ehemann ist Belgier, die Ehefrau Russin; sie heiraten und leben in Deutschland. Es gilt das deutsche Scheidungsrecht.

Das Scheidungsverfahren

Es hängt von Ihnen und Ihrem Ehepartner ab, wie lange das Scheidungsverfahren dauert. Sind Sie sich einig und klären Sie schon während der Trennung die Scheidungsfolgen wie Unterhalt und Wohnung, muss sich das Gericht nur noch um den Versorgungsausgleich kümmern. Dann geht das Verfahren in der Regel schnell.

Sie können die sogenannte einvernehmliche Scheidung wählen, bei der Sie nur einen Anwalt benötigen. Dieser Weg verlangt während der Trennung einiges an Absprachen, ist aber kostengünstig und verspricht ein schnelles Scheidungsverfahren. Denn hier haben Sie sich über die Scheidungsfolgen schon vor Antragstellung geeinigt.

Sie können aber auch in dem Verfahren neben dem Scheidungsantrag ebenfalls die Scheidungsfolgen klären lassen. Das müssen Sie im Lauf des Verfahrens bei Gericht beantragen.

Näheres zu diesem Aspekt finden Sie im Abschnitt »Scheidungsfolgenvereinbarung«.

Härteklausel

Grundsätzlich reicht es aus, wenn ein Ehepartner die Scheidung durchsetzen möchte. Spätestens nach drei Jahren Getrenntleben können Sie den Antrag bei Gericht stellen. Für Ihren Partner kann das ein harter Schlag sein, doch bei einer Scheidung stellt der Richter heute nicht mehr die Schuldfrage. Es reicht aus, wenn die Ehe zerrüttet ist.

Von dieser grundsätzlichen Regel gibt es zwei Ausnahmen: In Härtefällen wird der Scheidungsantrag abgelehnt, obwohl die Ehe gescheitert ist (§ 1568 BGB).

Einerseits können minderjährige Kinder ein Grund sein, dass die Ehe zunächst bestehen bleiben muss. Andererseits kann auch der Partner, der die Scheidung nicht will, die Ablehnung begründen; jedoch greift die Härteklausel nur in ganz extremen Fällen.

Härteklausel nur in extremen Fällen

Beispiel

Ihr Kind will sich das Leben nehmen, wenn Sie sich scheiden lassen, oder Ihr Partner, der sich nicht trennen will, ist bei Antragstellung schwer krebskrank.

WISO Tipp

Die Verzögerung kann dazu führen, dass Sie mehr beim Versorgungsausgleich und bei der Vermögensauseinandersetzung bekommen, da der Partner länger in den gemeinsamen Topf einzahlen muss.

Durch die Härteklausel kann der Zeitpunkt der Scheidung nach hinten verschoben werden, doch ganz verhindern lässt sich eine Scheidung dadurch nicht. Derjenige, der die Scheidung will, wird sie auch früher oder später durchsetzen, er muss dafür nur einen neuen Antrag bei Gericht stellen.

Sie sollten sich gut überlegen, ob Sie von der Härtefallregelung Gebrauch machen wollen. Sprechen Sie Ihr Vorhaben mit Ihrem Anwalt durch, denn unterm Strich gewinnen Sie nur Zeit und eventuell Geld. Eine harmonische Beziehung werden Sie dadurch aber nicht herstellen.

Die Rechtskraft des Scheidungsbeschlusses

Sie dürfen sich nicht zu früh freuen, wenn Ihnen der Scheidungsbeschluss ins Haus flattert. Denn allein dadurch sind Sie noch nicht wirksam geschieden, der Beschluss ist noch nicht rechtskräftig (§ 1564 S. 2 BGB). Sie haben nach der Zustellung des Beschlusses einen Monat Zeit, Rechtsmittel einzulegen. Dadurch wird der Beschluss von einer höheren Instanz überprüft. Nur wenn die Frist abläuft, ohne dass einer von Ihnen ein Rechtsmittel einlegt, sind Sie kein Ehepaar mehr – Ihre Ehe ist aufgelöst.

Monatsfrist

Sie können nach der Verkündung des Beschlusses darauf verzichten, Rechtsmittel einzulegen. Dann sparen Sie sich den Monat bis zur Rechtskraft des Beschlusses. Der Verzicht bedeutet aber auch, dass alles, was in dem Scheidungsverfahren geregelt wurde, nicht mehr zu ändern ist. Sie verlieren somit Ihre Überlegungszeit.

Fazit

Eine Scheidung ist ein bürokratisches Monster: an Anwaltszwang, Fristen und festgelegtem Gerichtsstandort kommt man genauso wenig vorbei wie am Trennungsjahr. Doch wie so häufig gibt es manchmal Ausnahmen, die man kennen sollte.

Hausrat

Wer bekommt den Staubsauger, den Esstisch, den Fernseher? – Eigentlich doch eher zweitrangig, könnte man meinen! Doch auch um die Aufteilung des Hausrats können Sie sich bei Trennung oder Scheidung heftig streiten. Denn will Ihr Ex-Partner plötzlich Ihre heiß geliebte DVD-Sammlung oder das teure Gemälde, das Sie mit in die Beziehung eingebracht haben, kann Sie das schon sehr ärgern. Neben dem ideellen Wert kann es durchaus um ganz stolze Sümmchen gehen – und mancher ist so verbittert, dass er dem ehemaligen Partner schlichtweg gar nichts mehr gönnt.

Was gehört zum Hausrat?

Der Hausrat umfasst die Gegenstände, die Sie während der Ehe im Haushalt zur gemeinsamen Lebensführung genutzt haben. Dazu zählen beispielsweise die Wohnungseinrichtung, Geschirr, Staubsauger und Unterhaltungselektronik. Aber auch Gartenmöbel, ein Wohnwagen und das Auto, falls es für den privaten Gebrauch eingesetzt wurde. Wird es hauptsächlich von Ihnen alleine gefahren, gehört es nicht zum Hausrat. Haben Sie beide je einen PKW, den Sie für sich nutzen, fallen die PKW in der Regel nicht unter den Hausrat. Arbeitet einer von Ihnen nicht, so dient der *Zweitwagen* Zweitwagen meist der Familiennutzung und wird dem Hausrat zugerechnet.

Luxusgegenstände Luxusgegenstände zählen nicht zum Hausrat. Das gilt beispielsweise für ein Kunstgemälde, wenn es der Vermögensanlage dient und nicht der gemeinsamen Lebensführung. Hier wird auf den Zweck des Gegenstandes abgestellt: welche Funktion er hat und wo er sich befindet. Daneben fallen auch höchstpersönliche Gegenstände nicht unter den Hausratbegriff, das heißt Gegenstände, die nur zum alleinigen Gebrauch bestimmt sind, wie Ihre Kleidung, Ihr Schmuck, Hobbygegenstände, persönliche Andenken, Sammlungen, Musikinstrumente, Familienerbstücke und alles, was Sie für Ihren Beruf brauchen. Sind Sie beispielsweise selbstständig und führen einen kleinen Handwerksbetrieb, dann gehören alle Gegenstände, die Sie in Ihrem Büro oder auf dem Gelände zur Ausübung Ihrer Arbeit verwenden, nicht zum Hausrat. Darunter fallen etwa die Arbeitskleidung, der Firmenwagen, das Werkzeug, der Computer und das Handy, wenn es überwiegend zu beruflichen Zwecken genutzt wird.

Eigentumsverhältnisse *unerheblich* Beim Hausratbegriff ist es unerheblich, in wessen Eigentum sich der Gegenstand befindet. Auf die Eigentumsverhältnisse kommt es nicht an. Es spielt keine Rolle, ob Sie das Sofa mit in die Ehe gebracht oder ob Sie es sich später gemeinsam angeschafft haben. Das Sofa gehört zum Hausrat. Selbst wenn es nur gemietet oder geleast war.

Die Hausratteilung während der Trennung

Wenn Sie sich trennen, können Sie von Ihrem Partner die Herausgabe der Gegenstände, die Ihnen gehören, verlangen (§ 1361a BGB). Etwas anderes gilt nur, wenn Ihr Partner auf die Gegenstände angewiesen ist und die Überlassung gerecht ist.

Beispiel

Sie ziehen aus der ehelichen Wohnung aus und lassen Ihren Esstisch vorübergehend dort, damit Ihr Partner und die Kinder ihn weiterhin für die gemeinsamen
Mahlzeiten benutzen können.

Wenn Ihnen Haushaltsgegenstände gemeinsam gehören, werden sie unter Ihnen nach den Grundsätzen der »Billigkeit« verteilt. Die Bedürfnisse
der minderjährigen Kinder sollten dabei berücksichtigt werden. Daneben
spielen die Einkommens- und Vermögensverhältnisse eine Rolle.

Billigkeit

Beispiel

Ihr Partner ist erwerbslos und kümmert sich um Ihre beiden kleinen
Kinder, Sie dagegen verdienen gut. Es ist daher sinnvoll, Ihrem Partner
die Kücheneinrichtung und die Waschmaschine zu überlassen,
während Sie vielleicht die Unterhaltungselektronik mitnehmen.

WISO Tipp

Überlassen Sie Ihrem
Partner die komplette Einrichtung, können Sie unter Umständen eine Nutzungsvergütung verlangen.

Können Sie sich über den Hausrat nicht einigen, entscheidet
das zuständige Gericht (§ 1568b BGB). Dieses kann eine angemessene Vergütung für die Benutzung der Haushaltsgegenstände festsetzen.

Die Hausratteilung nach der Scheidung

Nach der Scheidung wird es ernst: Jetzt müssen Sie endgültig klären, wer
welche Gegenstände bekommt. Hier wird unterschieden, ob der Hausrat
schon vor der Ehe Ihnen gehörte oder Sie sich diesen gemeinsam angeschafft haben. Ebenfalls möglich ist, dass Sie sich während der Ehe bestimmte Sachen für sich allein gegönnt haben.

Der Hausrat vor der Ehe

Sie bleiben Eigentümer an den Gegenständen, die Sie mit in die Ehe
gebracht haben. Diese dürfen Sie von Ihrem Ehepartner herausverlan-
gen.
Das gilt selbst dann, wenn der Gegenstand schon von einem neuen ersetzt wurde, weil der alte kaputtgegangen ist. Es muss sich hier aber um
einen Ersatz – nicht um eine Neuanschaffung – handeln, das heißt, der
neue Gegenstand muss mit dem alten vergleichbar sein.

Sie haben eine Waschmaschine mit in die Ehe gebracht, die im Lauf der Zeit den Geist aufgibt. Egal, wer von Ihnen die neue Maschine kauft – Sie werden auch an dieser neuen Maschine Alleineigentümer. Das gilt selbst dann, wenn das entsprechende Modell in der Zwischenzeit weiterentwickelt worden ist.

Nur wenn ein wesentlich hochwertigeres Gerät mit größerem Funktionsumfang gekauft wird, handelt es sich nicht mehr um eine Ersatz-, sondern um eine Neuanschaffung.

Der Hausrat während der Ehe

Schwierig wird es, wenn Sie Gegenstände während der Ehe angeschafft haben. Gehören sie Ihnen beiden oder nur einem von Ihnen?

Neuanschaffungen

Bei Neuanschaffungen während der Ehe ist Folgendes zu unterscheiden: Wenn es sich um ein »Geschäft des täglichen Lebens« handelt, werden Sie beide Miteigentümer des neuen Hausratsgegenstandes.

Beispiel

Das Bügeleisen geht kaputt und Ihr Partner kauft aus der gemeinsamen Haushaltskasse ein neues. Das Bügeleisen gehört Ihnen gemeinsam.

Bei größeren, darüber hinausgehenden Anschaffungen kommt es im Einzelfall darauf an, wer Vertragspartner des Verkäufers war. Kaufen Sie einen hochwertigen Fernseher für die gemeinsame Nutzung, werden Sie beide Miteigentümer. Kauft nur einer von Ihnen den Fernseher, wird auch

Alleineigentümer

nur derjenige Alleineigentümer des Geräts, wenn es nicht für die Familie bestimmt war.

Die während der Ehezeit erworbenen Gegenstände gelten in der Regel als gemeinsam von Ihnen erworben, es sei denn, dass ein Kaufbeleg besteht, auf dem nur einer von Ihnen als Käufer genannt ist. Sie müssen also vor Gericht beweisen, dass der Gegenstand aus der Ehe Ihnen alleine gehört und nicht für das tägliche Zusammenleben bestimmt war. Lassen Sie sich eine Quittung, auf der Ihr Name vermerkt ist, geben, wenn Sie einen Gegenstand nur für sich gekauft haben, der nicht für die Familie bestimmt war.

Als Faustregel gilt: Gegenstände, die für den angemessenen Lebensbedarf der Familie gekauft wurden, sind immer gemeinsames Eigentum der Ehepartner. Luxusgegenstände hingegen sind Alleineigentum desjenigen, der sie angeschafft hat.

Beispiel

Ihr Sofa ist alt und durchgesessen. Sie entscheiden zusammen mit Ihrem Partner, dass ein neues gekauft werden muss. Da Sie gerade etwas von Ihrer Tante geerbt haben, finanzieren Sie das neue Möbel aus Ihrer Erbschaft. Das Sofa gehört beiden, da es für das gemeinsame Zusammenleben bestimmt war. Sie benutzen es ja auch beide.

Etwas anderes kann nur gelten, wenn Sie einen Gegenstand nur für sich gekauft haben. Dann kann Ihr Partner diesen Gegenstand zwar mitbenutzen, er gehört Ihnen aber alleine.

Beispiel

Sie sind Musikfreak und haben sich eine sehr teure Stereoanlage gekauft, die in Ihrem Büro steht. Auch wenn Ihr Partner sie ab und an mitbenutzt, gehört sie einzig und allein Ihnen. Sie sind Alleineigentümer daran.

Haben Sie während der Ehe gemeinsam ein Sofa und einen Fernseher gekauft, müssen Sie untereinander regeln, wer was bekommt. Sie müssen den Hausrat gerecht verteilen. Bekommt der eine mehr als der andere, können Sie die Differenz in Geld ausgleichen.

Beispiel

Sie behalten den Fernseher, Ihr Partner das Sofa. Da der Fernseher 500 Euro günstiger als das Sofa war, muss Ihr Partner Ihnen also noch etwas dazugeben.

Wollen Sie eine einvernehmliche und unstreitige Aufteilung des Hausrates, sollten Sie jeweils eine Liste derjenigen Gegenstände erstellen, die Sie beanspruchen. Anschließend sollten Sie mithilfe der Listen die Gegenstände verteilen. Hat jeder seine ihm zustehenden Hausratsgegenstände erhalten, sollten beide eine schriftliche Erklärung abgeben. Bestätigen Sie darin, dass Sie diejenigen Hausratsgegenstände erhalten haben, die Ihnen zustehen.

WISO Tipp

Verteilen Sie die Hausratsgegenstände mithilfe einer Liste. Beide Parteien sollten den Empfang ihrer Gegenstände schriftlich bestätigen.

Streit um den Hausrat

Streiten Sie sich über einzelne Gegenstände, können Sie beim Familiengericht einen Antrag auf Teilung des Hausrats stellen (§ 1568b BGB). Für die Entscheidung, wer was erhält, ist eine umfassende Abwägung

aller Kriterien erforderlich. Das Wohl der Kinder hat aus Billigkeitsge-
sichtspunkten Vorrang. Meist werden beispielsweise Herd, Kühlschrank
und Esszimmer demjenigen zugesprochen, bei dem die minderjährigen
Kinder leben. Selbst Hausratsgegenstände, die in Ihrem Eigentum stehen, kann das Gericht Ihrem Ex-Partner zuweisen, falls dieser auf sie angewiesen ist. Weitere Kriterien stellen zum Beispiel die Einkommens- und
Vermögensverhältnisse dar: Wer von Ihnen kann sich eher eine neue
Wohnungseinrichtung leisten? Wer hängt aber auch mehr an bestimmten
Gegenständen und wer hat sie bezahlt?

WISO Tipp

Gemeinsame Hausrats-
gegenstände, die der Richter
dem einen oder anderen von
Ihnen zugesprochen hat, gehen in das jeweilige Alleineigentum über.

Grundsätzlich sollen Sie am Ende beide mit dem gleichen Haus-
ratswert dastehen. Ist das nicht der Fall, muss unter Umständen
die Wertdifferenz ausgeglichen werden. Das Gericht kann dem
»Bessergestellten« eine Ausgleichszahlung auferlegen.

Das gemeinsame Haustier

Haben Sie ein gemeinsames Haustier, sollten Sie mit Ihrem Partner eine einvernehmliche Lösung finden. Können Sie sich nämlich nicht einigen, wer das Haustier bekommt, muss auch hier das
Familiengericht nach der Hausratsverordnung darüber entscheiden. Zwar
ist das Tier keine Sache, dennoch werden die Vorschriften entsprechend
angewendet (§ 90a BGB). Das Gericht wird bei seiner Entscheidung verschiedene Kriterien berücksichtigen, etwa wer das Haustier gekauft hat,
wer mit ihm – bei einem Hund – in der Regel spazieren gegangen ist, wer
es gefüttert und wer es zum Tierarzt gebracht hat. Da das Gericht für Ihr
Haustier kein Umgangsrecht einräumen kann, wird es das Tier entweder
Ihnen oder Ihrem Partner zur alleinigen Betreuung zuweisen.

Fazit

Der Hausrat wird bis auf Luxusgegenstände (die beim Eigentümer bleiben) hälftig nach »Billigkeitsgründen« aufgeteilt, danach gehen sie in Alleineigentum über. Versuchen Sie, die Hausrataufteilung ohne Anwälte und Gerichte hinzubekommen. Die Erfahrung zeigt, dass Streitigkeiten um die Urlaubsvase aus China schnell den Materialwert übersteigen können und auch nach einem Gerichtsbeschluss bleibt immer eine von zwei Parteien unglücklich, mit horrenden Anwalts- und Gerichtskosten obendrein. Die zumindest hätte man sich mit ein wenig Genügsamkeit sparen können.

Die gemeinsame Wohnung

Wollen Sie nach der Trennung Ihre gemeinsame Ehewohnung kündigen beziehungsweise verkaufen, sollte das in der Regel kein Problem sein. Was aber, wenn beide an der Wohnung hängen? Oder Ihr Partner in Ihrem Haus mit den Kindern wohnen bleiben will? Grundsätzlich steht beiden Ehepartnern die gemeinsame Ehewohnung zu. Dabei spielt es keine Rolle, wer den Mietvertrag unterschrieben hat, die Miete zahlt oder wem die Wohnung eigentumsrechtlich gehört. Können sich Eheleute nicht einigen, wer die Wohnung – oder gar das eigene Häuschen – zukünftig nutzen darf, muss diese Entscheidung vom Gericht gefällt werden.

Trennung: Wer bleibt in der Wohnung?

Können Sie sich nicht einigen, wie Sie nach der Trennung Ihre gemeinsame Wohnung aufteilen, können Sie sich an das Familiengericht wenden. Das Gericht muss entscheiden, ob das Zusammenleben für den Antragsteller oder für die Kinder, die mit im Haushalt leben, eine »unbillige Härte« darstellt (§ 1361b BGB).

Unbillige Härte

Übt einer der Partner Gewalt aus oder droht sie an, kann man von einer unbilligen Härte des Zusammenlebens ausgehen. Dieser Partner muss die gemeinsame Wohnung verlassen – auch dann, wenn sie ihm gehört oder er den Mietvertrag alleine unterschrieben hat: Die Wohnung wird in der Regel dem »Opfer« zugesprochen (§ 1361b Abs. 2 S. 1 BGB). Dabei ist es unerheblich, ob der Verletzte beziehungsweise Schwächere zunächst die Wohnung verlassen hat, um sich zu schützen.

Beispiel

Die Ehefrau wird von ihrem Mann immer wieder geschlagen, ebenso die gemeinsamen Kinder. Die Frau flieht mit den Kindern in ein Frauenhaus. Dort beantragt sie, dass die Wohnung ihr und den Kindern alleine zugewiesen wird und ihr Mann die Ehewohnung verlassen muss. Die Richter werden ihrem Antrag meist stattgeben.

Bloße Spannungen untereinander, verbaler Streit und der tägliche Kleinkrieg begründen dagegen noch keine unbillige Härte. Auch wenn Sie sich nicht mehr verstehen und einander nicht mehr »riechen« können, müssen Sie den anderen bis zur Scheidung in der Wohnung ertragen. Es sei denn, Sie ziehen aus. Sie sollten aber bedenken, dass Sie dadurch signalisieren, dass Sie sich auch anderweitig behelfen können. Wollen Sie später in die gemeinsame Wohnung zurückkehren oder nach der Scheidung die Wohnung ganz übernehmen, haben Sie durch den Auszug Ihre Chancen im Wohnungsstreit bei Gericht verschlechtert.

Wohnungszuweisung

Wird das Zusammenleben in der gemeinsamen Wohnung unerträglich, sodass Ihre Kinder psychisch oder auch körperlich darunter leiden, wird das Gericht eine Wohnungszuweisung vornehmen. In der Regel wird dann der betreuende Elternteil mit den Kindern in der Wohnung bleiben. Der andere Partner muss sich eine neue Unterkunft suchen.

Das Gericht kann auch eine Teilung innerhalb der Wohnung anordnen, wenn sie notwendig und für Sie zumutbar ist. Die Belange des Partners sind vom Gericht zu berücksichtigen und es muss abwägen, wem was zugemutet werden kann. Erst recht wenn es sich um das Eigentum eines Partners handelt, wird der Richter strenge Maßstäbe anlegen müssen, so verlangt es auch das Gesetz. Wenn keine Gewaltanwendung vorliegt, muss das Alleineigentum des Partners besonders berücksichtigt werden (§ 1361 Abs. 1 S. 3 BGB). Das heißt, Sie müssten dann besonders triftige Gründe haben, damit Sie die Wohnung zugewiesen bekommen. Dagegen wird es Ihrem Partner, wenn ihm die Immobilie gehört, leichtfallen, dort auch nach der Trennung zu verbleiben.

Wohnungsnutzung nach der Scheidung

Spätestens jetzt müssen Sie sich endgültig festlegen, wer die Wohnung bekommt. Können Sie sich mit Ihrem Partner nicht einigen, müssen Sie beim Familiengericht einen Antrag auf Überlassung der Wohnung stellen.

Im Gegensatz zu der Entscheidung im Fall des Getrenntlebens schafft der Gerichtsbeschluss für die Zeit nach der Scheidung endgültige Verhältnisse. Die Wohnung ist keine Ehewohnung mehr; derjenige, dem sie zugewiesen wird, bestimmt jetzt alleine darüber.

Das Gericht ist bei seiner Entscheidung an die Eigentumsverhältnisse beziehungsweise die bisherige mietrechtliche Lage nicht gebunden. Der Richter kann zwar nicht über Ihr Alleineigentum verfügen, das heißt, er kann nicht Ihre Eigentumswohnung oder Ihr Haus auf Ihren Partner übertragen, er darf aber eine Wohnung, die Ihnen allein gehört, dem anderen Partner zuweisen (meist der Fall, wenn bei diesem die Kinder bleiben). Auch bei einer Mietwohnung kann er die Mietverhältnisse neu gestalten.

WISO Tipp

Versuchen Sie, sich friedlich mit Ihrem Partner über die Ehewohnung zu einigen. Sind Kinder im Spiel und zieht einer aus, müssen Sie auch Kinderbetreuung und Unterhalt klären. Holen Sie fachlichen Rat ein. Halten Sie Ihre Vereinbarung schriftlich fest und machen Sie klar, ob die Regelung nur für die Zeit der Trennung oder auch nach der Scheidung gelten soll.

Alleineigentum

Sind Sie Eigentümer der Ehewohnung, kann das Gericht die Wohnung nur dann Ihrem Partner zuweisen, wenn es notwendig erscheint, um eine »unbillige Härte« zu vermeiden.

Einen Anspruch auf alleinige Nutzung der Wohnung hat Ihr Partner also nur, wenn ein Auszug für ihn unzumutbar ist, Sie dagegen eine neue Bleibe finden und finanzieren können. Der Auszug muss für Ihren Partner eine

Wohnungszuweisung

Härte darstellen, die nicht gerecht wäre, und er hat wichtige Gründe vorzuweisen, wieso er in der Wohnung bleiben darf und nicht Sie. Der häufigste Grund ist das Wohl der Kinder. Die Kinder sollen nicht aus ihrer gewohnten Umgebung und ihrem sozialen Gefüge herausgerissen werden. Betreut Ihr Partner die Kinder, kann er häufig die Ehewohnung auch für sich alleine beanspruchen.

Beispiel
Sie haben ein Haus geerbt. Ihr Partner und die Kinder leben dort mit Ihnen. Nach der Scheidung will Ihr Partner, der sich um die Kinder kümmert, das Haus zur weiteren Nutzung bewohnen und verlangt, dass Sie ausziehen. Gehen die Kinder in der Nähe des Hauses zur Schule und haben sie dort Freunde gefunden, kann es gut möglich sein, dass der Richter Ihrem Partner das Haus zuweisen wird. Erst recht, wenn es für Ihren Partner schwer ist, in der Nähe eine passende Wohnung zu einer angemessenen Miete zu finden.

Gemeinsames Miteigentum

Sind Sie beide Eigentümer der Immobilie, kommt es darauf an, wem es eher zuzumuten ist, die Eigentumswohnung beziehungsweise das Haus zu verlassen. Möglicherweise kann die Immobilie aufgeteilt werden. Ziehen Sie aus dem gemeinsamen Haus aus, können Sie möglicherweise verlangen, dass Ihr Partner den Besitzverlust ausgleicht. Dieser Fall mag dann eintreten, wenn Sie schon viel Geld in die Immobilie investiert haben oder für die Ersatzwohnung besondere Kosten anfallen. Der Partner muss Ihnen dann üblicherweise eine Miete zahlen oder eine Nutzungsvergütung. Die Eigentumsverhältnisse am Haus bleiben davon unberührt.

Nutzungsvergütung

Beispiel
Sie haben mit Ihrem Partner ein Haus gekauft. Es gehört Ihnen jeweils zur Hälfte. Das Haus ist abbezahlt. Liegt die Miete bei 1400 Euro kalt, muss Ihr Partner Ihnen nach Auszug die Hälfte, das heißt 700 Euro, monatlich zahlen. Die andere Hälfte gehört ihm selbst.

Mietwohnung

Egal, ob Sie alleiniger Mieter waren oder Sie gemeinsam eine Wohnung gemietet haben, das Familiengericht kann das Mietverhältnis neu gestalten, wenn Sie sich nicht einigen können.

Beispiel

Sie haben die Wohnung allein gemietet. Das Gericht kann aber nach der Scheidung Ihrem Partner die Wohnung zuweisen, das heißt das Mietverhältnis so umgestalten, dass Ihr Partner es an Ihrer Stelle fortsetzt. Haben Sie die Wohnung gemeinsam gemietet, kann es anordnen, dass Sie aus dem Mietvertrag ausscheiden und Ihr Partner das Mietverhältnis künftig allein fortsetzt.

Das Gericht entscheidet über Ihre Mietwohnung nach billigem Ermessen und dem jeweiligen Einzelfall. Das Wohl der Kinder wie auch die Erfordernisse des Gemeinschaftslebens stehen an erster Stelle. Die Lebenswelt der Kinder soll so stabil wie möglich bleiben. Weder ein Schulwechsel noch ein Wechsel des Freundeskreises sind sinnvoll, da die Kinder mit der Trennung der Eltern ohnehin viel zu verarbeiten haben. Das Gericht wird in diesen Fällen in der Regel anordnen, dass derjenige, der die Kinder betreut, in der Mietwohnung bleiben darf, der andere ausziehen muss. Der Mietvertrag wird dahingehend geändert.

Wohl der Kinder

Beispiel

Sie sind Alleinverdiener und standen auch allein im Mietvertrag, Ihr Partner hat sich während der Ehe um die Kinder gekümmert. Müssen Sie jetzt durch Gerichtsbeschluss ausziehen, wird der Mietvertrag auf Ihren Partner umgeschrieben. Jetzt müssen Sie nicht mehr für den Mietzins gegenüber Ihrem Vermieter haften, Ihr Partner ist jetzt in der Pflicht. Der Mietzinsanspruch kann durch die neue, durch das Gericht geschaffene Situation aber gefährdet sein, beispielsweise wenn der Partner nicht viel Unterhalt von Ihnen bekommt beziehungsweise keinen Job findet. Der Vermieter kann bei der Anhörung beantragen, dass Sie in einem solchen Fall auch weiterhin für die künftigen Mietschulden Ihres Partners mithaften.

WISO Tipp

Entscheidet das Gericht über die Mietwohnung, ist die Zustimmung des Vermieters nicht nötig. Es sei denn, der Antrag auf Zuweisung wurde später als ein Jahr nach der Scheidung gestellt. Der Vermieter wird aber am Verfahren beteiligt und kann Beschwerde einlegen.

Daneben kann das Gericht die Mietwohnung auch unter Ihnen räumlich aufteilen, wenn das möglich und zweckmäßig ist. Hierfür müssen aber abgrenzbare Räumlichkeiten vorliegen, wie beispielsweise ein Miethaus und eine Einliegerwohnung.

Beispiel

Sie haben mit Ihrem Partner ein Haus gemietet. Das Gericht entscheidet, dass Ihr Partner mit den Kindern im Haus wohnen bleibt, Sie die Einliegerwohnung beziehen. Es werden zwei getrennte Mietverträge mit dem Vermieter geschlossen.

Ohne Gericht

Mietzahlungen

Haben Sie allein oder mit Ihrem Partner den Mietvertrag unterschrieben, haften Sie gegenüber Ihrem Vermieter. Sie müssen für die gesamte Miete aufkommen, wenn der Vermieter das verlangt – selbst dann noch, wenn Sie schon ausgezogen sind. Der Vermieter kann sich also auch weiterhin an Sie wenden, um die Miete zu erhalten. Im sogenannten Außenverhältnis, Ihrem Verhältnis zu Ihrem Vermieter, bleiben Sie Schuldner.

Im Innenverhältnis, das heißt im Verhältnis zwischen Ihnen und Ihrem Partner, sieht die Haftungsfrage nach Ihrem Auszug anders aus. Auch wenn Sie als Alleinverdiener bisher den Mietzins entrichtet haben, muss jetzt Ihr Partner allein dafür aufkommen. Im Innenverhältnis kann er nicht mehr auf Sie zurückgreifen.

Verlangt der Vermieter nach Ihrem Auszug den Mietzins von Ihnen, können Sie im Innenverhältnis den Betrag von Ihrem Ex-Partner zurückfordern. Problematisch wird diese Möglichkeit allerdings, wenn er nicht zahlt beziehungsweise zahlen kann.

Ihr Vermieter kann berechtigte Gründe haben, Sie als Mieter halten zu wollen. Schließlich verliert er mit Ihnen eine Person, die er für die Entrichtung des Mietzinses haftbar machen kann. Weigert sich Ihr Vermieter, den Mietvertrag zu ändern, obwohl er keine nachvollziehbaren Gründe dafür vorzuweisen vermag, können Sie seine Zustimmung bei Gericht einfordern.

Sie können aber gegenüber Ihrem Partner und Mitmieter einen Anspruch auf Mitwirkung bei der Kündigung oder auf Freistellung von den Verpflichtungen aus dem Mietvertrag haben, und zwar immer dann, wenn Ihr Partner kein schutzwürdiges Eigeninteresse am gemeinsamen Fortbestand des Mietverhältnisses hat. Davon geht der Bundesgerichtshof zum Beispiel aus, wenn der in der Immobilie verbleibende Partner drei Jahre lang die Miete alleine entrichtet hat. In diesem Fall ist ein Mietaufhebungsvertrag mit dem Vermieter auch ohne Zustimmung des anderen möglich (BGH vom 3.3.2004, Az.: VIII ZR 124/03).

WISO Tipp

Sie müssen sich bei Auszug dringend darum kümmern, dass der Mietvertrag geändert wird – also nur noch Ihr Partner als Mieter eingetragen ist. Sie haften sonst im Außenverhältnis weiter. Fordern Sie Ihren Vermieter auf, Sie aus dem Mietvertrag zu entlassen.

WISO Tipp

Sie können die Wohnung nicht einseitig kündigen. Stehen Sie und Ihr Partner im Mietvertrag, müssen Sie beide kündigen, sonst kann der Vertrag nicht beendet werden.

Mietaufhebungsvertrag

Fazit

Machen Sie sich frühzeitig Gedanken, was mit der Immobilie geschehen soll, gleichgültig, ob Sie in Miete wohnen oder Eigentum besitzen. Mit dem Auszug schafft eine der beiden Parteien schon eine Vorentscheidung über die spätere Nutzung. Im Streitfall hat auch hier das Familiengericht das letzte Wort.

Zugewinn-ausgleich

Der Zugewinnausgleich ist ein wichtiger Bestandteil der Vermögensaufteilung nach einer Scheidung. Alles, was Sie und Ihr Partner während der Ehe an Vermögen gebildet haben, soll geteilt werden – auch oder besser gesagt insbesondere dann, wenn ein Partner berufstätig und der andere zu Hause war (etwa wegen Kindererziehung). Die spannende Frage lautet hier: Was wird geteilt und wie wird es geteilt?

Güterstand

Was und wie zu teilen ist, hängt maßgeblich vom sogenannten Güterstand der Ehe ab. Man unterscheidet:
- Zugewinngemeinschaft
- Gütertrennung
- Gütergemeinschaft
- Eigentums- und Vermögensgemeinschaft

Wird kein Ehevertrag geschlossen, der den Güterstand einvernehmlich festlegt, gilt die Zugewinngemeinschaft – man spricht bei ihr deshalb vom gesetzlichen Güterstand. Neun von zehn deutschen Ehen liegt dieser Güterstand zugrunde. Deshalb wird es in diesem Kapitel hauptsächlich darum gehen, wie der eheliche Zugewinn im gesetzlichen Güterstand aufgeteilt wird. Zunächst aber kurz zu den weiterhin genannten, doch eher seltenen Fällen.

Gesetzlicher Güterstand

Gütertrennung

Die Gütertrennung können Sie nur durch einen notariellen Vertrag als ehelichen Güterstand wählen (§ 1414 BGB). Sie tritt nur dann automatisch in Kraft, wenn beide Ehepartner (ebenfalls in einem notariellen Vertrag) den Versorgungsausgleich ausschließen.

Bei der Gütertrennung bleiben auch während der Ehe Ihre Vermögensteile getrennt, es findet kein finanzieller Ausgleich statt. Selbst dann nicht, wenn Ihr Ehepartner während der Ehe deutlich mehr als Sie an Vermögen hinzugewinnt, weil Sie vielleicht die Kinder betreut haben oder lange krank waren. Insofern führt man mit der Gütertrennung einen Zustand herbei, wie er ansonsten in »wilder Ehe« üblich ist. Das kann sinnvoll sein, wenn Sie zum Beispiel Erbe eines großen Vermögens sind und Sie bei Eheschließung noch nicht ganz sicher sind, ob Sie mit Ihrem neuen Ehepartner für immer zusammenbleiben werden.

Kein finanzieller Ausgleich

Eine Gütertrennung ist auch dann nachvollziehbar, wenn Ihnen eine Firma gehört. Egal, ob Sie glauben, dass diese stark wachsen wird oder gerade das Gegenteil eintritt – Sie müssen zumindest befürchten, über den Zugewinn Ihren Partner nicht auszahlen zu können.

WISO Tipp

Die Gütertrennung schließt nicht aus, dass Sie sich mit Ihrem Ehepartner gemeinsam Eigentum kaufen. Sie können die Gütertrennung auch noch während des laufenden Scheidungsverfahrens vereinbaren.

Gütergemeinschaft

Die Gütergemeinschaft ist im Bürgerlichen Gesetzbuch festgelegt (§ 1415 ff.), sie kommt allerdings in der heutigen Rechtspraxis so gut wie nicht mehr vor. Sie stellt in eigentumsrechtlicher Sicht einen vorbehaltlosen Schritt in die Ehe dar, weil durch die Gütergemeinschaft jegliches individuelles Eigentum (auch das, was Sie vor der Trauung schon besaßen) zum hälftigen Eigentum des Ehepartners wird.

Das heißt, jegliches Vermögen beider Ehepartner (gleichgültig ist dabei der Erwerb vor oder in der Ehe) gehört zu gleichen Teilen beiden. Das gilt auch für »erwirtschaftete« Schulden!

Alles gehört zu gleichen Teilen beiden

Ausgenommen von der Gütergemeinschaft sind nur Güter, die nicht übertragbar sind (Sondergüter) oder die einem der Ehepartner geschenkt oder vermacht werden mit der ausdrücklichen Bestimmung, dass sie nur ihm gehören sollen (Vorbehaltsgut).

Eigentums- und Vermögensgemeinschaft

Der gesetzliche Güterstand für in der DDR geschlossene Ehen war die Eigentums- und Vermögensgemeinschaft, die sich dadurch auszeichnete, dass alle während der Ehe erworbenen Vermögensgegenstände beiden Ehepartnern zu gleichen Teilen gehörten. Nach dem Einigungsvertrag gilt für alle in der DDR geschlossenen Ehen aber heute der westdeutsche gesetzliche Güterstand der Zugewinngemeinschaft, es sei denn, dem wurde bis Oktober 1992 ausdrücklich widersprochen.

Die Zugewinngemeinschaft

Der gesetzliche Stand der Zugewinngemeinschaft legt fest, dass
- alles, was Sie vor der Eheschließung besaßen, auch nach einer Scheidung Ihr alleiniges Eigentum bleibt;
- alles, was Sie nach der Scheidung an Vermögen hinzugewinnen, ebenfalls Ihr alleiniges Eigentum bleibt;
- Sie alles, was Sie an Vermögen während der Ehe hinzugewinnen, mit Ihrem Ehepartner bei der Scheidung teilen müssen. Gleiches gilt natürlich auch für das Vermögen, das Ihr Ehepartner während der Zeit der Ehe hinzugewinnt – das muss er natürlich auch mit Ihnen teilen.

Ausgestaltung der Zugewinngemeinschaft/Eheverträge

Grundsätzlich dürfen sich Ehepartner auch noch während des laufenden Scheidungsverfahrens über den Zugewinnausgleich in einem Ehevertrag einigen, der allerdings der notariellen Beurkundung bedarf. Die güterrechtliche Auseinandersetzung kann so aus dem gerichtlichen Scheidungsverfahren ausgeklammert werden. Ein Ehevertrag darf nicht so geschlossen werden, dass er einen Ehepartner über Gebühr bevorteilt, insbesondere wenn der andere Partner aus einer Notlage heraus diesen Ehevertrag unterschreibt beziehungsweise glaubt, unterschreiben zu müssen.

Eheverträge haben dort ihre Grenzen, wo sie »nicht Ausdruck gleichberechtigter Lebenspartnerschaft« sind, sondern wenn ein Ehepartner aufgrund seiner überlegenen Verhandlungsposition den Ton angibt.

Ehevertrag

Beispiel

Sie verzichten auf alle gesetzlichen Ansprüche aus der Ehe, obwohl Sie dadurch unangemessen belastet werden. Das ist ein Indiz dafür, dass im Ehevertrag einseitig Interessen durchgesetzt wurden. Der Vertrag kann daher unwirksam sein. (Bundesverfassungsgericht, Urteil vom 29.03.2001, Az.: 1 BvR 1766/92)

Der Vertragsfreiheit bezüglich der Ausgestaltung des Zugewinnausgleichs sind also Grenzen gesetzt, insbesondere durch den Gesichtspunkt der Sittenwidrigkeit von Verträgen. Eine richterliche Kontrolle von Eheverträgen und ihren Regelungen zum Zugewinnausgleich ist also immer gegeben. Ein Missbrauch der Vertragsfreiheit im Güterrecht führt dazu, dass benachteiligende Regelungen solcher Verträge unwirksam sind.

Ganz allgemein kann man davon ausgehen, dass Gerichte sicherlich misstrauisch werden, wenn auf gesetzlich festgelegte Scheidungsfolgen einseitig verzichtet wird, beispielsweise auf Unterhalt, Erbansprüche oder Versorgungsausgleich.

Wie wird der Zugewinn berechnet?

Die Berechnung des Zugewinns regelt das Bürgerliche Gesetzbuch (§ 1378 BGB). Übersteigt der Zugewinn des einen Ehepartners den Zugewinn des anderen, so steht die Hälfte des Überschusses dem anderen Ehepartner als Ausgleichsforderung zu.

Wie der Zugewinn berechnet wird, ist zumindest in der Theorie relativ einfach: Man betrachtet Ihr Vermögen sowie das Ihres Ehepartners am

Tag der Eheschließung und am Tag der Zustellung des Scheidungsantrags. Haben beispielsweise Sie mehr als Ihr Partner dazugewonnen, Häfte der Differenz müssen Sie ihm die Hälfte der Differenz abtreten.

Beispiel

Sie hatten ein Anfangsvermögen von 100 000 Euro und ein Endvermögen von 300 000 Euro. Ihr Partner hatte ein Anfangsvermögen von 150 000 Euro und ein Endvermögen von 190 000 Euro. Sie haben also während der Ehe einen Zugewinn von 200 000 Euro erwirtschaftet, Ihr Partner einen Zugewinn von lediglich 40 000 Euro. Die Differenz zwischen den Zugewinnen beträgt 160 000 Euro. Die Hälfte davon, also 80 000 Euro, müssen Sie an Ihren Ehepartner als Zugewinnausgleich zahlen.

Neue Rechtslage: Verrechnung von Schulden

Schulden spielten bereits nach der alten Rechtslage eine große Rolle – allerdings eine ganz andere als nach der neuen Rechtslage.

Alte Rechtslage Bis zum 1. September 2009 konnte der Zugewinn nie kleiner sein als null. Man könnte also sagen, nach alter Rechtslage war die Zugewinngemeinschaft niemals eine Verlustgemeinschaft. Sie haben also nie mit Ihrem in die Ehe eingebrachten Vermögen für die Schulden des anderen (zumindest beim Zugewinnausgleich) einstehen müssen.

Neue Rechtslage Seit 1. September 2009 gilt das Gesetz zur Änderung des Zugewinnausgleichs und des Vormundschaftsrechts. Ab jetzt werden mit in die Ehe eingebrachte Schulden beim Zugewinnausgleich verrechnet. Man spricht hierbei von »negativem Anfangsvermögen«: Schließlich sei auch die Schuldentilgung ein ehelicher Zugewinn.

Beispiel

Sie haben ein Anfangsvermögen von 50 000 Euro, Ihr Partner bringt jedoch 40 000 Euro Schulden mit in die Ehe. Ihr Ehepartner und Sie erwirtschaften während der Ehe jeweils ein Endvermögen von 100 000 Euro, zusätzlich zur Schuldentilgung. Ihr Zugewinn beträgt also 50 000 Euro, der Ihres Partners 140 000 Euro (nach alter Regelung nur 100 000 Euro).
Nach alter Regelung hätten Sie bei Scheidung einen Anspruch aus dem Zugewinnausgleich in Höhe von 25 000 Euro, nach neuer Rechtslage steht Ihnen ein Zugewinnausgleich in Höhe von 45 000 Euro zu.

Neue Rechtslage: Vermögensminderung

Schon nach alter Rechtslage wurden vorsätzliche Vermögensminderungen zulasten Ihres Noch-Ehepartners vor Einreichung des Scheidungsantrags dem Endvermögen zugerechnet (§ 1375 Abs. 2 BGB). Damit sollte vermieden werden, dass Sie Sach- oder Barwerte beiseiteschaffen. Immer wieder aber kam es zu Fällen wie diesem:

Beispiel
Ihr Partner besitzt etwa einen relativ teuren neuen Sportwagen, Zeitwert geschätzt 40 000 Euro. Als er von Ihrem Scheidungsantrag erfährt, verkauft er ihn an seinen besten Freund zu einem Freundschaftspreis, sagen wir 20 000 Euro. Was er Ihnen verschweigt: Ist die Scheidung erst einmal durch, erhält er von seinem Freund die übrigen 20 000 Euro. Damit hat er Vermögen beiseitegeschafft, seinen Zugewinn geschmälert und Sie um viel Geld im Zugewinnausgleich gebracht.

Nach der alten Regelung gab es sogar ein »offizielles« Schlupfloch: »Die Höhe der Ausgleichsforderung wird durch den Wert des Vermögens begrenzt, das nach Abzug der Verbindlichkeiten bei Beendigung(!) des Güterstandes vorhanden ist.« (§ 1378 Abs. 2 BGB) Das neue Gesetz mit Wirkung seit dem 1. September 2009 will diese Vermögensminderung zwischen Einreichung des Scheidungsantrags und Scheidungsbeschluss verhindern.

Auch nach Zugang des Scheidungsantrags wurde nach altem Recht noch geschummelt. Noch in dieser Phase wurden Geld oder Sachwerte »beiseitegeschafft«: Die endgültige Höhe der Ausgleichsforderung wurde nämlich mit dem Wert festgesetzt, den das Vermögen zu einem regelmäßig deutlich späteren Zeitpunkt hatte, nämlich dem der rechtskräftigen Scheidung durch das Gericht.

Zustellung des
Scheidungsantrags

Die Güterrechtsreform sieht daher vor, dass jetzt die Zustellung des Scheidungsantrags nicht nur für die Berechnung des Zugewinns, sondern auch für die konkrete Höhe der Ausgleichsforderung maßgeblich ist. Können Sie als Grund für Ihren Vermögensschwund allerdings Kursverluste bei börsennotierten Geldanlagen oder die Insolvenz Ihrer Firma oder den Totalschaden Ihres nicht Vollkasko versicherten Autos als Gründe anführen, müssen Sie nicht für den Geldschwund haften – in allen anderen (vorsätzlich herbeigeführten) Fällen allerdings schon, wenn Sie als Ausgleichsverpflichteter nicht entsprechende Gegenbeweise beibringen können. Die Zeiten des Kleinrechnens von Vermögen sind somit vorbei.

Damit Sie das alles nachprüfen können, haben nun beide Ehepartner ein Auskunftsrecht und eine Auskunftspflicht.

Etwas Gutes bringt das neue Gesetz aber auch für Sie als Zahlungspflichtigen. Sie müssen nur noch maximal die Hälfte Ihres Vermögens abtreten, auch wenn Ihr Ehepartner Schulden hat.

Damit das neue Recht in der Praxis leichter durchsetzbar ist, schafft das neue Güterrecht auch eine neue Verfahrensform: Künftig können Sie Ansprüche in einem vorläufigen Rechtsschutzverfahren vor Gericht sichern.

Schulden

Vorläufiges Rechtsschutzverfahren

Was wird im Zugewinnausgleich verrechnet?

Man könnte annehmen: Alles, was man zu Geld machen kann, minus die Schulden, das ist mein Vermögen. Falsch! Ganz so einfach ist die Rechnung nicht.

Zum Zugewinn gehört folgendes Vermögen:

- Geldvermögen (zum Beispiel Tagesgeld, festverzinsliche Wertpapiere, Aktien etc.)
- Bausparverträge
- Immobilien
- Auto
- Schmuck
- Forderungen gegenüber Dritten (Sie haben eine Rechnung geschrieben, das Geld ist aber noch nicht auf Ihrem Konto eingegangen)
- Schadenersatzansprüche
- Lebensversicherungen ohne Rentenauszahlungsplan (berechnet mit Zeitwert, nicht mit dem niedrigeren Rückkaufswert)
- Abfindungen (wenn sie als Vergütung für die Vergangenheit und nicht als Altersvorsorge gelten)
- Unternehmensbeteiligungen
- Steuerrückzahlungen
- Schmerzensgelder (nach BGH-Rechtsprechung)
- Nießbrauch- und Wohnrecht (Verrechnung, wenn einer der Partner etwa kostenfrei bei den Eltern wohnt, während der andere Miete zahlt)
- seit 1.9.2009: Schulden (auch Steuerschulden)

Beispiel

Ihr Partner macht während der Ehe einen hohen Lottogewinn. Auch dieser unterliegt dem Zugewinnausgleich. (BGH vom 22.12.1976, Az.: 1 VZR 11/76)

WISO Tipp

Die Gesetzesnovelle regelt den Zugewinnausgleich unter Eheleuten und für eingetragene gleichgeschlechtliche Lebensgemeinschaften. Nichteheliche Lebensgemeinschaften (»wilde Ehen«) werden von diesem Gesetz nicht berührt.

Es ist es völlig unerheblich, ob Sie Ihr Vermögen während der Ehe »umschichten«. Rein rechnerisch macht es nämlich keinen Unterschied, ob Sie sich von einem Bankguthaben während der Ehe etwa eine Immobilie kaufen. Die Art Ihres Vermögens ist belanglos – zumindest bei der Gegenüberstellung von Anfangs- und Endvermögen.

Erbschaften und Schenkungen

Vom Zugewinnausgleich ausgenommen sind Erbschaften und Schenkungen. Sie gehören ausschließlich dem Beschenkten beziehungsweise Erben (was übrigens nur für Eheleute gilt, nicht jedoch für Verlobte).

Rein rechtlich bleiben Erbschaften und Schenkungen dennoch in der Zugewinnberechnung nicht ganz unberücksichtigt, sondern werden dem Anfangsvermögen zugerechnet. Im Endvermögen ist eine Erbschaft ja ohnehin enthalten. Das klingt wie ein Nullsummenspiel, ist es aber nicht. **Die Wertsteigerung einer Erbschaft während der Ehe zählt dadurch als Zugewinn.**

Wertsteigerung einer Erbschaft ist Zugewinn

Beispiel

Sie erben während Ihrer Ehe eine Immobilie im Wert von 100 000 Euro. Diese 100 000 Euro sind damit Anfangsvermögen. Die Immobilie erfährt eine Wertsteigerung (gleichgültig, ob Sie sie verkaufen oder nicht) und bei der Scheidung ist die Immobilie 140 000 Euro wert. Das ist das Endvermögen. In diesem Fall fließt die Erbschaft dann doch (zum Teil) in den Zugewinn mit ein, weil die Wertsteigerung in Höhe von 40 000 Euro Teil Ihres ehelichen Zugewinns ist, den Sie bei der Scheidung ausgleichen müssen. Dabei ist es übrigens gleichgültig, ob die Wertsteigerung Ihrer Immobilie durch einen allgemeinen Anstieg der Immobilienpreise zustande kommt oder durch besonderes persönliches Engagement und Können bei der Verschönerung oder Instandhaltung Ihres Eigenheims.

Schenkung

Ein Sonderfall ist die Schenkung, die Sie von Ihrem Ehepartner während der Ehe erhalten haben. Hierbei kommt es darauf an, was der Schenker beabsichtigt hat (§ 1380 BGB). Wenn der Schenker nichts Abweichendes schriftlich festgelegt hat, geht man davon aus, dass Geschenke, die unter Ehepartnern üblich sind, insbesondere Weihnachts- und Geburtstagsgeschenke, persönliches Eigentum des Beschenkten bleiben und beim Zugewinnausgleich keine Rolle spielen.

Etwas anderes gilt bei unüblich großen Geschenken unter Verheirateten. Erhalten Sie beispielsweise von Ihrem Ehepartner »Großgeschenke«, dann vermutet der Gesetzgeber, dass diese, wenn nichts Abweichendes vertraglich festgelegt wird, mit in den Ausgleich des Zugewinns einfließen sollen; dazu zählen:

– Immobilien
– Grundstücke
– Firmenanteile
– Größere Kapitalvermögen (Aktiendepots oder Ähnliches)

Von dieser Berücksichtigung von Schenkungen kennt das Gesetz (nicht nur für Eheleute) grundsätzlich nur zwei Ausnahmen:

– Das Recht des »verarmten Schenkers«. Wer sich oder jemanden, dem er Unterhalt schuldet, nicht mehr versorgen kann, darf eine Schenkung zurückfordern (§ 528 BGB).
– Wer sich schwerer Verfehlungen oder groben Undanks gegenüber dem Schenker schuldig macht, hat kein Recht, die Schenkung zu behalten (§ 530 BGB).

Die Gerichte legen die Frage, ob sich ein Ehepartner, der fremdgeht, »schwerer Verfehlungen« oder »groben Undanks« schuldig macht, sehr eng aus. Fast nie kommt es in richterlichen Entscheidungen zu einer Rückgabe der Schenkung oder zu einem Verlust des Anspruchs auf Zugewinnausgleich (dazu am Ende dieses Gesamtkapitels unter »Ausschluss des Zugewinnausgleichs« mehr).

Vom Zugewinnausgleich ausgenommen sind der Hausrat (er wird getrennt aufgeteilt) und Altersvorsorgeprodukte (diese werden ebenfalls getrennt geteilt, nämlich im Versorgungsausgleich).

Bewertung/Verzinsung

Was gilt beim Zugewinnausgleich? Es gilt der Verkehrswert, also beispielsweise der Preis für einen Gebrauchtwagen, der unter normalen Umständen (also bei normaler Nachfrage, etwa nach Zeitungs- und Internetinseraten) zeitnah am heimischen Markt zu erreichen ist.

Nur von Fachleuten kann berechnet werden, wie hoch der Zugewinn bei einem wachsenden mittelständischen Betrieb, einer landwirtschaftlichen Nutzfläche, die Bau- oder Bauerwartungsland wird, oder einer Zahnarztpraxis (mit wachsendem Patientenstamm) ist. Kriterien bei dieser Schätzung durch Sachverständige stellen zum Beispiel Steuerlast und Unternehmerlohn dar.

Beispielrechnung Zugewinnausgleich

Anfangsvermögen Ehemann (in Euro)		Endvermögen Ehemann (in Euro)	
Grundstück	30 000	Haus (50 %)	200 000
Hausrat (nicht einzubeziehen)	Auto	25 000	
Erbschaft	25 000	Sparbuch/Girokonto	4 000
Auto	14 000	Erbschaft	25 000
Abfindung	60 000		
Aktien	10 000		
Sparbuch/Girokonto	2 000		
	141 000		254 000
Zugewinn Ehemann			
	254 000		
	− 141 000		
	113 000		
Anfangsvermögen Ehefrau (in Euro)		Endvermögen Ehefrau (in Euro)	
Sparbuch/Girokonto	12 000	Haus (50 %)	200 000
Schmuck	3 000	Steuerrückzahlung	2 000
Hausrat (nicht einzubeziehen)			
Schulden	− 40 000		
	− 25 000		202 000
Zugewinn Ehefrau			
	− 25 000		
	+ 202 000		
	227 000		

Im vorliegenden Beispiel hat der Ehemann einen Zugewinn während der Ehe von 113 000 Euro, die Ehefrau hat während der Ehezeit ihr Vermögen um 227 000 Euro vergrößern können. Die Differenz des Zugewinns beträgt 114 000 Euro (227 000 − 113 000 Euro).

Die Hälfte des Zugewinns beträgt demnach 57 000 Euro. Die Ehefrau ist im vorliegenden Beispielfall verpflichtet, ihrem Ehemann einen Zugewinnausgleich in Höhe von 57 000 Euro zu zahlen.

Indexierung

Alles wird teurer – und das ständig. Inflation ist auch in unserem Land kein Fremdwort mehr. Das hat auch Folgen für den Zugewinnausgleich. Der Bundesgerichtshof hat nämlich in einem Grundsatzurteil entschieden, dass die Geldentwertung – und die dadurch verursachte Verteuerung eines Gegenstandes – keinen Zugewinn darstellt und damit auch nicht ausgeglichen werden muss. Das klingt logisch und auch einfach, hat aber schwierige Berechnungen zur Folge. Denn man kann (wie in dem vereinfachten Beispiel oben) nicht einfach immer das Anfangsvermögen vom Endvermögen abziehen, um den Zugewinn zu berechnen. Vielmehr müssen die Gerichte den Wert des Anfangsvermögens auf den Kaufkraftwert des Geldes beim Endvermögen umrechnen.

Kaufkraftwert

Man muss dafür das gesamte Endvermögen indexieren (quasi auf 100 Prozent setzen) und dann mittels der Preissteigerungsraten des Statistischen Bundesamtes (Lebenshaltungskosten beziehungsweise Verbraucherpreisindex) errechnen, wie hoch das Anfangsvermögen wirklich war. Das ist zwar sehr kompliziert, doch kann somit der Kaufkraftschwund, der während der Ehe eingetreten ist, ausgeglichen werden. Oder anders ausgedrückt: Ohne Indexierung würden Sie Ihren Ehegatten im Trennungsfall an Ihrem Anfangsvermögen teilhaben lassen.

Vermögensausgleich des Zugewinns

Der Ausgleich unterschiedlich hoher Zugewinne während der Ehe geschieht immer mittels Geld, doch nie verändert der Zugewinnausgleich etwas an bestehenden Eigentumsverhältnissen. Auch wenn Ihr Ex-Partner eine noch so hohe Summe von Ihnen verlangen kann, hat er nie ein Anrecht darauf, Sie deswegen etwa aus Ihrem (alleinigen) Immobilieneigentum zu vertreiben. Ebenso besitzt er auch nie Anspruch auf Ihr besonders schönes Auto oder Ihr besonders schönes Wochenendhäuschen. Beim Zugewinnausgleich geht es immer »nur« um Geld.

Die gemeinsame Immobilie

Niemand verlässt gerne die Immobilie, die er selbst gebaut oder zumindest lange Zeit bewohnt hat. Bei vielen (vermögenden) Trennungspärchen stellen sich dieselben Fragen: Muss das gemeinsame Haus verkauft werden? Wer darf wohnen bleiben? Wird Miete fällig?

Der Gesetzgeber hat auch hier grundlegende Regelungen getroffen:
- § 749 BGB: Jeder Miteigentümer einer Immobilie kann jederzeit die Aufhebung der Miteigentümerschaft verlangen.
- § 753 BGB: Bei gemeinsamen (unbebauten) Grundstücken wird, wenn sich keine andere Lösung findet, auf Antrag eines Ehegatten hin die Zwangsversteigerung eingeleitet. Der Versteigerungserlös wird geteilt.
- § 1365 BGB: Der Antrag auf Zwangsversteigerung bedarf der Zustimmung des anderen Ehegatten, wenn Ihre Ehe noch nicht geschieden ist; insbesondere wenn der Immobilienbesitz fast das gesamte Vermögen des Ehegatten ausmacht.
- § 180 Zwangsversteigerungsgesetz: Das Zwangsversteigerungsverfahren wird zurückgestellt, wenn durch die Versteigerung einer Immobilie das Wohl eines gemeinsamen Kindes beeinträchtigt würde (was beim erzwungenen Auszug eigentlich immer gilt).

Wegfall des Zugewinnausgleichs

Der Zugewinnausgleich ist keine Pflichtveranstaltung bei einer Scheidung wie der Versorgungsausgleich. Er wird auch nicht automatisch von Amts wegen eingeleitet und bei Gütertrennung entfällt er ohnehin. Das bedeutet: Wenn Sie glauben, beim Zugewinnausgleich etwas »herausholen« zu können, müssen Sie selbst aktiv werden. Entweder Sie einigen sich mit Ihrem früheren Ehepartner oder Sie müssen vor Gericht gehen.
Im Scheidungsverfahren auf der Berechnung des Zugewinnausgleichs zu bestehen ist unsinnig, wenn es ohnehin nichts zu verteilen gibt. Ein solches Anliegen verteuert und verzögert nur das Scheidungsverfahren.

Beispiel
Ihr Partner und Sie bringen beide kein nennenswertes Vermögen, aber auch keine Schulden mit in die Ehe. Während der Ehe erwerben Sie zusammen ein Einfamilienhäuschen, für das Sie und Ihr Ehepartner hälftig im Grundbuch als Eigentümer eingetragen sind. Außer dem Haus besitzen Sie keine nennenswerten Vermögenswerte. Anfangs- und Endvermögen sind damit bei Ihnen und Ihrem Partner gleich hoch, der Zugewinn ist für Sie wie für Ihren Partner ein halbes Häuschen. Es kommt zu keinem Zugewinnausgleich.

Auch beim gesetzlichen Stand der Zugewinngemeinschaft gibt es Gestaltungsmöglichkeiten, allerdings nur innerhalb eines notariell beglaubigten Ehevertrages. So können Sie etwa

- bestimmte Gegenstände aus dem Zugewinn ausklammern (meist bei Betriebsvermögen),
- bestimmte Gegenstände mit einem Stichtagsvermögen bewerten,
- als Zugewinn eine pauschale Summe vereinbaren,
- als Zugewinn einen Vermögensgegenstand übertragen.

Ausschluss des Zugewinnausgleichs

Kam es zu ehelichen Verfehlungen Ihres Partners, die dazu führen, dass Sie ihm keinen Zugewinnausgleich zahlen müssen? Die Antwort: Theoretisch ja, praktisch nein.

Der Gesetzgeber legt dafür einen »Gummiparagrafen« vor, den die deutschen Gerichte sehr eng auslegen. Vom Zugewinnausgleich kann abgesehen werden, wenn dieser Vorgang »grob unbillig wäre«. Ein solcher liege insbesondere dann vor, wenn »der Ausgleichsberechtigte längere Zeit hindurch die wirtschaftlichen Verpflichtungen, die sich aus dem ehelichen Verhältnis ergeben, schuldhaft nicht erfüllt hat« (§ 1381, Abs. 2 BGB).

Bisher haben deutsche Gerichte nur in sehr wenigen Fällen aufgrund dessen den Zugewinnausgleich versagt. Ehelicher (verbaler) Streit oder gelegentliche Verstöße gegen »eheliche Pflichten«, die oft genug zu Scheidungen führen, reichen auf keinen Fall aus, den Zugewinnausgleich nicht zu gestatten.

Oberlandesgerichte haben den (vollen) Zugewinnausgleich versagt, wenn der Ehepartner

- während der Ehe vier außereheliche Beziehungen hatte;
- trotz gemeinsamer Kinder so gut wie nie zu Hause war;
- sein komplettes Gehalt für sich beanspruchte, der Ehepartner mit deutlich weniger sich und die gemeinsamen Kinder durchbringen musste und dennoch Geld sparte. Auch hier musste der »ärmere« Ehepartner nicht noch Zugewinnausgleich leisten, nachdem der »reichere« sein Vermögen durch Glücksspiel durchgebracht hatte.

Etwas konkreter wird das Gesetz in Bezug auf wirtschaftliche Schäden. So sehen Ihre Chancen, Ihrem Ex-Partner keinen Zugewinnausgleich zahlen zu müssen, deutlich besser aus, wenn Ihnen ein fremdes Kind »untergeschoben« wurde. Denn hier haben Sie durch den Unterhalt für das Kind auch einen messbaren wirtschaftlichen Schaden erlitten und ein solcher zählt in diesen Paragrafen deutlich mehr als seelische Belastungen.

WISO Tipp

Achten Sie darauf, dass es gerecht zugeht. Kann Ihr Partner nachweisen, dass Sie ihn mit einem solchen Vertrag übervorteilen, hat er vor Gericht gute Chancen, die Nichtigkeit der Vereinbarung wegen Sittenwidrigkeit feststellen zu lassen.

Uneheliches Kind

Zugewinnausgleich: Was Sie sonst noch wissen sollten

Verzinsung Zahlungen des Zugewinnausgleichs werden mit Rechtskraft des Scheidungsbeschlusses fällig. Ab diesem Zeitpunkt besteht auch ein Anrecht auf Verzinsung der Ansprüche. Die Ausgleichsforderung ist außerdem nach dem Bürgerlichen Gesetzbuch sowohl vererbbar als auch abtretbar (§ 1378 BGB).

Stundung Häufig ist es in der Praxis (insbesondere bei Selbstständigen und Freiberuflern) der Fall, dass mitunter extrem hohe Zugewinnausgleichszahlungen zu leisten sind. Dann kann es passieren, dass die Firma im Familienbesitz sich so verschulden müsste, dass unter Umständen sogar ihr Fortbestehen infrage steht. Das Gesetz sieht für diese Fälle die Möglichkeit einer Stundung, also eines Aufschiebens der Zahlungsverpflichtung vor (§ 1382 BGB). Eine Stundung wird regelmäßig auch eingeräumt, wenn eine Immobilie veräußert werden müsste, in der minderjährige Kinder großgezogen werden.

Vorzeitiger Zugewinnausgleich Was viele Ehepartner nicht wissen: Sie müssen nicht immer mit dem Zugewinnausgleich warten, bis der Scheidungsbeschluss ergangen ist. Das Bürgerliche Gesetzbuch nennt ausdrücklich mehrere Fallkonstellationen, bei denen ein früherer Ausgleich möglich ist. Der vorzeitige Zugewinnausgleich wird gesetzlich eingeräumt
– bei mindestens drei Jahren dauerndem Getrenntleben (§ 1385 BGB);
– bei Versagen der Auskunftspflicht über die Vermögensverhältnisse (§ 1386 BGB);
– bei schuldhafter Nichterfüllung »wirtschaftlicher Ehepflichten« (§ 1381 BGB).
Für einen vorzeitigen Zugewinnausgleich ist eine Klage erforderlich. Die Einreichung der Klage legt automatisch den Stichtag für die Berechnung des Endvermögens fest. Überlegen Sie sich also vor Klageeinreichung gut, ob Sie oder Ihr Partner in näherer Zukunft noch einen deutlichen Vermögenszuwachs erwarten.

Verjährung Der Anspruch auf den Zugewinnausgleich verjährt nach drei Jahren. Konkret heißt das: Wenn etwa Ihr Ex-Partner mit den Zahlungen aus Schlampigkeit in Rückstand gerät oder sie Ihnen ganz verweigert, müssen Sie Klage innerhalb der ersten drei Jahre nach dem Scheidungsbeschluss einreichen. Ansonsten verfällt Ihr Anspruch.

Zugewinnausgleich beim Tod des Ehepartners Nur in Ausnahmefällen kommt es auch im Todesfall zu einem regulären Zugewinnausgleich, und zwar wenn:

– Ihr verstorbener Ehegatte Sie enterbt hat und Ihnen kein Vermächtnis zusteht;
– Sie die Erbschaft Ihres verstorbenen Ehepartners ausschlagen (weil Sie zum Beispiel mit so wenig bedacht wurden, dass Sie sich über den Zugewinnausgleich besser stellen).

In allen anderen Fällen kommt es im Todesfall zu einem »pauschalen« Zugewinnausgleich, den der Gesetzgeber über das Erbrecht festgelegt hat. Wird nach Paragraf 1371 BGB der Güterstand durch den Tod eines Ehegatten beendet, wird der Ausgleich des Zugewinns dadurch verwirklicht, dass sich der gesetzliche Erbteil des überlebenden Ehegatten um ein Viertel der Erbschaft erhöht.

Eine Ehe wird zwar häufig durch Scheidung aufgelöst, aber auch durch den Tod eines Ehepartners. Existierte der erwähnte Paragraf 1371 BGB nicht, würden Sie in einem solchen Fall nur ein Viertel des Vermögens Ihres verstorbenen Ehepartners erben, wenn außer Ihnen noch Kinder zu berücksichtigen sind. Um im Todesfall Streitigkeiten mit den anderen Erben zu vermeiden, setzt der Gesetzgeber den Zugewinnausgleich in diesem Fall pauschal fest – er erhöht sich für den hinterbliebenen Ehepartner um ein weiteres Viertel auf die Hälfte.

WISO Tipp

Der Gesetzgeber geht mit dem Zugewinn im Todesfall ganz bewusst anders um als im Scheidungsfall. Im Todesfall erbt der überlebende Ehepartner auf jeden Fall (wenn Vermögen vorhanden ist) – auch wenn er bei Scheidung im Rahmen des Zugewinnausgleichs hätte zahlen müssen.

Beispiel

Sie haben zwei Kinder, Ihr Ehepartner verstirbt während der Ehe. Sie erben die Hälfte (ein Viertel »Erbrecht« plus ein Viertel »Zugewinnausgleich«) des Vermögens, die andere Hälfte teilen sich Ihre Kinder.

Fazit

Was während der Ehe an Vermögen »erwirtschaftet« wurde, gehört in der Zugewinngemeinschaft beiden Ehepartnern zu gleichen Teilen. Grundsätzlich gilt: Endvermögen minus Anfangsvermögen geteilt durch zwei. Doch wie immer gibt es viele Ausnahmen und Sonderregelungen, Stichworte sind etwa Erbschaften, Schulden und die Indexierung des Vermögens.

Versorgungs-
ausgleich

Es ist schon erstaunlich: Obwohl man bei der Trennung mancher Paare den Eindruck

gewinnt, es gehe ihnen nur ums Geld, so wird doch das Thema Versorgungsausgleich oft

stiefmütterlich behandelt. Es ist wie bei der verwandten Problematik der Rente beziehungs-

weise der Altersvorsorge: Niemand weiß so recht, was auf einen zukommt, wie die

Ansprüche berechnet werden und wie es zur »Stunde null«, wenn man in Rente geht, mit

den Ansprüchen konkret aussieht. Auch beim Versorgungsausgleich kann es sich um viel

Geld drehen, besonders dann, wenn nur einer der Ehepartner gearbeitet und gut verdient

hat. Denn der Versorgungsausgleich regelt die Aufteilung der zukünftigen Rentenansprü-

che, die während der Ehe angesammelt wurden.

Worum geht es beim Versorgungsausgleich?

Zwischen den geschiedenen Ehegatten findet ein Versorgungsausgleich statt, soweit für einen von ihnen oder beide in der Ehezeit Anwartschaften oder Aussichten auf eine Versorgung wegen Alters oder verminderter Erwerbsfähigkeit begründet oder aufrechterhalten worden sind. Außer Betracht bleiben Anwartschaften oder Aussichten, die weder mithilfe des Vermögens noch durch Arbeit der Ehegatten entstanden sind.

Rentenrechtlich werden bei jedem erwachsenen Menschen zwei Lebensphasen angesetzt: die Ansparphase und die Auszahlungsphase. Vereinfacht gesagt stellt die Ansparphase die Zeit zwischen der Ausbildung und dem Renteneintritt dar, die Zeit also, in der Sie in die Rentenkassen einzahlen. Die Auszahlungsphase ist die Zeit des Ruhestandes, die Zeit ab 65 Jahren (bald ab 67 Jahren), in der Sie Rente beziehungsweise Pension erhalten. Der Begriff »Versorgungsausgleich« lässt sich nun einfach erklären: Liegt auch nur ein kleiner Teil der Ehe während der Ansparphase, haben für diese Zeit beide Ehepartner grundsätzlich einen Anspruch auf eine gleich hohe Rente, das heißt, die in dieser Zeit erworbenen Rentenansprüche werden unter beiden Ehepartnern geteilt. Das soll sicherstellen, dass im althergebrachten Familienbild die Ehefrau, die die Kinder großzieht, in dieser Zeit an den Rentenansprüchen ihres Mannes zur Hälfte partizipiert, weil sie durch die Kindererziehung eine gleichwertige Arbeitsleistung für die Familie erbracht hat.

Dem Gesetzgeber ist der Versorgungsausgleich sehr wichtig, deshalb wird das Verfahren auch von Amts wegen eingeleitet. Anders gesagt, Scheidungswillige kommen nicht um den Versorgungsausgleich herum.

Welche Ansprüche werden einbezogen?

Versucht man, die Ansprüche des Versorgungsausgleichs zu umreißen, muss man zunächst die infrage kommende Frist bemessen. Diese reicht

Frist

- vom Ersten des Monats der Eheschließung
- bis zum Letzten des Monats vor Zustellung des Scheidungsantrags durch das zuständige Familiengericht (im Gesetzeswortlaut: »bis zum Ende des Monats, der dem Eintritt der Rechtshängigkeit des Scheidungsantrags vorausgeht«, § 1587, Abs. 2 BGB).

Beispiel

Sie haben am 22. August 1986 geheiratet. Ihre Frau beantragt im Frühjahr 2009 die Scheidung, der Antrag geht Ihnen am 19. Juli 2009 zu. In diesem Fall wird der Versorgungsausgleich vom 1. August 1986 bis zum 30. Juni 2009 berechnet.

Vor der Ehe erworbene Anwartschaften für eine Altersversorgung fließen also nicht in den Versorgungsausgleich mit ein. Gleiches gilt für Anwartschaften nach der Scheidung. Allerdings werden Zeiten des Trennungsjahres oder auch längere Phasen des dauernden Getrenntlebens mit im Versorgungsausgleich berücksichtigt. In den Versorgungsausgleich werden (fast) alle Anwartschaften einbezogen. Dazu gehören:

- Gesetzliche Rentenversicherung (Deutsche Rentenversicherung Bund)
- Beamtenversorgung (Pensionsansprüche)
- Betriebliche Altersversorgung
- Zusatzversorgungen des öffentlichen Dienstes
- Berufsständische Altersversorgungen (zum Beispiel bei Rechtsanwälten, Ärzten, Apothekern oder Architekten)
- Private Rentenversicherungen
- Tariflich vereinbarte Zusatzversorgungen
- Rentengleich wiederkehrende Leistungen (etwa die Altershilfe für Landwirte)

Ihre Anwartschaft aus einer privaten Kapitallebensversicherung wird nicht im Versorgungsausgleich mitgerechnet. Diese wird innerhalb der Aufteilung des ehelichen Zugewinns berücksichtigt.

Private Kapitallebensversicherung

Der Versorgungsausgleich betrifft Anwartschaften aus den öffentlichen Sozialsystemen (etwa der Deutschen Rentenversicherung Bund). Daneben werden privatrechtliche Ansprüche, wie etwa eine private Rentenversicherung, zur Altersvorsorge mitgezählt. Eine Unfallrente dagegen, die Sie privatrechtlich von einem Dritten erhalten, fällt nicht in den Versorgungsausgleich.

Private Rentenversicherung und Unfallrente

Aufteilung der Versorgungsansprüche

Um die Ansprüche des Versorgungsausgleichs aufteilen zu können, werden zunächst alle während der Ehe erworbenen Anwartschaften beider Partner addiert. Danach erhält derjenige, der weniger Ansprüche angesammelt hat, die Hälfte der Differenz zum Bessergestellten.

Beispiel

Sie haben während der Ehe 20 Entgeltpunkte in der gesetzlichen Rentenversicherung angesammelt, dazu kommt eine Betriebsrente in Höhe von 20 000 Euro. Ihr Partner war während der Ehe wegen der Kindererziehung nicht berufstätig. Er erhält deshalb von Ihnen 10 Entgeltpunkte für die gesetzliche Rentenversicherung und 10 000 Euro, also auch die Hälfte Ihrer Betriebsrentenansprüche.

Entgegen der landläufigen Meinung, Ihre Rentenansprüche und die Ihres Partners werden zusammengezählt und dann geteilt, gilt folgender Aufteilungsgrundsatz: Dem Ehepartner, der weniger Ansprüche erworben hat (also weniger gearbeitet und weniger verdient hat), steht die Hälfte der Differenz zu. Das macht zwar keinen Unterschied, wenn ein Ehepartner gar nicht gearbeitet hat – wohl aber, wenn beide verdient haben.

Beispiel

Sie haben Rentenansprüche in Höhe von 2000 Euro erwirtschaftet, Ihr Partner Ansprüche in Höhe von 800 Euro. Hieraus wird die Differenz gebildet (1200 Euro) und aufgeteilt (600 Euro). Nach der Aufteilung erhalten Sie 1400 Euro Rentenansprüche, Ihr Partner bekommt ebenfalls 1400 Euro.

Die Neuregelung seit dem 1. September 2009

Der Versorgungsausgleich wurde im Frühjahr 2009 grundlegend überarbeitet. Die Bundesregierung hat einen Gesetzesentwurf eingebracht, der mit geringen Änderungen den Bundesrat passierte. Der Versorgungsausgleich wurde bis 2009 in verschiedenen Gesetzen geregelt, zum Beispiel im Bürgerlichen Gesetzbuch, im Gesetz zur Regelung von Härten im Versorgungsausgleich, im Versorgungsausgleich-Überleitungsgesetz und in der Barwert-Verordnung. Jetzt ist er in einem Gesetz zusammengefasst.

Die alte Form des Ausgleichs von Alterseinkünfteansprüchen hat sich in den vergangenen Jahren als zunehmend ungerecht erwiesen. Anstelle des bisherigen Einmalausgleichs über die gesetzliche Rentenversicherung nach Aufrechnung aller Rentenansprüche wird jetzt jeder Versorgungsanspruch innerhalb des jeweiligen Versorgungssystems einzeln geteilt. Jeder Ehegatte erhält sein eigenes »Rentenkonto«, also einen eigenen Anspruch gegen den jeweiligen Versorgungsträger. Man nennt das »interne Teilung«.

Interne Teilung

Vorteilhaft an der Neuregelung ist, dass eine Prognose über die künftige Wertentwicklung der Versorgungsansprüche in den verschiedenen Versorgungssystemen nicht mehr erforderlich ist, denn die Ansprüche müssen nicht mehr zunächst durch die sogenannte Barwert-Verordnung wie früher miteinander vergleichbar gemacht werden. Damit entfallen damals typische Wertverzerrungen, die entstanden, weil man unsichere Prognosen insbesondere hinsichtlich der zukünftigen Verzinsung der erworbenen Ansprüche machen musste. Mit Zins und Zinseszins konnten Nachkommastellen im Zinssatz enorme Unterschiede machen. Mit der Neuregelung erhält jeder Ehepartner sein eigenes Rentenkonto. Besitzen Sie noch keines, wird es automatisch für Sie eingerichtet. Sie haben also von nun an einen eigenen Anspruch gegenüber dem jeweiligen Versorgungsträger. Der Vorteil liegt darin, dass jetzt auch schon zum Zeitpunkt der Scheidung (anders als früher) Ansprüche aus betrieblichen und privaten Altersversorgungen gerecht aufgeteilt werden können. Einbezogen werden jetzt auch Kapitalleistungen der betrieblichen Altersversorgung. Während es früher häufig noch lange nach der Scheidung zu Ausgleichs- und Abänderungsverfahren kam, hofft man nun, dass diese in Zukunft überflüssig werden.

Kapitalleistungen der betrieblichen Altersversorgung

Die externe Teilung, der sogenannte schuldrechtliche Ausgleich, ist zwar auch weiterhin möglich, er stellt aber nach der Reform 2009 die Ausnahme dar. »Extern« bedeutet, dass der Ausgleich nicht beim Versorgungsträger des Ausgleichspflichtigen geschieht, sondern dass der Versorgungsträger den Ausgleich bei einem anderen Versorgungsträger einzahlt (meist erst bei Fälligkeit). Das kann nach jetzt gültigem neuem Recht geschehen, wenn
– der Ausgleichsberechtigte zustimmt;
– der Versorgungsträger die externe Teilung verlangt.

Das geschieht meist, wenn
– die Versorgungsansprüche (etwa bei einer Betriebsrente) noch nicht sicher sind;
– die Versorgungsansprüche im Ausland erworben worden sind;
– die Versorgungsansprüche (etwa bei manchen Betriebsrenten) nicht anders aufgeteilt werden können.

In den Fällen der externen Teilung können Sie als Anspruchsberechtigter selbst entscheiden, ob eine neue Altersversorgung begründet wird oder die Ausgleichszahlung in eine Altersversorgung fließen soll, die Sie bereits unterhalten. Der schuldrechtliche Versorgungsausgleich wurde vom Gesetzgeber so weit wie möglich eingedämmt, weil Sie als Anspruchsberechtigter keinen eigenen Rentenanspruch erhalten und Sie die Rente erst beziehen, wenn beide Partner das Rentenalter erreicht haben.

Abänderungsverfahren Hat das Familiengericht die Auskünfte sämtlicher Versorgungsträger vorliegen, entscheidet es über den Versorgungsausgleich. Sollten sich die Ansprüche nach der Scheidung dramatisch verändern, können Sie vor dem zuständigen Familiengericht ein Abänderungsverfahren beantragen.

Rentnerprivileg

Für den ausgleichspflichtigen Ehepartner galt bis zur Neuregelung des Versorgungsausgleichs das sogenannte Rentnerprivileg. Die Rente wurde aufgrund des Versorgungsausgleichs erst gemindert, wenn der frühere Ehepartner ebenfalls in Rente ging (oder seine Hinterbliebenen eine Rente erhielten). Bis dahin blieb die Rente des Ausgleichspflichtigen unangetastet.

Dieses Rentnerprivileg findet nach der Neuregelung nur noch Anwendung, wenn

– das Familiengericht nach der alten Regelung über den Versorgungsausgleich entscheidet (etwa weil sich ein Verfahren sehr lange hinzieht) oder

– die Rente, die wegen des Versorgunsausgleichs zu kürzen wäre, vor dem Eintritt der Rechtskraft der Versorgungsausgleichsentscheidung (1.9.2009) begonnen hat.

Kein Versorgungsausgleich

Der Versorgungsausgleich wird nicht durchgeführt, wenn die Versorgungsansprüche sehr gering sind (meist unter 50 Euro monatlich) oder wenn eine Ehezeit von unter drei Jahren vorliegt. Dann findet kein Versorgungsausgleich mehr statt, es sei denn, Sie beantragen ihn. In der Regel werden aber zu geringe Werte ausgeglichen.

Auf einen Ausgleich wird auch verzichtet, wenn die Versorgungen beider Eheleute annähernd gleich hoch sind. Die Wertgrenze für diese Fälle liegt zurzeit bei etwa 25 Euro pro Monat Rentenunterschied. In diesen Fällen geht der Gesetzgeber automatisch davon aus, dass die Eheleute auf die Teilung verzichten.

Nach der Neuregelung haben Sie jetzt einen gesetzlichen Auskunftsan- Auskunftsanspruch
spruch. Sie können verlangen, dass Ihr Ex-Partner Ihnen alle erforderli-
chen Auskünfte über seine Altersversorgung zugänglich macht. Meist
geschieht das schon automatisch durch das Gericht, das Ihnen und Ihrem Partner im Scheidungsverfahren ein entsprechendes Formular zum
Ausfüllen zuschickt. Die Ansprüche bei der Deutschen Rentenversicherung Bund oder bei anderen Versorgungseinrichtungen wird sich das
Familiengericht in der Regel eigenständig besorgen.

Die Auskunftspflicht gilt im Todesfall Ihres Partners ausdrücklich auch für
dessen Hinterbliebene und Erben. Der Hintergrund: Stirbt die ausgleichs-
pflichtige Person und besteht ein noch nicht ausgeglichenes Anrecht,
können Sie als ausgleichsberechtigte Person vom Versorgungsträger die
Hinterbliebenenversorgung verlangen, die erzielt worden wäre, wenn die
Ehe bis zum Tod der ausgleichspflichtigen Person fortbestanden hätte.
Grundsätzlich gilt beim Tod des Ehepartners: Ihre Rente wird nicht gekürzt, wenn der Ehepartner weniger als 36 Monate Rente aus Ansprüchen
des Versorgungsausgleichs erhalten hat.

Vereinbarungen

Der Versorgungsausgleich wird grundsätzlich (wenn Sie keine abwei-
chende Regelung getroffen haben) vom Gericht durchgeführt, auch wenn
beide Partner das nicht wollen. Allerdings besitzen Sie Gestaltungsmöglichkeiten und können nach neuem Recht jetzt mehr selbst regeln:

– Nach dem alten Recht konnten Ehegatten durch eine Vereinbarung den
  Versorgungsausgleich ausschließen, nach dem neuen Recht können
  sie ihn dagegen gestalten.
– Nach altem Recht ist die Zustimmung des Familiengerichts zu einer
  freiwilligen Vereinbarung des Versorgungsausgleichs der scheidungs-
  willigen Eheleute nötig. Jetzt prüft das Familiengericht nur noch, ob die
  Vereinbarung einer »Inhalts- und Ausübungskontrolle« standhält. Das
  Familiengericht ist an Ihre Vereinbarung gebunden, wenn es nicht
  grundsätzliche Hindernisse, wie etwa Sittenwidrigkeit, erkennt.
– Nach altem Recht mussten die Vereinbarungen spätestens ein Jahr vor
  Scheidungsantrag abgeschlossen sein. Nach neuem Recht können sie
  noch während des Scheidungsverfahrens von Ihnen gestaltet werden.
  Die bis dahin erforderliche Genehmigung durch das Familiengericht
  hierzu entfällt.

Ein im Ehevertrag kompensationslos vereinbarter Ausschluss des Versorgungsausgleichs ist nichtig, wenn Sie bei Abschluss des Vertrags bewusst in Kauf nehmen, dass der eine Ehepartner wegen Kinderbetreuung alsbald aus dem Berufsleben ausscheiden und bis auf Weiteres keine eigenen Versorgungsanrechte (abgesehen von Kindererziehungszeiten) erwerben wird. Die Abrede ist nach der Gesamtwürdigung des Vertrags sittenwidrig und der Vertrag nichtig. (Bundesgerichtshof, Urteil vom 09.07.2008, Az.: XII ZR 6/07)

Sie können nun nach der Neuregelung frei Vereinbarungen über den Versorgungsausgleich schließen. Insbesondere können Sie ihn ganz oder teilweise

– in die Regelung der ehelichen Vermögensverhältnisse einbeziehen,
– ausschließen und
– sich Ausgleichsansprüche nach der Scheidung vorbehalten.

Vorausgesetzt wird allerdings, dass der Vertrag von beiden Ehepartnern vor Scheidungsantrag geschlossen wurde und nicht sittenwidrig ist. Bestehen keine Wirksamkeits- und Durchsetzungshindernisse, ist das Familiengericht an die Vereinbarung gebunden. Eine solche Vereinbarung kann bei einem Notar abgeschlossen oder bei Gericht protokolliert werden. Da nach dem neuen Recht alle unterschiedlichen Versorgungsansprüche intern geteilt werden, können Sie verschiedene Aspekte mischen. Der Spielraum ist größer geworden, beispielsweise ist es künftig denkbar, Immobilien durch Versorgungen auszugleichen oder Vermögen gegen Versorgungsansprüche.

Beispiel
Nach neuem Recht können Sie zum Beispiel noch während des Scheidungsverfahrens festlegen, dass einer der Ehepartner auf den Versorgungsausgleich verzichtet und dafür die gemeinsame Immobilie überschrieben bekommt. Das Familiengericht überprüft solche Verträge dann nur noch hinsichtlich der Sittenwidrigkeit.

Fazit

Der Versorgungsausgleich ist quasi der Zugewinnausgleich der Rentenansprüche. In fast allen Fällen wird er durch das Familiengericht beziehungsweise durch die Versorgungsträger durchgeführt, es gibt aber einen (gewissen) Gestaltungsspielraum. Kundig machen sollten Sie sich auch unbedingt über den Unterschied zwischen externer und interner Teilung der Versorgungsansprüche.

Kindesunterhalt

Selten hat sich so viel geändert wie mit der letzten Reform im deutschen Scheidungs-recht. Wer sind die Gewinner der Reform, wer die Verlierer? Das scheint die wichtigste Frage zu sein, und um sie gleich zu beantworten: Besser stehen nach dem neuen Unterhaltsrecht die Kinder und der zahlende Ehepartner da, also derjenige, der Unterhalt leisten muss. Verlierer sind die, denen neben den Kindern Unterhalt zusteht, meist also die (nicht berufstätigen) Ehefrauen.

Welche Kinder sind unterhaltsberechtigt?

Neues Unterhaltsrecht Nach dem neuen Unterhaltsrecht, das im Januar 2008 in Kraft trat, stehen jetzt Kinder an erster Stelle der Unterhaltsansprüche. Wenn es also wegen geringen Einkommens wenig zu verteilen gibt, wenn also ein Unterhaltspflichtiger nicht alle Unterhaltsansprüche bedienen kann, haben Kinder nun Vorrang vor allen anderen. Das klingt selbstverständlich – und fällt den meisten Unterhaltspflichtigen auch leichter, als für ihren Noch- oder Ex-Partner zu zahlen. Bis 2007 hatten Kinder und der Ex-Ehepartner gleichrangige Ansprüche mit dem neuen (zweiten) Ehepartner. Das hat sich geändert, Kinder stehen nun an erster Stelle und das ist besonders in allen Mangelfällen wichtig. Wenn kaum noch etwas zu verteilen ist, sind die Ansprüche der Kinder als Erstes zu befriedigen. Dabei spielt es keine Rolle, ob die Kinder aus erster oder zweiter Ehe oder aus einer Partnerschaft ohne Trauschein stammen, die Neuregelung gilt für alle leiblichen Kinder. Diese Regelung soll Kinder vor Armut bewahren – ob dies gelingt, wird man erst in mehreren Jahren beurteilen können.

Beim Kindesunterhalt sind folgende Punkte wichtig:
- Welche Kinder sind unterhaltsberechtigt?
- Wer muss Kindesunterhalt zahlen?
- Wie lange wird Kindesunterhalt gezahlt?
- Wann wird kein Kindesunterhalt gezahlt?
- Wie viel Kindesunterhalt ist zu zahlen?
- Wie wirken sich eigene Einkünfte des Kindes aus?
- Was ist Sonderbedarf bezüglich Kindesunterhalt?
- Wie wird Kindergeld/der Kinderfreibetrag verrechnet?
- Wie wirken sich eine neue Ehe/weitere Kinder auf den Kindesunterhalt aus?

Das Bürgerliche Gesetzbuch legt in Paragraf 1601 fest: »Verwandte in gerader Linie sind verpflichtet, einander Unterhalt zu zahlen.« Diese Zahlungspflicht wird aber insoweit eingeschränkt, dass unterhaltsberechtigt nur der ist, der sich nicht selbst unterhalten kann (§ 1602 BGB).

Minderjährige Kinder

Minderjährige schulpflichtige Kinder sind immer unterhaltsberechtigt. Einen Sonderfall stellen Kinder dar, die eine Lehre machen; dazu später mehr.

Leben die Eltern getrennt, müssen grundsätzlich beide Elternteile für den Unterhalt der Kinder aufkommen. Der Elternteil, bei dem die Kinder (hauptsächlich) wohnen, leistet Betreuungsunterhalt, stellt also Kost und Logis. Der andere Elternteil ist zum Barunterhalt verpflichtet, also zu einer Geldleistung. Im Folgenden ist der Einfachheit halber mit dem Begriff »Unterhalt« nur der Barunterhalt gemeint. Und noch eine feine juristische Trennung: Auch wenn der Kindesunterhalt bei Minderjährigen an den Erziehungsberechtigten (meist die Mutter) überwiesen werden muss, steht er ausschließlich dem Kind zu. Der Unterhalt kann nicht gekürzt werden, auch wenn die Mutter sich nicht an Absprachen hält und sich einer Verfehlung schuldig macht.

Betreuungsunterhalt und Barunterhalt

Beispiel

Sie haben mit Ihrem Ex-Partner vereinbart, dass Sie alle zwei Wochen Ihr Kind am Wochenende zu sich nehmen. Im Lauf der Zeit verweigert Ihr Ex-Partner Ihnen den Umgang mit Ihrem Kind. Obwohl er das ohne gerichtliche Entscheidung nicht einfach durchsetzen kann, dürfen Sie ihm auf der anderen Seite nicht einfach den Unterhalt für das Kind kürzen.

Wenn ein geschiedener Elternteil die gemeinsamen Kinder über das übliche Maß hinaus betreut, kann er den Unterhalt in der Regel trotzdem nicht kürzen. Derjenige Elternteil, bei dem sich das Kind weniger oft aufhält, muss allein für den Barunterhalt aufkommen. Betreut er die Kinder öfter, als er muss, tut er das freiwillig.

Beispiel

Sie betreuen als Unterhaltspflichtiger Ihre Kinder alle zwei Wochen für vier Tage und die Hälfte der Ferienzeit. Das ist mehr als üblich, denn in der Regel nimmt der Unterhaltspflichtige die Kinder nur an zwei Tagen alle zwei Wochen und die Hälfte der Ferienzeit. Dennoch hat der Bundesgerichtshof in diesem Fall entschieden, dass der volle Kindesunterhalt zu leisten ist. (Bundesgerichtshof, Urteil vom 28.02.2007, Az.: XII ZR 161/04)

WISO Tipp

Schon seit der Änderung des Kindesunterhaltsgesetzes vom 1. Juli 1998 gibt es keinen Unterschied mehr zwischen den Ansprüchen eines ehelichen und eines nichtehelichen Kindes.

Volljährige Kinder

Gegenüber volljährigen Kindern sind immer *beide* Elternteile barunterhaltspflichtig. Das gilt auch für volljährige Kinder, die noch zur Schule gehen und im Haushalt eines Elternteils wohnen. Der Elternteil, bei dem

das Kind lebt, kann allerdings den Barunterhalt mit dem geleisteten sogenannten Naturalunterhalt verrechnen.

Ist ein volljähriges Kind noch in der Ausbildung, können Sie als Eltern
darauf bestehen, dass das Kind bei Ihnen wohnen bleibt. Sie leisten dann
einen Naturalunterhalt und können Ihrem Kind zum Beispiel eine eigene
Mietwohnung verweigern (§ 1612 Abs. 2 BGB). Anders sieht es aus, wenn
die Gewährung von Naturalunterhalt nicht möglich ist, weil Ihrem Kind
entgegen seinem Wunsch, am Wohnort zu studieren, ein auswärtiger Studienplatz zugeteilt wurde. Dann müssen Sie als Eltern auch Barunterhalt
zahlen. (Bundesgerichtshof, Urteil vom 20. 03. 1996, Az.: XII ZR 45/95)

Beispiel
Sie und Ihr Ex-Partner müssen jeweils 250 Euro Unterhalt zahlen. Wohnt das Kind
bei Ihnen und können Sie für Kost und Logis 200 Euro ansetzen, müssen Sie
Ihrem Kind nur noch 50 Euro in bar geben. Ihr Ex-Partner muss dagegen den
vollen Betrag von 250 Euro zahlen.

Noch komplizierter wird es allerdings dadurch, dass beide Elternteile dem
volljährigen Kind gegenüber nicht in gleicher Höhe Unterhalt schulden,
sondern nur entsprechend ihrem Einkommen.
Der Unterhaltsbetrag erhöht sich aber für den einen Partner nicht dadurch, dass der andere Elternteil seiner vollen Unterhaltsverpflichtung
nicht nachkommen kann. Der andere muss den Fehlbetrag nicht ausgleichen. Auch wenn das Kind dadurch weniger Unterhalt erhält, als rechtlich
vorgesehen ist, muss der andere Ehepartner beziehungsweise der Geschiedene den Kindesunterhalt in diesen Fällen nicht »auffüllen«.
Weil für die Unterhaltsberechnung für volljährige Kinder zwingend nötig
ist, die Einkommensverhältnisse beider Elternteile zu kennen, besteht alle zwei Jahre eine Auskunftspflicht über die Einkünfte und Vermögensverhältnisse (§ 1605 BGB).

Wie lange wird Kindesunterhalt gezahlt?

Unterhaltsberechtigt ist nur, »wer außerstande ist, sich selbst zu unterhalten« (§ 1602 BGB). Fest steht damit, dass Babys, Kleinkindern und minderjährigen Schülern immer ein Unterhaltsanspruch zukommt. Übrigens
auch dann, wenn sie durch Wiederholung einer Jahrgangsstufe die
Schulzeit verlängern. Eine Ausnahme kann etwa dann vorliegen, wenn

ein älterer Gymnasiast in der Schule überfordert ist und zum Beispiel zweimal sitzenbleibt. Dann kann er verpflichtet werden, eine Lehre zu beginnen.

Behinderte, die ihren Lebensunterhalt nicht aus eigener Arbeit oder Vermögen bestreiten können, sind unbegrenzt unterhaltsberechtigt.

Behinderte

Auszubildende

Auch nach der Schulzeit besteht weiterhin ein Unterhaltsanspruch, wenn das Kind eine Lehre macht. Allerdings gilt das nur für die Zeit der Berufsausbildung. Dabei wird die Ausbildungsvergütung angerechnet. Auch bei der Ausbildung gilt ein »Sitzenbleiben« als nicht unterhaltsmindernd. Das Kind kann auch eine Lehre abbrechen und eine zweite beginnen, ohne den Unterhaltsanspruch zu verlieren.

Studenten

Sie müssen als Eltern grundsätzlich nur für *eine* Ausbildung aufkommen. Doch was versteht man unter *einer* Ausbildung? Wann ist diese abgeschlossen? Hier kommt es regelmäßig auf den Einzelfall an. Will Ihr Kind nach seinem Abitur studieren, muss grundsätzlich Unterhalt gezahlt werden. Es sei denn, die gewählte Ausbildung ist für Ihr Kind nicht geeignet. Das volljährige Kind darf zwar allein und selbstständig seinen Berufswunsch wählen, doch Unterhaltspflichtige sind nur dann zahlungspflichtig, wenn die gewählte Ausbildung auch sinnvoll ist. Hat das Kind beispielsweise eine Rechenschwäche (Dyskalkulie), muss ein Mathematikstudium nicht finanziert werden, da von vornherein absehbar ist, dass das Kind diesen Studiengang nicht erfolgreich abschließen wird.

Schiebt Ihr Kind zwischen Abitur und Studium eine Lehre ein, ist von Bedeutung, ob ein enger sachlicher und zeitlicher Zusammenhang zwischen Lehre und Studium besteht. Nur dann müssen Sie nämlich als Eltern zahlen, denn nur in diesem Fall liegt eine »Weiterbildung« vor, die Sie als Eltern finanzieren müssen. Dagegen muss für eine »Zweitausbildung« nicht gezahlt werden.

Weiterbildung bzw. Zweitausbildung

Beispiel

Ihr Kind macht erst eine Banklehre und studiert dann Betriebswirtschaft oder Rechtswissenschaften. Sie werden in der Regel Unterhalt zahlen müssen, es sei denn, es besteht eine lange Unterbrechung zwischen Lehre und Studium.

Etwas anderes gilt, wenn Ihr Kind nach einer Banklehre ein Sport- oder ein Kunststudium anstrebt. Oder nach einer Ausbildung zum Industriekaufmann ein Maschinenbaustudium anhängen will. In diesen Fällen handelt es sich um eine sogenannte Zweitausbildung und nicht um eine Weiterbildung. Für diese sind Sie als Eltern nicht verpflichtet, Unterhalt zu zahlen.

Schwieriger zu beurteilen sind die Fälle, bei denen das Kind erst einen Realschulabschluss macht, danach das Fachabitur und dann studieren will. Hier werden die Richter im Einzelfall entscheiden müssen: Baut das **Mehrstufige Ausbildung** eine auf dem anderen auf, wird man wohl von einer mehrstufigen Ausbildung ausgehen können (so auch ein Urteil des Bundesgerichtshofs zu Lehre-Fachoberschule-Fachhochschulstudium vom 30. 11. 1994, Az.: XII ZR 215/93). In dem Fall würde eine Unterhaltspflicht bestehen. Generalisierungen lassen sich hier aber nicht vornehmen, da zum Beispiel der Ausbildungsgang zum Fachabitur in den einzelnen Bundesländern ganz unterschiedlich gestaltet ist.

Was muss der Unterhaltspflichtige aber an Bummelei und Studienfachwechsel seines Kindes akzeptieren? Generell gilt: Wenn ein Wechsel für Ihr Kind sinnvoll ist, müssen Sie ihn hinnehmen. Ein solcher ist in der Regel aber nur in den ersten beiden Semestern möglich.

Der Bundesgerichtshof hat klar zum Ausdruck gebracht, dass sich das Kind bei seiner Berufswahl täuschen darf und daher auch sein Studienfach wechseln kann. Jedem jungen Menschen ist grundsätzlich zuzubilligen, dass er sich über seine Fähigkeiten irrt oder falsche Vorstellungen über den gewählten Beruf hat. (Bundesgerichtshof, Urteil vom 14. 03. 2001, Az.: XII ZR 81/99)

Grundsätzlich haben volljährige Studenten einen Unterhaltsanspruch, sofern sie ihr Studium in der Regelstudienzeit mit einem Abschluss beenden. Das Oberlandesgericht Schleswig und das Oberlandesgericht Hamm legten aber fest, dass es nicht auf die Regelstudienzeit, sondern **Durchschnittliche** auf die im studierten Fach an der betreffenden Universität durchschnittli- **Studiendauer** che Studiendauer ankommt. Ein Studienfachwechsel während des Grundstudiums lässt den Unterhaltsanspruch nicht erlöschen.

Auch nach Abschluss des Studiums ist der Unterhalt jedoch noch eine Zeit lang weiter zu zahlen. Denn in der Regel hat Ihr Kind unmittelbar nach dem Studium noch kein Jobangebot vorliegen, das es gleich annehmen **Bewerbungsfrist** könnte. Ihm wird eine Bewerbungsfrist von rund drei Monaten eingeräumt; in dieser Zeit soll sich Ihr Kind um einen Arbeitsplatz bemühen, damit es sich selbst unterhalten kann.

Bricht Ihr Kind seine Ausbildung oder sein Studium endgültig ab, entfällt die Unterhaltspflicht sofort. Werden zwei Ausbildungen ohne zureichenden Grund abgebrochen, müssen Sie gar keinen Ausbildungsunterhalt mehr zahlen. Etwas anderes gilt aber, wenn Ihr Kind beispielsweise aufgrund einer Schwangerschaft oder einer Krankheit die Ausbildung oder das Studium nur unterbricht.

Und noch etwas: Hat Ihr Kind die Schule beendet, müssen Sie ihm zum Zwecke der beruflichen Orientierung und der Suche nach einem Ausbildungsplatz eine angemessene Überbrückungszeit finanzieren. Auch zwischen Abitur und Studienbeginn muss nicht gleich ein Ferienjob gesucht werden. Die sogenannte Erholungsphase für das Kind darf ein paar Monate dauern. Die Gerichte entscheiden hier sehr unterschiedlich, wie lange die Zeit konkret sein darf.

Überbrückungszeit

Sie müssen als Eltern aber nicht für den Unterhalt des Kindes sorgen, wenn eine lange Wartezeit bis zur Erlangung des gewünschten Studienplatzes besteht.

WISO Tipp

Will Ihr Kind nach dem Studium noch promovieren, führt das nicht zu einer Verlängerung des Unterhaltsanspruches. Etwas anderes gilt, wenn Ihr Kind ein »sinnvolles« Auslandssemester einschiebt oder krankheitsbedingt ein Zusatzsemester absolvieren muss.

Beispiel

Ihr Kind will Medizin studieren. Die Wartezeit für das Studium beträgt zwei Semester. Ihr Kind kann sich also für ein Jahr einen Job suchen, um sich selbst zu finanzieren. Sie müssen in dieser Zeit keinen Unterhalt leisten.

In allen anderen Fällen außerhalb der Ausbildung beziehungsweise des Studiums haben volljährige Kinder einen eigenen Beruf anzunehmen, notfalls auch unterhalb ihres Ausbildungsgrades.

Wann wird kein Kindesunterhalt gezahlt?

Sie können den Unterhalt nicht einfach ausschließen, auch nicht, wenn der Unterhaltsberechtigte für die Zukunft darauf verzichtet (§ 1614 BGB). Ausnahmen von der Unterhaltspflicht existieren nur, wenn

– das Kind sich gleich häufig bei beiden Elternteilen aufhält,
– der Unterhaltspflichtige sehr viel weniger verdient als der Ehepartner, bei dem das Kind lebt,
– das Kind selbst über ein solch großes Vermögen verfügt, dass es davon leben kann (§ 1602, Abs. 2 BGB), oder

– das volljährige Kind verheiratet ist. Denn in diesem Fall ist zunächst der Ehepartner und nicht der Vater oder die Mutter unterhaltspflichtig. Ist der Ehepartner arbeitslos oder selbst noch in der Ausbildung, wird das Gericht entscheiden müssen, ob es dem Kind zuzumuten ist, selbst für den Unterhalt aufzukommen.

Verwirkung des Unterhaltsanspruchs

Minderjährige Kinder können ihren Unterhaltsanspruch grundsätzlich nicht verwirken (§ 1611 BGB). Das heißt, ein minderjähriges Kind verliert seinen Anspruch auf Unterhalt selbst dann nicht, wenn es sich weigert, Umgang mit dem Unterhaltspflichtigen zu haben. Anders sieht es bei volljährigen Kindern aus. Hier kann der Unterhaltsanspruch entfallen, wenn

– genügend eigene Einkünfte bestehen,
– der Arbeitspflicht nicht Folge geleistet wird,
– den Bestimmungen der Eltern zur Art der Unterhaltsgewährung nicht Folge geleistet wird,
– das Kind durch eigenes Verschulden bedürftig wird,
– schwere Verfehlungen gegen den Unterhaltsberechtigten vorliegen.

Beispiel

Ihr volljähriges Kind verlangt von Ihnen Unterhalt, da es sich in einer Schulausbildung befindet. Verfügt Ihr Kind aber über Grundbesitz, der beleihungsfähig ist, müssen Sie nichts zahlen: Ihr Kind ist aufgrund seines Vermögens nicht unterhaltsbedürftig. (OLG Bamberg vom 29.04.98; 7 UF 240/97)

Die Gerichte sind sehr zögerlich, den Unterhaltsanspruch aufgrund schwerer Verfehlungen zu begrenzen. Streitigkeiten führen beispielsweise meist nicht zu einer Verwirkung der Unterhaltsansprüche, auch nicht Alkoholismus oder Drogensucht. Dagegen sollen tätliche Angriffe, grobe Beleidigungen oder »sehr grobe Lieblosigkeit« gegenüber einem alten, kranken Elternteil den Unterhaltsanspruch entfallen lassen.

Wie viel Kindesunterhalt ist zu zahlen?

Grundsätzlich errechnet sich der Kindesunterhalt aus der Höhe der Einkünfte des Unterhaltspflichtigen. Doch der Gesetzgeber macht hier eine wichtige Vorgabe: Es gilt das bereinigte Nettoeinkommen beziehungsweise das unterhaltsrelevante Einkommen, das zum Teil deutlich unter dem reinen Nettoeinkommen eines Unterhaltspflichtigen liegt.

Unterhaltsrelevantes Einkommen

Die Düsseldorfer Tabelle

Bei der Bemessung der Unterhaltshöhe werden in der Praxis Unterhaltstabellen und Unterhaltsleitlinien herangezogen, die zur Vereinheitlichung der Rechtsprechung entwickelt wurden. Diese Hilfsmittel finden bei der Ermittlung eines »angemessenen Unterhalts« Verwendung. Am bekanntesten ist die sogenannte Düsseldorfer Tabelle. Sie gilt seit Januar 2008 für ganz Deutschland in Verbindung mit den Unterhaltsleitlinien des jeweiligen Oberlandesgerichts. Sie wird regelmäßig, das heißt im zweijährigen Turnus zum 1. Juli, und bei Bedarf aktualisiert.

Differenziert wird in der Düsseldorfer Tabelle nach dem unterhaltsrelevanten Nettoeinkommen des Barunterhaltspflichtigen und den Altersstufen des Kindes.

WISO Tipp

Die Düsseldorfer Tabelle hat keine Gesetzeskraft. Sie wurde aber im Lauf der Jahre häufigste Richtschnur für die Berechnung des Kindesunterhaltes in Deutschland.

Düsseldorfer Tabelle (Stand 2013)

Nettoeinkommen des Barunterhalts-pflichtigen	Altersstufen in Jahren				Prozent-satz	Bedarfs-kontrollbetrag
	0 bis 5	6 bis 11	12 bis 17	ab 18		
bis 1500	317	364	426	488	100	800/1000
1501 bis 1900	333	383	448	513	105	1100
1901 bis 2300	349	401	469	537	110	1100
2301 bis 2700	365	419	490	562	115	1200
2701 bis 3100	381	437	512	586	120	1300
3101 bis 3500	406	466	546	625	128	1400
3501 bis 3900	432	496	580	664	136	1500
3901 bis 4300	457	525	614	703	144	1600
4301 bis 4700	482	554	648	742	152	1700
4701 bis 5100	508	583	682	781	160	1800
über 5101	nach den Umständen des Falles					
Angaben bezeichnen die Höhe der Beträge in Euro						

Für das korrekte Lesen der Düsseldorfer Tabelle bedarf es einiger Anmerkungen. Wichtig: Es gibt eine entscheidende Änderung zur Unterhaltstabelle der Jahre bis 2009! Sie weist (ohne Gesetzeskraft) jetzt den monatlichen Unterhaltsbedarf für zwei (!) Unterhaltsberechtigte aus, also in der Regel Mutter und Kind. 2009 war das noch anders, da galt der Unterhaltsbedarf für zwei Kinder. Ist mehr als ein Kind unterhaltsberechtigt, so nimmt der Richter jetzt meist Abschläge durch Herunterstufung in die nächstniedrigere Einkommensstufe vor, sodass der Unterhaltsverpflichtete teilweise entlastet wird. Eine Herabstufung findet auch statt, wenn der Unterhaltspflichtige ansonsten unter den Selbstbehalt von 1000 Euro (Stand 2013) bzw. 800 Euro (bei Arbeitslosigkeit des Unterhaltspflichtigen; Stand 2013) bzw. 1200 Euro (bei volljährigen Kindern; Stand 2013) rutschen würde. Sie müssen sich als Unterhaltspflichtiger sehr bemühen, Ihre Zahlungsverpflichtung gegenüber Ihren Kindern zu erfüllen – egal ob die Kinder aus Ihrer ersten oder zweiten Ehe stammen. Es reicht nicht aus, dass Sie in Ihrer zweiten Ehe den Haushalt führen und sich darauf gegenüber Ihren Kindern aus erster Ehe berufen.

Beispiel
Sind Sie in Ihrer zweiten Ehe Hausmann/-frau, müssen Sie einen Nebenjob annehmen, wenn das für den Unterhalt der Kinder aus erster Ehe notwendig ist. Auch das »Taschengeld«, das Sie von Ihrem arbeitenden (zweiten) Ehepartner erhalten, kann für den Unterhalt der Kinder aus erster Ehe herangezogen werden: nämlich dann, wenn der Familienunterhalt den notwendigen Selbstbehalt deckt. (Bundesgerichtshof, Urteil vom 05. 10. 2006, Az.: XII ZR 197/02)

Das in der Düsseldorfer Tabelle angegebene Nettoeinkommen ist nicht gleichzusetzen mit dem Gehalt, das zur Berechnung des Kindesunterhalts verwendet wird, denn berufsbedingte Aufwendungen reduzieren das Nettoeinkommen weiter. Der Unterhaltspflichtige kann mindestens eine Pauschale von fünf Prozent geltend machen (mindestens 50 Euro, höchstens jedoch 150 Euro monatlich), ohne Nachweise zu erbringen. Darüber hinaus müssen die tatsächlichen Kosten nachgewiesen werden. Auch zu tilgende Schulden darf der Unterhaltspflichtige vom Einkommen Selbstbehalt abziehen. Außerdem muss dem Unterhaltspflichtigen ein Selbstbehalt, der notwendige Eigenbedarf, bleiben. Seit Januar 2013 beträgt gegenüber minderjährigen unverheirateten Kindern oder gegenüber volljährigen unverheirateten Kindern bis zur Vollendung des 21. Lebensjahres, die im Haushalt der Eltern oder eines Elternteils leben und sich in der allgemeinen Schulausbildung befinden, der Selbstbehalt 800 Euro monatlich bei nicht erwerbstätigen Unterhaltspflichtigen beziehungsweise 1000 Euro bei erwerbstätigen Unterhaltspflichtigen.

Im Selbstbehalt sind bis zu 360 Euro für Unterkunft einschließlich umlagefähiger Nebenkosten und Heizung (Warmmiete) enthalten.

Der Selbstbehalt bei anderen volljährigen Kindern ist höher. Er beträgt gegenüber volljährigen Kindern in der Regel monatlich 1200 Euro, worin eine Warmmiete bis 450 Euro enthalten ist.

Bei volljährigen Kindern, die noch im Haushalt eines Elternteils leben, errechnet sich der Kindesunterhalt nach der vierten Altersstufe der Düsseldorfer Tabelle. Wohnt das Kind allein, wird ein Unterhalt von 670 Euro eingeräumt. (Beiträge zur Kranken- und Pflegeversicherung sowie Studiengebühren sind dabei noch nicht eingerechnet, wohl aber 280 Euro für Unterkunft inkl. Nebenkosten und Heizung.)

Für Lehrlinge, die noch im Haushalt eines Unterhaltspflichtigen wohnen, gilt, dass die Ausbildungsvergütung den Unterhalt reduziert. Allerdings bleibt dem Lehrling ein »ausbildungsbedingter Mehrbedarf« von monatlich 90 Euro. Dieser wird vom Gehalt abgezogen, bevor errechnet wird, ob er neben dem Verdienst noch einen Unterhaltsanspruch hat.

Der Bedarfskontrollbetrag des Unterhaltspflichtigen ist nicht identisch mit dem Eigenbedarf. Der Bedarfskontrollbetrag soll eine ausgewogene Verteilung des Einkommens zwischen dem Unterhaltspflichtigen und den unterhaltsberechtigten Kindern gewährleisten. Wird er unter Berücksichtigung anderer Unterhaltspflichten unterschritten, ist der Tabellenbetrag der nächstniedrigeren Gruppe (deren Bedarfskontrollbetrag nicht unterschritten wird) anzusetzen.

Kindergeld und Zahlbetrag

Grundsätzlich steht Kindergeld nicht dem minderjährigen Kind, sondern seinen Eltern zu. Kindergeld erhalten Deutsche oder Ausländer mit »gewöhnlichem Wohnsitz« in Deutschland beziehungsweise derjenige, der von seinem Arbeitgeber ins Ausland versetzt wird.

Lebt Ihr minderjähriges Kind bei Ihrem Ex-Partner und bekommt er das Kindergeld ausgezahlt, können Sie als barunterhaltspflichtiger Elternteil die Hälfte des Kindergeldbetrages vom Kindesunterhalt abziehen. Denn das Kindergeld steht Ihnen nach der Trennung beziehungsweise der Scheidung hälftig zu (§ 1612 b BGB). Bezieht ein volljähriges Kind dagegen Kindergeld, wird es wie eigenes Einkommen bewertet. Das Kindergeld reduziert damit dessen Unterhaltsanspruch. Bei volljährigen Kindern können Sie daher nicht nur die Hälfte, sondern den kompletten Kindergeldbetrag abziehen.

Andere kinderbezogene Einkommensanteile (etwa Kinderzulagen) werden nicht wie das Kindergeld behandelt, sondern wie »normales« Einkommen, es sei denn, diese Gehaltsbestandteile werden ausnahmsweise anstelle des Kindergeldes bezahlt.

Gutverdiener haben schon seit jeher die Möglichkeit, sich anstelle des

Kindergeldes am Ende des Jahres den Kinderfreibetrag auf die Einkommensteuer verrechnen zu lassen. Hat der Steuerbürger dadurch einen Vorteil, ersetzen die Finanzämter automatisch das Kindergeld durch den Kinderfreibetrag. Für Getrenntlebende ist eine Übertragung dieses Freibetrags auf einen Elternteil aber nicht mehr möglich (§ 32 Abs. 6 Einkommensteuergesetz/EStG).

Wie oben bereits erwähnt, können Sie als Barunterhaltspflichtiger die Hälfte des Kindergeldes bei Minderjährigen und das volle Kindergeld bei Volljährigen bei den Unterhaltsbeträgen der Düsseldorfer Tabelle abziehen, wenn Ihr Ex-Partner beziehungsweise das volljährige Kind das Kindergeld ausgezahlt bekommt. Für das erste und das zweite Kind beträgt das volle Kindergeld derzeit 184 Euro, für das dritte Kind 190 Euro, ab dem vierten Kind gibt es 215 Euro (Stand 2013).

Zieht man die Hälfte beziehungsweise den kompletten Betrag des Kindergeldes ab, ergeben sich folgende sogenannte Zahlbeträge (die Sie auch als Anhang in der Düsseldorfer Tabelle finden):

Zahlbeträge 1. und 2. Kind

Nettoeinkommen des Barunterhaltspflichtigen	Altersstufen in Jahren				Vomhundertsatz
	0 bis 5	6 bis 11	12 bis 17	ab 18	%
bis 1500	225	272	334	304	100
1501 bis 1900	241	291	356	329	105
1901 bis 2300	257	309	377	353	110
2301 bis 2700	273	327	398	378	115
2701 bis 3100	289	345	420	402	120
3101 bis 3500	314	374	454	441	128
3501 bis 3900	340	404	488	480	136
3901 bis 4300	365	433	522	519	144
4301 bis 4700	390	462	556	558	152
4701 bis 5100	416	491	590	597	160

Zahlbeträge 3. Kind

Nettoeinkommen des Barunterhaltspflichtigen	Altersstufen in Jahren				Vomhun-dertsatz
	0 bis 5	6 bis 11	12 bis 17	ab 18	%
bis 1500	222	269	331	298	100
1501 bis 1900	238	288	353	323	105
1901 bis 2300	254	306	374	347	110
2301 bis 2700	270	324	395	372	115
2701 bis 3100	286	342	417	396	120
3101 bis 3500	311	371	451	435	128
3501 bis 3900	337	401	485	474	136
3901 bis 4300	362	430	519	513	144
4301 bis 4700	387	459	553	552	152
4701 bis 5100	413	488	587	591	160

Zahlbeträge 4. Kind

Nettoeinkommen des Barunterhaltspflichtigen	Altersstufen in Jahren				Vomhun-dertsatz
	0 bis 5	6 bis 11	12 bis 17	ab 18	%
bis 1500	209,50	256,50	318,50	273	100
1501 bis 1900	225,50	275,50	340,50	298	105
1901 bis 2300	241,50	293,50	361,50	322	110
2301 bis 2700	257,50	311,50	382,50	347	115
2701 bis 3100	273,50	329,50	404,50	371	120
3101 bis 3500	298,50	358,50	438,50	410	128
3501 bis 3900	324,50	388,50	472,50	449	136
3901 bis 4300	349,50	417,50	506,50	488	144
4301 bis 4700	374,50	446,50	540,50	527	152
4701 bis 5100	400,50	475,50	574,50	566	160

Mangelfall

Sie müssen für Ihre leiblichen Kinder aufkommen, egal ob sie bei Ihnen wohnen oder nicht. Die Höhe des Unterhalts richtet sich nach Ihren finanziellen Möglichkeiten. Der Anspruch des Kindes entfällt erst, wenn Sie nachweislich nicht in der Lage sind, Zahlungen zu leisten, oder wenn Ihr Kind selbst genügend Einkünfte hat.

Wird ein weiteres Kind in Ihrer neuen Beziehung geboren, hat dieses keinen Vorrang gegenüber Ihren anderen Kindern. Der Unterhaltsbetrag, den Sie leisten können, wird anteilig auf alle Kinder verteilt. Auch bei einer Wiederheirat ändert sich nichts am grundsätzlichen Unterhaltsanspruch der Kinder.

Minderjährige Kinder sowie Kinder, die sich in der allgemeinen Schulausbildung befinden, gehen allen anderen Unterhaltsberechtigten vor (§ 1609 BGB). Das bedeutet, dass im sogenannten Mangelfall, wenn Sie nicht alle Ansprüche voll befriedigen können, zunächst die Ansprüche der Kinder bedient werden müssen, bevor der geschiedene und der neue Ehepartner an der Reihe sind.

Die Reihenfolge der Unterhaltsberechtigten ist im Gesetz geregelt. Es gelten folgende Rangklassen:

Rangklassen

- Minderjährige Kinder und unverheiratete Kinder bis zum 21. Lebensjahr, solange sie im Haushalt der Eltern oder eines Elternteils leben und sich in der allgemeinen Schulausbildung (zum Beispiel Gymnasium) befinden. Ob das Kind ehelich oder nichtehelich geboren ist, spielt keine Rolle.
- Elternteile, die aufgrund der Betreuung eines Kindes unterhaltsberechtigt sind (ohne dass es darauf ankommt, ob die Eltern je verheiratet waren), und Ehegatten bei einer Ehe von langer Dauer (mehr als zehn Jahre)
- Ehegatten, die nicht unter die zweite Rangklasse fallen
- Kinder, die nicht unter die erste Rangklasse fallen (z. B. Studenten)
- Enkelkinder und weitere Abkömmlinge
- Eltern
- Weitere Verwandte in aufsteigender Linie

Liegt ein Mangelfall vor, kann also der Unterhaltsverpflichtete selbst für seine leiblichen Kinder (erste Rangklasse) nicht den vollen Unterhalt zahlen, wird der Betrag, den er leisten kann, auf alle Kinder anteilig verteilt.

Beispiel

Herr Schmidt hat als Unterhaltspflichtiger ein bereinigtes Nettoeinkommen von 1350 Euro. Er muss für drei unterhaltsberechtigte Kinder im Alter von 19 Jahren (Kind 1), acht Jahren (Kind 2) und vier Jahren (Kind 3) Unterhalt zahlen. Die Kinder gehen alle noch zur Schule. Sie leben bei Schmidts Ex-Partnerin Frau Bonn, die nicht unterhaltsberechtigt ist, aber auch nicht barunterhaltspflichtig. Frau Bonn bezieht das Kindergeld für alle drei Kinder. Die Verteilungsmasse (Nettogehalt abzüglich Selbstbehalt) wird auf die Kinder im Verhältnis ihrer jeweiligen »Einsatzbeträge« gleichmäßig verteilt.

Notwendiger Eigenbedarf von Herrn Schmidt: 1000 Euro

Verteilungsmasse: 1350 Euro – 1000 Euro = 350 Euro

Summe der Einsatzbeträge der Unterhaltsberechtigten:

   304 Euro (488 Euro – 184 Euro; Kind 1)

+ 272 Euro (364 Euro – 92 Euro; Kind 2)

+ 222 Euro (317 Euro – 95 Euro; Kind 3)

= 798 Euro

Tatsächliche Höhe des Unterhalts:

Kind 1 $304 \times 350 : 798 = 133{,}33$ Euro

Kind 2 $272 \times 350 : 798 = 119{,}30$ Euro

Kind 3 $222 \times 350 : 798 =\ \ 97{,}37$ Euro   (Stand 2013)

Herr Schmidt muss also für das älteste Kind 133,33 Euro Unterhalt zahlen, für das mittlere Kind 119,30 Euro und für das jüngste Kind 97,37 Euro.

Der Vorrang des Kindesunterhalts minderjähriger Kinder gegenüber Ehegatten gilt im Mangelfall für das gesamte verfügbare Einkommen des Unterhaltspflichtigen. Das heißt, auch der Splittingvorteil, den man aus einer zweiten Ehe hat, wird nur für den Unterhaltsbetrag des Kindes berücksichtigt. (Bundesgerichtshof, Urteil vom 17.09.2008, Az.: XII ZR 72/06)

Splittingvorteil

Mindestunterhalt minderjähriger Kinder

Seit dem 1. Januar 2008 gilt ein gesetzlicher Mindestunterhalt für minderjährige Kinder (§ 1612a BGB). Nach der gesetzlichen Regelung können minderjährige Kinder Unterhalt von einem Elternteil verlangen, mit dem sie nicht im gemeinsamen Haushalt leben.

Während früher die untersten Beträge der Düsseldorfer Tabelle herangezogen wurden, ist jetzt die Grundlage der Berechnung das »sächliche

Sächliches Existenzminimum

Existenzminimum«. Es definiert sich aus dem doppelten Kinderfreibetrag des Einkommensteuerrechts.

Der doppelte steuerliche Kinderfreibetrag (§ 32 Abs. 6 Satz 1 EStG) beträgt derzeit jährlich 4368 Euro (2 × 2184 Euro), somit monatlich 364 Euro (Stand 2013). Dieser Betrag ist die Bezugsgröße beim Mindestunterhalt für die zweite Altersstufe der Düsseldorfer Tabelle, das heißt für Kinder zwischen sechs und elf Jahren. In der ersten Altersstufe beträgt der Mindestunterhalt 87 Prozent dieser Bezugsgröße und in der dritten Altersstufe 117 Prozent.

Daraus ergeben sich für den Mindestunterhalt folgende Monatsbeträge:

– 317 Euro für die erste Altersstufe (0 bis 5 Jahre)
– 364 Euro für die zweite Altersstufe (6 bis 11 Jahre)
– 426 Euro für die dritte Altersstufe (12 bis 17 Jahre) (Stand 2013)

Der Mindestunterhalt wird um die Hälfte des Kindergeldes verringert, wenn das Kindergeld nicht an den Barunterhaltspflichtigen ausgezahlt wird. Nach Abzug des halben Kindergeldes in Höhe von jeweils 92 Euro (Stand 2013) (für die ersten beiden Kinder) ergibt sich monatlich ein Mindestunterhalt von:

– 225 Euro für die erste Altersstufe
– 269 Euro für die zweite Altersstufe
– 331 Euro für die dritte Altersstufe (Stand 2013)

Eigene Einkünfte des Kindes

Grundsätzlich mindern eigene »anrechenbare« Einkünfte des Kindes den Unterhaltsanspruch, das gilt sowohl für Erwerbs- wie auch für Kapitaleinkünfte.

Das Einkommen des Kindes wird genauso ermittelt wie beim Unterhaltspflichtigen. Erwerbseinkünfte von Kindern werden aber nur dann berücksichtigt, wenn dies zumutbar ist. Hier spielen Billigkeitsgesichtspunkte eine Rolle.

Bei volljährigen Kindern wird bereits das Kindergeld als Einkommen gewertet. Der Barunterhaltspflichtige kann es voll vom Unterhalt abziehen. Macht Ihr Kind daneben bei Eintritt in die Volljährigkeit beispielsweise eine Lehre und bezieht es dadurch ein regelmäßiges Einkommen, wird auch dieses voll auf den von den Eltern zu leistenden Unterhaltsbetrag angerechnet. In der Regel wird aber ein ausbildungsbedingter Mehrbedarf in Höhe von 90 Euro abgezogen. Verdient beispielsweise ein Lehrling 1000 Euro netto, sind nur 910 Euro »unterhaltsrelevant« (Stand 2013).

Bei volljährigen Kindern mindern deren eigene Einkünfte den Barunterhalt, den ja beide Elternteile zahlen, genau im Umfang ihrer Leistungen.

Beispiel

Ist der Vater beispielsweise mit 300 Euro und die Mutter mit 200 Euro unterhaltspflichtig, sind die eigenen (anrechenbaren) Einkünfte des Kindes im Verhältnis drei zu zwei aufzuteilen.

Verdient das Kind also beispielsweise 150 Euro, muss der Vater nur noch 200 Euro und die Mutter nur noch 150 Euro Unterhalt zahlen.

Bei minderjährigen Kindern ist das anders. Da grundsätzlich Schüler nie zu einer Erwerbstätigkeit herangezogen werden dürfen, bleiben Einnahmen aus Ferienjobs anrechnungsfrei, wenn sie nur das Taschengeld erhöhen, es sich also um einen geringfügigen Verdienst handelt. Geht das Einkommen darüber hinaus, gilt folgende Regelung:

Ferienjobs

- Mindestens 40 Euro bleiben als berufsbedingte Aufwendungen anrechnungsfrei.
- Der darüber hinausgehende Betrag wird »nach Billigkeit« angerechnet. In der Regel ist das die Hälfte des zusätzlichen Betrags. (Stand 2013)

Beispiel

Ein Schüler verdient nebenher 300 Euro netto. Da 40 Euro anrechnungsfrei bleiben, ist der Rest von 260 Euro nach Billigkeit anzurechnen. Nimmt man hiervon die Hälfte, so sind das 130 Euro, das heißt, der Unterhalt reduziert sich um 130 Euro.

Da beide Eltern zu gleichen Teilen Unterhalt leisten (Barunterhalt und Betreuungsunterhalt sind gleichwertig), können beide Teile den Vorteil von 130 Euro geltend machen.

Beispiel

Das Kind lebt bei der Mutter. Sie leistet Betreuungsunterhalt, der Vater Barunterhalt. Der Vater kann seinen Unterhalt um die Hälfte von 130 Euro, also um 65 Euro kürzen. Auch die Mutter könnte 65 Euro von ihrem Kind verlangen. Ob sie das tut, ist ihre Sache. Für die Unterhaltspflicht des Vaters spielt das keine Rolle.

Wie Schüler sind auch Studenten grundsätzlich nicht zu einer Erwerbstätigkeit verpflichtet, auch nicht in den Semesterferien. Leben sie noch zu Hause oder zahlen die Eltern bei einer eigenen Wohnung den vollen Unterhalt in Höhe von 670 Euro, gilt gleichfalls die für Schüler genannte Regelung. Bekommt der Student bei einer eigenen Wohnung nicht den vollen Unterhalt nach der Düsseldorfer Tabelle gezahlt, das heißt, werden ihm weniger als 670 Euro von seinen Eltern überwiesen, wird das mit berücksichtigt. Er kann dementsprechend mehr von seinem eigenen Verdienst behalten (Stand 2013).

Beispiele zur Berechnung des Kindesunterhaltes

Beispiel 1: Minderjährige Kinder Stefan hat als Programmierer ein bereinigtes Nettoeinkommen von 2633 Euro. Als er sich von seiner Frau trennt, kümmert sie sich um die beiden minderjährigen Töchter Karin (15) und Heike (9). Das komplette Kindergeld bekommt die Frau. Daher sind hier die Zahlbeträge der Düsseldorfer Tabelle entscheidend – es wird das hälftige Kindergeld beim Kindesunterhalt abgezogen. Nach den sogenannten Zahlbeträgen muss Stefan für seine Töchter zahlen:
Karin (15): 398 Euro
Heike (9): 327 Euro (Stand 2013)

Beispiel 2: Minderjährige Kinder, Kindergeld Ausgangsvoraussetzungen wie oben. Nur wird das Kindergeld jetzt in voller Höhe auf Stefans Konto überwiesen.
Zum Tragen kommen hier die vollen Beträge aus der Düsseldorfer Tabelle. Stefan muss folgenden Unterhalt für seine Töchter zahlen:
Karin (15): 490 Euro
Heike (9): 419 Euro (Stand 2013)

Beispiel 3: Volljähriges Kind, zu Hause, Lehre Vater Markus verdient als Elektrofacharbeiter ein bereinigtes Nettoeinkommen von 2200 Euro. Sohn Christian (19) strebt dem Vater nach und macht ebenfalls eine Lehre zum Elektrofacharbeiter. Er erhält 300 Euro Lehrgeld. Christian wohnt bei seiner Mutter Kathrin, die 1100 Euro bereinigtes Nettoeinkommen hat. Er möchte aber in eine eigene Wohnung ziehen.
Punkt 1: Für volljährige Kinder leisten grundsätzlich beide Elternteile Unterhalt. Mutter Kathrin, bei der Christian (hauptsächlich) wohnt, leistet Naturalunterhalt, also Kost und Logis. Bei ihrem geringen Verdienst fällt

kein weiterer Barunterhalt an. Vater Markus ist daneben zum Barunterhalt verpflichtet. Der Barunterhalt des Vaters wird direkt dem volljährigen Kind überwiesen, nicht der Mutter!

Punkt 2: Christian ist zwar volljährig, aber noch in der Ausbildung. Deshalb kann Kathrin darauf bestehen, weiterhin Naturalunterhalt zu leisten, und daher ihrem Sohn Christian eine eigene Mietwohnung verweigern (§ 1612 Abs. 2 BGB).

Punkt 3: Für Lehrlinge, die noch im Haushalt eines Unterhaltspflichtigen wohnen, gilt: Ihre Ausbildungsvergütung reduziert den Unterhalt, allerdings verbleibt beim Lehrling zusätzlich zum Unterhalt ein »ausbildungsbedingter Mehrbedarf« von monatlich 90 Euro. Nach der Düsseldorfer Tabelle ist Christians Vater zu einem Barunterhalt von monatlich 353 Euro verpflichtet (vorausgesetzt, der Sohn hat das Kindergeld bekommen). Also wird gerechnet: 300 Euro Lehrgeld minus 90 Euro »ausbildungsbedingter Mehrbedarf« gleich 210 Euro. Die Differenz zu 353 Euro ergibt einen Barunterhaltsanspruch von 143 Euro (Stand 2013).

Beispiel 4: Volljähriges, bereits ausgezogenes Kind, Student Stefan ist gut verdienender Ingenieur in Hamburg, er hat ein unterhaltsrelevantes (bereinigtes) Monatsnettogehalt von 3200 Euro. Er hat sich von seiner Frau Heidrun getrennt. Heidrun (die ebenfalls in Hamburg lebt) hat ein unterhaltsrelevantes Monatsnettoeinkommen von 1600 Euro. Die 21-jährige Tochter Gudrun studiert nach Studienplatzvergabe Medizin im vierten Semester in München. Schon seit ihrer Schulzeit fährt sie einen alten Golf. Sie lebt mit ihrer Freundin in einer WG in einer kleinen Wohnung. Was ist mit dem Auto und wie viel Unterhalt ist zu zahlen?

Punkt 1: Auch wenn Gudrun volljährig ist, hat sie Anspruch auf Unterhalt, weil sie noch keine andere Berufsausbildung abgeschlossen hat, mindestens so lange, wie sie innerhalb der Regelstudienzeit bleibt. Da sie einen Studienplatz in einer anderen Stadt zugewiesen bekommen hat, dürfen die Eltern ihr keinen Naturalunterhalt (mietfreies Wohnen plus Essen) anbieten, sie sind barunterhaltspflichtig.

Punkt 2: Auch wenn dies Grenzfälle sind: Wahrscheinlich müssen die Eltern weiterhin das Auto finanzieren, weil sie es der Tochter auch schon jahrelang vorher finanziert haben. Doch hier können Richter natürlich auch anders entscheiden.

Punkt 3: Beide Elternteile sind barunterhaltspflichtig. Wohnt das Kind alleine, wird ein Unterhalt von 670 Euro eingeräumt (in dem Betrag sind bis zu 280 Euro für Unterkunft einschließlich Nebenkosten enthalten). Beiträge zur Kranken- und Pflegeversicherung sowie Studiengebühren sind dabei noch nicht eingerechnet. Die Eltern müssen sich den Unterhalt im Verhältnis ihrer Nettoeinkünfte aufteilen, also hier zwei zu eins, der Vater zahlt demnach 446 Euro, die Mutter 224 Euro monatlich Kindesunterhalt (Stand 2013).

Beispiel 5: Volljähriges Kind, Student, lebt bei einem Elternteil Ingrid verdient 2000 Euro, Peter 3000 Euro. Ihr Sohn Tim ist 20 Jahre alt, studiert und lebt bei einem Elternteil. Der Bedarf nach der Düsseldorfer Tabelle liegt bei 781 Euro (5000 Euro Einkommen der Eltern, vierte Altersstufe). Abzüglich des Kindergeldes (184 Euro) ergibt sich ein Restbedarf von 597 Euro (Stand 2013).

Der jeweilige Haftungsanteil der Eltern errechnet sich, indem der Restbedarf mit dem Nettoeinkommen abzüglich des Selbstbehalts mulipliziert wird, das Ergebnis wird durch die Summe beider Einkommen abzüglich des Selbstbehalts geteilt:

– Haftungsanteil Peter:
  $597 \times (3000 - 1000) : (3000 + 2000 - 2000) = 398$ Euro (gerundet)
– Haftungsanteil Ingrid:
  $597 \times (2000 - 1000) : (3000 + 2000 - 2000) = 199$ Euro (gerundet)

Tim erhält an Unterhalt von Vater Peter 398 Euro und von Mutter Ingrid 199 Euro.

Kost und Logis sind nicht mit eingerechnet. Allerdings sind in den 670 Euro, die ein Student mit eigenem Hausstand bekommt, 280 Euro Wohnkosten (brutto warm) enthalten (Stand 2013).

Sonderbedarf

Grundsätzlich ist der Bedarf eines Kindes mit dem Betreuungsunterhalt (meist der Mutter) und dem Barunterhalt (meist des Vaters) abgegolten. Allerdings legt der Gesetzgeber einige wenige Ausnahmen fest. So fallen die Ausgaben etwa für besondere Behandlungskosten, die Krankenkassen nicht übernehmen, nicht unter die Unterhaltsberechnung. Man spricht in diesen Fällen von einem Sonderbedarf. Aufgrund vieler Gerichtsentscheidungen gibt es in Deutschland eine ziemlich klare Richtschnur, wann beim Kindesunterhalt Sonderbedarf vorliegt, wann also vom Unterhaltspflichtigen finanzielle Leistungen gezahlt werden müssen, die nicht im »normalen« monatlichen Unterhalt bereits eingerechnet sind, und die dieser somit extra, aber selbstverständlich nicht alleine, mittragen muss.

Die wichtigsten sind:

- notwendige Arztkosten, die von der Krankenkasse nicht übernommen werden
- Kosten für Brillen und Zahnersatz
- Betreuungskosten
- Nachhilfekosten für eine kurze Zeit
- Prozesskosten
- Säuglingserstausstattung (Bundesverfassungsgericht, Az.: 1 BvR 1988/95)
- Umzugskosten

WISO Tipp

Sonderbedarf als unregelmäßiger, außergewöhnlich hoher Bedarf liegt nur dann vor, wenn der Bedarf nicht mit Wahrscheinlichkeit vorauszusehen war und deshalb bei der Bemessung der laufenden Unterhaltszahlung nicht berücksichtigt werden konnte.

Beispiel

Das Kind lebt bei Ihnen, Sie wollen seine Konfirmation ausrichten. Von Ihrem Ex-Partner verlangen Sie für die Kosten der Konfirmation einen zusätzlichen Sonderbedarf. Eine solche Forderung hat der Bundesgerichtshof abgelehnt: Die Kosten für eine Konfirmation seien bei entsprechender Religionszugehörigkeit absehbar und deswegen nicht überraschend. Sie seien daher im laufenden Unterhalt enthalten und könnten nicht gesondert verlangt werden. (Bundesgerichtshof, Urteil vom 15. 02. 2006, Az.: XII ZR 4/04)

Sehr unterschiedlich fallen die Gerichtsentscheidungen zu Internatskosten, Klassenfahrten und Kosten eines Schüleraustauschs aus. Hier sind sich die Gerichte nicht einig, ob es sich dabei um Sonderbedarf handelt oder nicht. In der Regel wird ein Sonderbedarf verneint für Musikschulausbildung, Kleidung, Lernmittel, Möbel, Musikinstrumente, Privatschulgebühren, Sport oder Urlaubskosten.

Und wer zahlt beim Sonderbedarf? Ein Irrglaube herrscht dahingehend vor, dass der Barunterhaltpflichtige für den Sonderbedarf allein aufkommen müsse. Das ist falsch! Für den Sonderbedarf haften beide Elternteile gemäß ihren Einkommensverhältnissen.

Beispiel

Zahlt der Vater für ein volljähriges Kind 300 Euro und die Mutter 200 Euro Unterhalt, ist der Sonderbedarf des Kindes im Verhältnis drei zu zwei aufzuteilen. Beträgt der Sonderbedarf für das Kind 500 Euro, muss der Vater 300 und die Mutter 200 Euro zahlen.

Ein wichtiges höchstrichterliches Urteil betrifft die Kita- und Kindergartenkosten. Alleinerziehende Elternteile können diese unterhaltsrechtlich als

WISO Tipp

Der Anspruch auf Sonder-
bedarf muss innerhalb eines
Jahres seit seiner Entstehung
geltend gemacht werden.

Mehrbedarf geltend machen. Das heißt, die Betreuungskosten werden nach der Trennung geteilt. Sie sind nicht in den Unterhaltsbeträgen, die in den Unterhaltstabellen ausgewiesen sind, enthalten. Dagegen sind die Verpflegungskosten, die in einer Kindereinrichtung anfallen, mit dem Tabellenunterhalt abgegolten. (Bundesgerichtshof, Urteil vom 26.11.2008, Az.: XII ZR 65/07)

Unterhaltsvorschuss

Keine schöne Vorstellung: Der eine Partner zieht das Kind beziehungsweise die Kinder nach der Scheidung alleine groß, der andere hält sich aber nicht an die Vereinbarung, regelmäßig Unterhalt zu leisten. Das ist nervenaufreibend, denn das Alleinerziehen ist anstrengend genug – erst recht, wenn man mehrere kleine Kinder zu betreuen hat. Sich dann auch noch um den Unterhalt kümmern zu müssen ist oft nicht machbar. Daher fängt der Staat diese besondere Lebenssituation mit einem Unterhaltsvorschuss auf, den Alleinerziehende für ihre Kinder beantragen können. Anspruch auf den Unterhaltsvorschuss haben:

WISO Tipp

Es muss für die Beantragung
von Unterhaltsvorschuss kein
gerichtlicher Unterhaltsbe-
schluss gegen den nicht zahlenden Elternteil vorliegen.

– Kinder bis zur Vollendung des 12. Lebensjahres, die bei einem alleinerziehenden Elternteil leben und
– die keinen oder keinen regelmäßigen Unterhalt oder nicht mindestens den gesetzlichen Mindestunterhalt gemäß § 1612a Abs. 1 BGB minus das für ein erstes Kind zu zahlende Kindergeld von dem anderen Elternteil erhalten beziehungsweise nach dessen Tod Unterhalt in Form von Waisenbezügen.

Nach Abzug des für ein erstes Kind zu zahlenden Kindergeldes ergeben sich folgende monatliche Beträge für den Unterhaltsvorschuss:
– für Kinder bis unter 6 Jahre: 133 Euro
– für ältere Kinder bis unter 12 Jahre: 180 Euro (Stand 2013)

Der Anspruch auf Unterhaltsvorschuss besteht für maximal 72 Monate, das heißt sechs Jahre, und muss beim Jugendamt beantragt werden. Es existiert hierfür keine Einkommensgrenze für Eltern.
Der Unterhaltspflichtige wird vom Staat in Regress genommen, wenn er leistungsfähig, aber nicht leistungswillig ist. Die Behörde wird den gezahlten Unterhaltsvorschuss von ihm zurückverlangen. Meist wird sogar eine Verzinsung des Vorschusses eingefordert werden.

Unterhaltspflicht des neuen Partners und der Großeltern

Grundsätzlich sind nur die Eltern unterhaltspflichtig. Der neue Lebenspartner eines Unterhaltspflichtigen etwa schuldet dem Kind selbst bei hohem Einkommen keinen Unterhalt. Das heißt: Stiefeltern sind Stiefkindern gegenüber nie unterhaltspflichtig. Das gilt selbst dann, wenn die Partner heiraten oder das Stiefkind bei seinem Stiefelternteil dauerhaft lebt.

Stiefeltern nie unterhaltspflichtig

Doch Vorsicht – die neueste Rechtsprechung stellt klar, dass Stiefeltern indirekt für ihr Stiefkind aufkommen müssen, wenn es um den Bezug von Sozialleistungen geht, wenn der leibliche Elternteil Hartz IV beantragt. Leben Stiefeltern mit Stiefkindern zusammen, bilden sie sozialrechtlich eine Bedarfsgemeinschaft. In diesem Fall wird das Stiefelterneinkommen angerechnet (§ 9 Abs. 2 SGB II).

Die Großeltern können nur dann unterhaltspflichtig gegenüber ihrem Enkel sein, wenn die leiblichen Eltern nicht in der Lage sind, den Unterhalt zu zahlen (§ 1608 BGB). Allerdings steht beiden Großelternteilen ein Selbstbehalt zu. (Bundesgerichtshof vom 20. 12. 2006; Az.: XII ZR 137/04)

Kindesunterhalt und Krankenversicherung

In der Regel ist das Kind während der Ehe innerhalb der gesetzlichen Krankenversicherung (GKV) familienmitversichert, das heißt, das Kind kostet keine zusätzlichen Beiträge. Nach vollzogener Scheidung gilt diese Familienversicherung weiter, allerdings nur, wenn der Elternteil, bei dem das Kind mitversichert ist, gesetzlich krankenversichert bleibt. Dann kann das Kind weiter über ihn mitversichert werden.

Die Krankenversicherungsbeiträge für das Kind muss der Barunterhaltspflichtige zahlen, weil sie nicht in den Sätzen der Düsseldorfer Tabelle mit eingerechnet sind. Die Krankenversicherungsbeiträge können aber vom Barunterhaltspflichtigen auf der anderen Seite wieder von seinem unterhaltsrelevanten Einkommen abgezogen werden, wodurch sich der Kindesunterhalt (und auch der Ehegattenunterhalt) verringert.

Fazit

Nach der Unterhaltsreform stehen die Ansprüche der Kinder an erster Stelle. Der daraus resultierende Zahlbetrag richtet sich nach dem Nettoeinkommen des Barunterhaltspflichtigen. Meist richten sich deutsche Familiengerichte nach der Düsseldorfer Tabelle.

Ehegatten-unterhalt

Für viele Menschen stellt es bei einer Trennung die alles entscheidende Frage dar: Wie viel Geld bekomme ich beziehungsweise muss ich bezahlen und reicht es zum Leben? Diese Frage ist für sie von so großer Bedeutung, dass viele Verheiratete sie schon klären lassen, bevor sie sich trennen, sie möglicherweise zur Bedingung für eine Trennung machen.

Zweifelsohne ist diese Frage wichtig – und sie lässt sich klären. Fast jeder kann seinen Unterhalt alleine berechnen. Zumindest grob sollte jeder wissen, was ihm bleibt, was er an Unterhalt erhält. Die Rechnung ist zwar nicht ganz einfach, aber auch keine Hexerei.

Trennungsunterhalt

Neues Unterhaltsrecht Seit 1. Januar 2008 hat sich das deutsche Unterhaltsrecht durch das »Gesetz zur Reform des Unterhaltsrechts« grundlegend verändert. Die wichtigsten Änderungen: Leibliche Kinder stehen mit ihren Unterhaltsansprüchen an erster Stelle (gleichgültig, aus welcher Beziehung sie stammen). Die Ehepartner kommen jetzt an zweiter Stelle, gefolgt von den unverheirateten Partnern. Der Unterhaltsberechtigte wird früher verpflichtet, wieder berufstätig zu sein, und bei kurzen Ehen muss der Unterhaltspflichtige dem geschiedenen Partner nicht ewig den Lebensstandard der Ehe aufrechterhalten.

Wer denkt, Unterhaltszahlungen beginnen erst mit dem Scheidungsbeschluss, der irrt. Sobald die Ehepartner getrennt leben, besteht eine Unterhaltsverpflichtung des Besserverdienenden.

An den Trennungsunterhalt werden zwei Bedingungen geknüpft:
– Die Ehepartner müssen getrennt leben und
– einer der Partner muss bedürftig sein.

Leben die Ehepartner getrennt, kann ein Ehegatte von dem anderen einen den Lebensverhältnissen und den Erwerbs- und Vermögensverhältnissen der Ehegatten angemessenen Unterhalt verlangen (§ 1361 b GB). Bedürftigkeit Neben der Bedingung des Getrenntlebens ist aber die Bedürftigkeit eine zweite Voraussetzung für den Trennungsunterhalt. Trennen sich zwei Millionäre, was auch vorkommen soll, wird kein Trennungsunterhalt infrage kommen, auch wenn der eine ein paar Millionen mehr hat als der andere.

Wie wird der Trennungsunterhalt errechnet?

Im Unterschied zum Kindesunterhalt, für den die Düsseldorfer Tabelle herangezogen wird, existieren für den Ehegattenunterhalt und damit auch für den Trennungsunterhalt keine festen Geldsätze. Denn aufgrund unterschiedlicher Lebensstile und Lebensstandards ist eine pauschale Unterhaltsberechnung hier nicht möglich. Der Gesetzgeber hat die Höhe des Eheliche Lebensverhältnisse Trennungs- und Nachehelichenunterhalts daher an den ehelichen Lebensverhältnissen ausgerichtet – also am Lebensstandard während der Ehe.

Der Trennungsunterhalt bemisst sich nach den ehelichen Lebensverhältnissen, die auch in der Trennungszeit für beide Ex-Partner aufrechterhalten werden sollen. Da dies aber in der Regel nicht möglich ist – allein die

Anmietung einer zweiten Wohnung bei Auszug eines Partners erhöht die Belastungen –, soll der Lebensstandard bei beiden Getrenntlebenden etwa gleichmäßig absinken. Auf keinen Fall darf der Lebensstandard eines Partners deutlich über den Lebensstandard während des ehelichen Verhältnisses hinausgehen.

Grundsätzlich wird das Bruttoeinkommen beider Getrenntlebender durchleuchtet und gewisse Verpflichtungen (Steuern, Altersvorsorge etc.) werden abgezogen, sodass man auf das sogenannte bereinigte Nettoeinkommen kommt. In einem zweiten Schritt wird der tatsächliche Bedarf nach den ehelichen Lebensverhältnissen ermittelt. Das erfolgt nach der sogenannten Ehegattenquote. Die Oberlandesgerichte haben für ihre Gerichtsbezirke dazu Leitlinien entwickelt. Es gilt grundsätzlich der Halbteilungsgrundsatz, das heißt, die Unterhaltsquote beträgt 50 zu 50. In der Praxis wird diese Quote aber nur beispielsweise für Zinseinkünfte, Einkünfte aus Vermietung und Verpachtung, Arbeitslosengeld und Renteneinkünfte angewendet.

Bei Erwerbseinkünften hingegen wird ein sogenannter Erwerbstätigenbonus berücksichtigt. Vom bereinigten Nettoeinkommen kann ein Betrag (meist ein Siebtel) abgezogen werden, welcher dem erwerbstätigen Ehepartner gegenüber dem nicht erwerbstätigen einen Anreiz zur Arbeitsfortsetzung bieten soll. Die Mehrzahl der Oberlandesgerichte gewährt eine Unterhaltsquote von drei Siebtel zu vier Siebtel. Leicht anders sieht es das bayrische Oberlandesgericht und räumt eine Quote von 45 Prozent zu 55 Prozent ein.

Erwerbstätigenbonus

Beispiel

Stefan hat ein bereinigtes Nettoeinkommen von 2100 Euro. Seine Frau Ellen kümmerte sich während der Ehe um die Kinder und war zu Hause. Nach der Düsseldorfer Tabelle ergeben sich folgende Berechnungen:

Vom Nettogehalt wird zunächst ein Siebtel als Erwerbstätigenbonus abgezogen, den Stefan allein behalten darf (2100 × 1/7 = 300 Euro). Die verbleibenden 1800 Euro werden durch zwei geteilt, woraus sich der Bedarf jedes Ehepartners ergibt. Der Unterhaltsanspruch von Ellen beträgt also 900 Euro.

Arbeiten beide Ehepartner, können beide von ihrem bereinigten Nettoeinkommen den Erwerbstätigenbonus von einem Siebtel (in manchen Oberlandesgerichtsbezirken etwas mehr oder weniger) abziehen. Der Mehrverdienende hat die Hälfte der Differenz an den anderen Ehepartner als Unterhalt zu zahlen.

Beispiel

Wenn Ellen halbtags arbeitet und ein bereinigtes Nettoeinkommen von 700 Euro hat, ergibt sich folgende Unterhaltsberechnung:

Auch hier wird zunächst der jeweilige Erwerbstätigenbonus von den beiden Nettoeinkommen abgezogen (Stefan: 2100 × 1/7 = 300 Euro, also 2100 − 300 = 1800 Euro; Ellen: 700 × 1/7 = 100 Euro, also 700 − 100 = 600 Euro). Der gemeinsame Bedarf ergibt sich aus der Summe der beiden Ergebnisse (1800 + 600 = 2400 Euro), das heißt, der jeweilige Bedarf beträgt 1200 Euro. Da Ellen 700 Euro selbst verdient, hat sie einen Unterhaltsanspruch von 1200 − 700 = 500 Euro.

Der Unterhaltspflichtige darf einen bestimmten Betrag, den sogenannten Selbstbehalt, für sich beanspruchen. Das heißt, dieser Betrag bleibt ihm auf jeden Fall zum Leben. Der monatliche Selbstbehalt beträgt zurzeit gegenüber dem getrennt lebenden beziehungsweise dem geschiedenen Ehepartner etwa 1100 Euro. Allerdings kann der Selbstbehaltsatz auch einmal über- oder unterschritten werden, das ist abhängig vom Einzelfall.

Selbstbehalt Denn die Leitlinien der Oberlandesgerichte berücksichtigen im Selbstbehalt einen Mietkostenanteil, dessen Höhe die Oberlandesgerichte in ihren Leitlinien selbst festlegen (in der Regel bis zu 400 Euro Warmmiete inkl. Nebenkosten; Stand 2013).

WISO Tipp

Ein bereinigtes Nettoeinkommen, das über 6000 Euro monatlich hinausgeht, bleibt in der Regel anrechnungsfrei. Es sei denn, der andere kann nachweisen, dass das komplette Nettoeinkommen das »eheliche Leben geprägt« hat, also verkonsumiert wurde.

Bereinigtes Nettoeinkommen

Für die Berechnung der Unterhaltszahlungen kommt es auf das bereinigte Nettoeinkommen an. Doch was bedeutet eigentlich »bereinigtes Nettoeinkommen« und was unterscheidet es vom reinen Nettoeinkommen?

Ausgangspunkt der Unterhaltsberechnung ist immer das Bruttoeinkommen der tatsächlichen Einkünfte. Zum Bruttoeinkommen (bei Angestellten der Durchschnitt der letzten zwölf Monate, bei Selbstständigen der Durchschnitt der letzten drei Jahre) kommen weitere Posten hinzu, wie etwa Sachbezüge und anderes, die gerne vergessen werden:

– Fiktive Einkommen (wenn der Unterhaltspflichtige weniger arbeitet, als er muss)
– Kapitalzinsen
– Einnahmen aus Beteiligungen
– Renten

- Arbeitslosengeld
- Sachleistungen (Firmen- oder Dienstwagen, billige Werkswohnung, kostenfreies Kantinenessen etc. muss in Geldwert umgerechnet werden)
- Trinkgelder
- Einnahmen aus Vermietung und Verpachtung
- Sonderzahlungen (Weihnachts- und Urlaubsgeld)
- Erfolgte Steuerrückzahlungen
- Spesen
- Abfindungen (monatlich umgerechnet bis zur Höhe des letzten Lohnes)
- Krankengeld
- Schlechtwettergeld
- Kurzarbeitergeld
- BAföG (oder vergleichbare Leistungen)
- Wohnwert der eigenen Immobilie (abzüglich verbrauchsunabhängige Nebenkosten und Darlehensbelastung. Hat der Wohnwert auch die ehelichen Lebensverhältnisse geprägt, sind sowohl Zins- als auch Tilgungsleistungen beim Trennungsunterhalt zu berücksichtigen. Handelt es sich um nicht prägenden Wohnwert, sind nur Zinsen zu berücksichtigen.)

Freiwillige Leistungen Dritter (wie etwa der Eltern) fließen allerdings nicht in die Unterhaltsberechnung mit ein, es sei denn, der Unterhaltsberechtigte hat einen Anspruch darauf. Auch Einkünfte aus überobligatorischer Arbeit sind zwar unterhaltsrelevant, werden aber (meist) nur zur Hälfte angerechnet.

Überobligatorische Arbeit

Beispiel
Eine Mutter mit einem Säugling arbeitet nebenher und verdient damit 500 Euro monatlich. Während dieser Zeit betreut eine Studentin für
50 Euro den Nachwuchs. Die Arbeit ist überobligatorisch, 250 Euro werden unterhaltsrelevant als ihr Einkommen gewertet, 250 Euro bleiben ihr direkt.

Vom Bruttoeinkommen der tatsächlichen Einkünfte kann man folgende Beträge abziehen:
- Öffentlich-rechtliche Abgaben (Steuern)
- Fahrtkosten zur Arbeitsstätte
- Wohngeld
- Erziehungsgeld

- Berufsbedingte Aufwendungen (meist als Pauschale von 5 Prozent des Nettoeinkommens, jedoch nicht mehr als 150 Euro maximal. Höhere Aufwendung – z. B. für Arbeitskleidung und -materialien, Beiträge zu Berufsverbänden – kann man nur im Einzelbelegverfahren geltend machen.)
- Fortbildungskosten
- Vermögenswirksame Leistungen (bei Gutverdienern)
- Angemessene Altersvorsorgeleistungen (für private Altersvorsorge mindestens 5 Prozent des Bruttolohns, BGH, AZ: XII ZR 149/01)
- Darlehensleistungen (die den ehelichen Lebensstandard geprägt haben)
- Unterhaltspflichten gegenüber vorrangig Berechtigten (meist den Kindern)
- Abschreibungen (etwa Afa) bei Selbstständigen und Freiberuflern

Grundsätzlich ist zu berücksichtigen, dass bei der Berechnung des Trennungsunterhalts als Stichtag der Trennungstag herangezogen wird. Tritt allerdings beim Lohn etwa eine Tarifanhebung oder eine Regelbeförderung ein (bei Beamten), die automatisch den Lebensstandard der Ehe erhöht hätte, fließt dieses »Mehr« an Geld auch in den Trennungsunterhalt mit ein. Eine nicht zu erwartende Lohnerhöhung allerdings, der sogenannte Karrieresprung, wird dagegen nicht beim Trennungsunterhalt berücksichtigt.

Nicht mitgerechnet werden auch die Einkünfte des neuen Partners des Unterhaltspflichtigen, es sei denn:
- Es liegt ein Mangelfall vor, in dem der Unterhaltsberechtigte nicht alle Unterhaltspflichten erfüllen kann und er in der Immobilie des neuen Partners lebt. Hier können dessen Einnahmen den Selbstbehalt des Unterhaltspflichtigen um 25 Prozent mindern.
- Der neue Partner verdient extrem viel und der Unterhaltspflichtige fast nichts oder gar nichts.

Beispiele zur Berechnung des unterhaltsrelevanten Einkommens

Beispiel 1: Zwei Kinder, Frau zu Hause, Mann arbeitet Kurzarbeit Stefan hat sich Ende des Vorjahres von seiner Frau Claudia, die nicht berufstätig ist, getrennt. Für seine beiden Söhne Markus und Andreas zahlt er 380 beziehungsweise 320 Euro Kindesunterhalt.

Stefan ist gut bezahlter Ingenieur in der Automobilbranche. Er verdient 5000 Euro brutto monatlich, dazu ein Monatsgehalt als Weihnachtsgeld und ein halbes als Urlaubsgeld. Er erhält ein kostenfreies Mittagessen. Stefan ist Gewerkschaftsmitglied und zahlt dafür 80 Euro monatliche Mitgliedsbeiträge. Für das Haus, in dem seine Frau und seine zwei Kinder weiterhin leben, zahlt er noch 200 Euro monatlich Darlehenskosten zuzüglich 20 Euro monatlich Tilgungsleistung. Das Haus hat nach dem Mietspiegel eine erreichbare Monatskaltmiete von 1100 Euro, die verbrauchsabhängigen Nebenkosten liegen bei 150 Euro, alle anderen Nebenkosten zusammengenommen liegen bei 50 Euro monatlich.

Stefan wird allerdings Ende des Jahres von der Finanzkrise getroffen. Für November erhält er 80 Prozent seines Nettoeinkommens als Kurzarbeitergeld. Anfang Dezember wird Stefan arbeitslos und bekommt eine Abfindung von 40 000 Euro. Während der Kurzarbeit jobbt er in einer Kneipe ein paar Stunden pro Woche, verdient dabei 200 Euro zuzüglich 100 Euro Trinkgeld. Während dieser Zeit besucht er an der Volkshochschule einen berufsbezogenen Weiterbildungskurs »Business English«, der 150 Euro kostet.

Stefan hat Geld beiseitegelegt. Nach Abzug aller Abgaben bleiben ihm 2000 Euro Kapitalzinsen. Im betreffenden Jahr erhielt das Paar 2000 Euro Steuerrückzahlung. Stefan zahlt jeden Monat 100 Euro in eine Riester-Rente ein.

Stefans Eltern zahlen ihrem Sohn der schwierigen Situation wegen die Kosten für einen neuen Fiat 500 im Wert von 13 000 Euro.

Bruttomonatsgehalt (Januar bis Oktober: 10 × 5000 Euro)	50 000,00
Kurzarbeitergeld (80 Prozent des Nettogehaltes November)	+ 2 500,00
Abfindung (anteilig für den Dezember 40 000 Euro/12; wird angerechnet bis zur Höhe der durchschnittlichen Einkünfte)	+ 3 333,00
Weihnachtsgeld (ein volles Monatsgehalt)	+ 5 000,00
Urlaubsgeld (ein halbes Monatsgehalt)	+ 2 500,00
Kostenfreies Kantinenessen (wird in Barwert umgerechnet: 220 Tage × 2 Euro)	+ 440,00
Kneipenjob (Weil er in der Kneipe während der Kurzarbeit jobbte, würden Richter dies wohl nicht als überobligatorisch bezeichnen.)	+ 200,00

Trinkgelder (während des Kneipenjobs)	+ 100,00
Kapitalerträge (abzüglich aller Nebenkosten wie Kapitalertragsteuer und den Nebenkosten der Bankgeschäfte von ca. 50 Euro)	+ 2 000,00
Fiat 500 (Grundsätzlich fließen Schenkungen und Erbschaften nicht in den Zugewinnausgleich und die Berechnung des Unterhalts mit ein, es sei denn, sie hätten das »eheliche Leben geprägt«.)	+ 0,00
Unterhaltsrelevantes Bruttoeinkommen	**66 073,00**
Kindesunterhalt Markus (380 × 12)	– 4 560,00
Kindesunterhalt Andreas (320 × 12)	– 3 840,00
Einkommensteuer	– 15 000,00
Gewerkschaftsbeitrag (12 × 80 Euro)	– 960,00
Berufsbedingte Aufwendungen (Pauschale von 5 Prozent des Nettoeinkommens; hier nicht, da die Gewerkschaftsbeiträge die Pauschale schon übersteigen, es gibt nur Pauschale oder Einzelnachweise.)	– 0,00
Weiterbildung (nur wenn nicht in Pauschale)	– 150,00
Angemessene Altersvorsorge (12 × 100 Euro für Riester-Rente)	– 1 200,00
Darlehenskosten (12 × 200 Euro)	– 2 400,00
Tilgungsleistung (12 × 20 Euro, Achtung: Tilgungsleistungen sind nicht unterhaltsrelevant!)	– 0,00
Unterhaltsrelevantes (bereinigtes) Nettoeinkommen Stefan beziehungsweise monatlich	**40 363,00** **3 363,58**
Nach der gängigen 3/7-Regelung (ein wenig mehr soll dem Erwerbstätigen als Anreiz bleiben) müsste Stefan seiner Ex-Partnerin monatlich überweisen	1 441,53
Mietfreies Wohnen (Claudia wohnt auch in Stefans »Eigentumshälfte« des gemeinsamen Hauses, dafür muss sie sich die Hälfte der ortsüblichen Kaltmiete unterhaltsmindernd anrechnen lassen: 12 × 1100 Euro /2)	– 550,00
Verbrauchsabhängige Nebenkosten (Wie in einer Mietwohnung muss Claudia Strom, Wasser etc. allein bezahlen.)	– 0,00

Verbrauchsunabhängige Nebenkosten (Da Claudia hälftig Eigentümerin ist, muss sie auch für Gebäudepflichtversicherungen, Grundsteuer etc. hälftig aufkommen, die von Stefans Konto abgebucht werden: 12 × 50 Euro /2)	− 25,00
Claudia erhält eine Unterhaltszahlung von **zzgl. des Kindesunterhaltes**	866,53 + 700,00
Gesamt	1 566,53

Diese Rechnung soll nur überschlagsweise veranschaulichen, wie schnell auch theoretisch ein sehr ordentliches Bruttoeinkommen zu doch wesentlich geringeren Unterhaltszahlungen führen kann, wobei Claudia in diesem Fall mietfrei wohnt. Auch bei Stefan wird sich die Einkommenssituation deutlich verschlechtern, denn er muss sich eine Mietwohnung leisten.

Beispiel 2: Keine Kinder, großer Verdienstunterschied Zugegebenermaßen ein Klischee, aber auch solche soll es ja geben: Stefan ist Chefarzt und verdient ausgesprochen gut (9000 Euro unterhaltsrelevantes Nettoeinkommen). Seine Frau Sabine ist Krankenschwester und verdient 1500 Euro netto. Die beiden trennen sich, das Paar hat keine Kinder.

Nettoeinkommen Stefan	9000,00 Euro
davon unterhaltsrelevant (es sei denn, Sabine kann nachweisen, dass das komplette Netto verkonsumiert wurde, ansonsten bleibt alles über 6000 Euro unberücksichtigt.)	− 3000,00 Euro
	6000,00 Euro
Unterhaltsrelevantes (bereinigtes) Nettoeinkommen Stefan	6000,00 Euro
Unterhaltsrelevantes (bereinigtes) Nettoeinkommen Sabine	1500,00 Euro
Beide können einen Erwerbstätigenbonus von 1/7 beanspruchen. Danach wird die Differenz halbiert:	
6000 Euro : 7 = 857,14 Euro 6000 Euro − 857,14 = 5142,86 Euro	
1500 Euro : 7 = 214,29 Euro 1500 Euro − 214,29 = 1285,71 Euro	
5142,86 Euro − 1285,71 Euro = 3857,15 Euro 3857,15 Euro : 2 = 1928,58 Euro	
Stefan muss Sabine monatlich überweisen	**1928,58 Euro**

Schon beim Thema Kindesunterhalt wurde der Mangelfall erwähnt. Er tritt häufig ein, wenn der Unterhaltspflichtige mehrere leibliche Kinder hat und/oder wenig verdient. Als Mangelfall wird alles im Unterhaltsrecht bezeichnet, bei dem der Unterhaltspflichtige nicht allen finanziellen Verpflichtungen der Unterhaltsberechtigten (nach Abzug seines Selbstbehalts) nachkommen kann. Durch das Gesetz zur Reform des Unterhaltsrechtes wurde nun seit 2008 die Rangfolge geändert, in der Unterhaltsansprüche immer in voller Höhe (es gibt keine prozentuale Absenkung aller!) geleistet werden müssen. Die Rangfolge sieht wie folgt aus:

1. Schulpflichtige unverheiratete Kinder und Kinder unter 21 Jahren, die bei den Eltern leben und in der Schulausbildung sind, gleichgültig, ob es eheliche oder nichteheliche Kinder sind
2. Betreuungsunterhalt für den Elternteil, der ein Kind betreut (unabhängig davon, ob er mit dem Elternteil verheiratet war oder nicht – also die Gleichstellung mit dem zweiten kindererziehenden Partner)
3. Ehegattenunterhalt

Rüdiger arbeitet als Kfz-Mechaniker und verdient unterhaltsrelevante 1400 Euro netto. Seine Frau Brigitte kümmert sich um die drei kleinen Kinder (ein, drei und fünf Jahre alt) und hat daher keine Erwerbseinkünfte.
– Kindesunterhalt I (Mindestunterhalt): 225 Euro
– Kindesunterhalt II: 225 Euro
– Kindesunterhalt III: 225 Euro

Der Kindesunterhalt steht in der Rangfolge mittlerweile an erster Stelle, er ist zuerst zu leisten, erst danach kommt der Betreuungsunterhalt (darunter würde der Unterhalt für seine Frau Brigitte fallen), erst danach andere Formen des Ehegattenunterhalts.

Selbst beim Mindestunterhalt kommt Rüdiger auf eine Gesamtbelastung durch den Kindesunterhalt von 675 Euro. Berücksichtigt man, dass ihm von seinem Nettoeinkommen (1400 Euro) ein Selbstbehalt in Höhe von 1000 Euro zusteht, so sieht die Aufteilung von Rüdigers Einkommen folgendermaßen aus:
– Rüdiger (Selbstbehalt): 1000 Euro
– die drei Kinder zusammen: 400 Euro
– Brigitte: 0 Euro (Stand 2013)

Beispiel 4: Besserer Verdienst der neuen Partnerin des Mannes Ähnlicher Fall: Rüdiger arbeitet als Kfz-Mechaniker und hat ein unterhaltsrelevantes Einkommen von 1400 Euro netto. Seine Ex-Frau Brigitte kümmert sich um die drei kleinen Kinder (ein, drei und fünf Jahre alt) und hat daher keine Erwerbseinkünfte.

Anders als im vorigen Beispiel lebt Rüdiger aber mit einer neuen Partnerin, die etwa 2500 Euro netto verdient, in eheähnlicher Lebensgemeinschaft in deren abbezahlter Eigentumswohnung.

Es liegt zwar ein Mangelfall vor, das heißt, Rüdiger kann statt 675 Euro Mindestunterhalt für seine Kinder nur 400 Euro zahlen. Allerdings wohnt er in der Immobilie der neuen Partnerin. Deshalb können deren Einnahmen den Selbstbehalt Rüdigers um 25 Prozent mindern, der neue Selbstbehalt beträgt daher nur noch 750 Euro.

Berücksichtigt man diesen neuen Umstand, kann Rüdiger nun fast den vollen Unterhalt für seine Kinder aufbringen, da hierfür nun 650 Euro zur Verfügung stehen (1400 Euro − 750 Euro) (Stand 2013).

Befristung und Verzicht auf Trennungsunterhalt

Anders als beim nachehelichen Unterhalt kann auf den Trennungsunterhalt nicht verzichtet werden. Eheverträge, die einen Trennungsunterhalt ausschließen wollen, sind unwirksam, auch wenn sie vor einem Notar geschlossen wurden.

Allerdings kann man auf die Differenz zwischen dem tatsächlich gezahlten und dem nachträglich berechneten tatsächlichen Trennungsunterhalt verzichten.

Mit der Trennung entsteht eine gewisse Eigenverantwortung der Ehepartner, ihren Unterhaltsbedarf selbst zu decken. Jedoch greift diese nicht so weit wie nach der Scheidung. Wer bislang nicht berufstätig war, muss zunächst auch weiterhin nicht arbeiten. Im ersten Jahr der Trennung besteht in der Regel keine Erwerbsobliegenheit (§ 1361 Abs. 2 BGB). Wurde vor der Trennung nur eine Teilzeitbeschäftigung ausgeübt, ist diese zunächst auch ausreichend. Der unterhaltsbedürftige Partner muss nicht sofort »voll« arbeiten gehen, eine Ganztagsstelle aufnehmen.

Da die Trennung der Eheleute aber nur ein Zwischenstadium und kein Dauerzustand sein soll, wächst mit der Zeit die Verpflichtung des Unterhaltsbedürftigen, eine Erwerbstätigkeit zu suchen und aufzunehmen. Je länger die Trennung andauert,

WISO Tipp

Die Pflicht zur Aufnahme einer Erwerbstätigkeit nach dem Trennungsjahr kann zeitlich nach hinten verschoben werden, wenn die Ehe beispielsweise schon lange besteht oder der unterhaltsbedürftige Partner schon älter ist.

umso mehr müssen sich die Partner darauf einstellen, sich (wieder) selbst zu versorgen.

Etwas anderes gilt für diejenigen Ehepartner, die sich um das gemeinsame oder das nichteheliche Kind nach der Trennung kümmern. Hier ist die Aufnahme einer Erwerbstätigkeit eingeschränkt. Es muss im Einzelfall entschieden werden, wie lange sich der Ehepartner ausschließlich um die Betreuung des Kindes kümmern darf, ohne eine Arbeit aufnehmen zu müssen. In den ersten drei Lebensjahren des Kindes wird eine Arbeitspflicht auf jeden Fall nicht bestehen.

Nachehelicher Unterhalt

Für die Gewährung des nachehelichen Unterhalts ist der Zeitpunkt des Scheidungstermins ausschlaggebend. Nur wenn zum Scheidungstermin Bedürftigkeit vorlag, wird nachehelicher Unterhalt gewährt. Entsteht die Bedürftigkeit erst später, besteht in der Regel kein Unterhaltsanspruch. Ebenfalls keinen Unterhalt gibt es, sobald der unterhaltsbedürftige Ehepartner wieder heiratet. Damit entfällt sein Unterhaltsanspruch gegenüber dem ehemaligen Partner.

WISO Tipp

Der Trennungsunterhalt kann nur bis zur Rechtskraft der Scheidung verlangt werden. Der nacheheliche Unterhalt ist davon zu trennen. Dieser muss gesondert eingefordert beziehungsweise eingeklagt werden.

Durch die Unterhaltsrechtsreform tritt nach der Scheidung der Grundsatz der wirtschaftlichen Eigenverantwortung in Kraft (§ 1569 BGB). Der nacheheliche Unterhalt ist jetzt in Ausnahmetatbestände gegliedert.

Nachehelicher Unterhalt ist nur noch möglich, wenn ein Ex-Partner nicht arbeiten kann, weil folgende Gründe vorliegen:

- Betreuungsunterhalt (wenn ein gemeinsames Kind betreut werden muss, § 1570 BGB)
- Altersunterhalt (wenn aus Altersgründen nicht mehr gearbeitet werden kann, § 1571 BGB)
- Unterhalt wegen Krankheit (§ 1572 BGB)
- Unterhalt wegen Arbeitslosigkeit (§ 1573 Absatz 1 BGB)
- Unterhalt wegen Ausbildung, Fortbildung oder Umschulung (§ 1575 BGB)
- Billigkeitsunterhalt (§ 1576 BGB)
- Aufstockungsunterhalt (wenn zwar gearbeitet wird, aber nicht genug verdient wird, um den Lebensstandard der Ehe zu erhalten, § 1573 Absatz 2 BGB)
- Unterhalt wegen langer Ehedauer (§ 1578b, Abs. 1 BGB)

Zum Unterhaltsvergleich wurde kürzlich das folgende neue Urteil gesprochen: Einigen sich die Ehepartner auf einen Unterhaltsanspruch der einen Seite pauschal (also ohne Berechnungsgrundlagen), so kann dieser Vergleich später einseitig aufgekündigt werden, wenn die wirtschaftlichen Verhältnisse sich wesentlich ändern. (Bundesgerichtshof, Urteil vom 25.11.2009, Az.: XII ZR 8/08)

Betreuungsunterhalt

Betreuungsunterhalt muss gezahlt werden, wenn ein gemeinschaftliches minderjähriges Kind betreut wird – für mindestens seine ersten drei Lebensjahre.

Nach einem wegweisenden Urteil des Bundesverfassungsgerichts vom 23. Mai 2007, welches die Unterhaltsrechtsreform erst angeschoben hat, fallen unter den Begriff »gemeinschaftliche« Kinder alle ehelichen und nichtehelichen Kinder. Waren Eltern bis dahin nicht verheiratet, konnten sie nicht so lange Betreuungsunterhalt für ihr Kind beanspruchen wie in dem Fall einer Ehe. Das Bundesverfassungsgericht war der Auffassung, die Ungleichbehandlung der ehelichen gegenüber den nichtehelichen Kindern sei verfassungswidrig.

Neben den leiblichen Kindern fallen auch Adoptivkinder unter den Begriff »gemeinschaftlich«, nicht aber außereheliche sowie Stief- und Pflegekinder. Selbst dann nicht, wenn sie lange bei den Eltern gelebt haben.

Adoptivkinder

Für den Betreuungsunterhalt muss der Anspruch stellende Elternteil das gemeinsame Kind auch tatsächlich betreuen. Der Anspruch besteht daher nicht, wenn ein Kind zum Beispiel im Heim oder bei Pflegeeltern groß wird. Oder wenn das Kind bereits volljährig ist, denn Betreuungsunterhalt kann nur für minderjährige Kinder verlangt werden.

Das Gesetz räumt den Betreuungsunterhalt für mindestens drei Jahre ein. Was aber gilt nach diesem Zeitraum? Grundsätzlich besteht für den bis dahin ausschließlich betreuenden Elternteil eine Erwerbsobliegenheit. Er muss seine alte oder eine neue Arbeit (wieder) aufnehmen. Es sei denn, eine längere Betreuung wäre »billig«, das heißt notwendig. Bei Kindern über drei Jahren sind die Kinderbetreuungsmöglichkeiten und die Belange des Kindes hierfür entscheidend: Kann eine Kinderbetreuung in Anspruch genommen werden und ist das mit den Belangen des Kindes vereinbar, muss der bis dahin betreuende Elternteil wieder arbeiten.

Auch wenn eine Kinderbetreuungsmöglichkeit vorliegt, können die »Belange des Kindes« gegen eine Erwerbstätigkeit des betreuenden Eltern-

Den Umstand, dass keine
ausreichenden Betreuungs-
möglichkeiten vorliegen, hat
der Unterhaltsbegehrende
nachzuweisen.

teils sprechen. Dazu wird geprüft, ob das Kind im Vergleich zu seinen Altersgenossen besonders betreuungsbedürftig ist, daher zunächst besser vorrangig beim betreuenden Elternteil bleibt. Trennung und Scheidung können das Kind emotional sehr mitgenommen haben. Auch andere Gründe, wie dauerhafte Gesundheitsstörungen, Behinderungen und schwere Verhaltensauffälligkeiten, können gegen eine Erwerbsobliegenheit sprechen. Die Nachweispflicht trägt auch hier der Unterhaltsbegehrende.

Darüber hinaus legt der Gesetzeswortlaut eine Verlängerung des Unterhalts aus »Billigkeit« fest (§ 1570 Abs. 2 BGB). Hier wird nicht auf das Wohl des Kindes abgestellt: Gemeint sind Fälle, in denen der betreuende Elternteil schon während der Ehe nicht oder nur wenig arbeitete, um die Kinder zu erziehen, und der Ehepartner damit einverstanden war.

Arbeitet der Unterhaltsbegehrende nicht, obwohl er das müsste, wird sein fiktives Einkommen für die Unterhaltsberechnung herangezogen. Die Einkommenseinbuße geht voll zu seinen Lasten. Allerdings muss das fiktive Einkommen auch objektiv erzielbar sein. Die wirtschaftliche Handlungsfreiheit eines Unterhaltspflichtigen ist verletzt, wenn ihm fiktive Einkommen zugerechnet werden, die er nach Ausbildung, Berufserfahrung, Alter und Gesundheitszustand objektiv nicht erzielen kann. (Bundesverfassungsgericht vom 18.03.2008, Az.: 1 BvR 125/06)

Zur Erwerbsobliegenheit trotz Kind liegt das folgende Urteil vor: Einer erwerbstätigen Ehefrau kann nach einer Übergangszeit trotz der Betreuung einer 11-jährigen Tochter eine Berufstätigkeit mit 30 Wochenstunden zugemutet werden. (Oberlandesgericht Karlsruhe, Urteil vom 17.02.2009, Az.: 2 UF 102/08)

Grundlegende Urteile zum Betreuungsunterhalt

Im Folgenden werden äußerst wichtige Entscheidungen zum Betreuungsunterhalt zusammengefasst.

BGH-Urteil vom 16. Juli 2008 (Az.: XII ZR 109/05) Mit Spannung war es erwartet worden: das erste höchstrichterliche Urteil zum neuen Unterhaltsrecht. Im Kern ging es um die Fragen, die das neue Unterhaltsrecht anders klären wollte, als es die bisherige Rechtslage vorsah, mit anderen Worten: um die Ausgestaltung des nachehelichen Betreuungsunterhalts nach § 1570 BGB.

– Wie lange muss Unterhalt gezahlt werden?

Fiktives Einkommen

- Wann muss der Unterhaltsberechtigte wieder eigenes Geld verdienen?
- Wie viel muss der Unterhaltsberechtigte arbeiten, wenn Kinder zu versorgen sind?

Sachverhalt ist eine 1968 geborene Frau, die von ihrem früheren Ehemann getrennt lebt und den 1995 geborenen Sohn versorgt, als sie den neuen Partner kennenlernte. Zwei gemeinsame Kinder wurden 1997 und 2001 geboren. Der Mann ist seit 2004 neu verheiratet.

Das Berufungsgericht hat den Mann verurteilt, neben dem Kindesunterhalt nach Düsseldorfer Tabelle zusätzlich rückständigen und laufenden Betreuungsunterhalt zu zahlen, zuletzt in Höhe von 216 Euro monatlich. Der Betreuungsunterhalt wurde allerdings zeitlich begrenzt bis zur Vollendung des sechsten Lebensjahres des jüngsten gemeinsamen Kindes. Die Revision der Frau forderte nun einen höheren und vor allem unbefristeten Unterhalt.

Der Bundesgerichtshof hat die angegriffene Entscheidung aufgehoben und die Streitsache zur erneuten Verhandlung an das zuständige Oberlandesgericht zurückverwiesen. Wichtig ist aber die Urteilsbegründung des obersten deutschen Zivilgerichtes, aus der sich für die Zukunft wichtige Handhabungen ablesen lassen und zwar in Bezug auf

- die Höhe des Unterhaltsbedarfs und
- die Anspruchsdauer des Betreuungsbedarfs.

Grundsätzlich richtet sich der nacheheliche Unterhalt in der Urteilsbegründung nach den »fortgeschriebenen ehelichen Verhältnissen«.

Umstritten war, ob sich bei einer nichtehelichen Lebensgemeinschaft vor der Geburt des Kindes die für den späteren Unterhaltsbedarf ausschlaggebende Lebensstellung auch aus einem höheren Einkommen des nichtehelichen Lebenspartners ergeben kann. Die Vorinstanz bejahte dies, der Bundesgerichtshof nicht. Im Unterschied zur Ehe ergeben sich allein aus einer nichtehelichen Lebensgemeinschaft ohne Kind (nicht zu verwechseln mit einer eingetragenen Lebenspartnerschaft) keine Unterhaltsverpflichtungen.

Mit der Schaffung des neuen Unterhaltsrechts seit Beginn 2008 gilt das frühere Recht nur für Fälle, in denen der Unterhaltsanspruch vorher fällig wurde. Bis Ende 2007 wurde der nacheheliche Unterhalt in einem Altersphasenmodell ausgelegt, nach dem betreuende Elternteile bis zur Vollendung des achten Lebensjahres eines Kindes gar nicht arbeiten mussten. Bis zur Vollendung des 15. Lebensjahres des jüngsten Kindes musste halbtags gearbeitet werden; erst wenn das jüngste Kind älter als 15 war, konnte eine Ganztagstätigkeit zugemutet werden. Gleichzeitig galt für die Mütter nichtehelicher Kinder nur ein zeitlich begrenzter Unterhaltsanspruch bis zur Vollendung des dritten Lebensjahres. Das Gesetz hat diese Unterschiede zwischen ehelichen und nichtehelichen Kindern aufgehoben und festgeschrieben, dass Anspruch auf Betreuungsunterhalt grundsätzlich nur für mindestens drei Jahre nach der Geburt des jüngsten Kindes besteht. Verlängert werden kann der Unterhalt darüber hinaus nur aus Gründen der »Billigkeit«, so das Gesetz. Gründe aus dem Gesetz (für die Verlängerung des Betreuungsunterhalts) sind kindbezogene Gründe, wie vor allem der Mangel an Betreuungsgelegenheiten, und elternbezogene Gründe, wie die Betreuungsregelung während der Ehe.

Der vielleicht wichtigste Satz des Urteils lautete jedoch, dass selbst die ganztägige Versorgung eines Kindes in einem Kindergarten nicht notwendigerweise zu einer vollen Erwerbspflicht des betreuenden Elternteils führen muss. Denn eine Vollzeitbeschäftigung könnte wegen der Betreuung des Kindes in den Abendstunden eine »überobligatorische Doppelbelastung« des Unterhaltsempfängers darstellen. Allerdings hat der Bundesgerichtshof es unterlassen, ein festes neues Betreuungsmodell aufzustellen, also festzulegen, ab welchem Alter des jüngsten Kindes der betreuende Elternteil wie viel arbeiten muss. Wörtlich heißt es in dem Urteil: »Bei der Bemessung der Erwerbsobliegenheit des betreuenden Elternteils ist zu beachten, ob ihm neben oder nach der Erziehung und Betreuung in staatlichen Einrichtungen der verbleibende Anteil an der Betreuung und Erziehung des Kindes in Verbindung mit einer vollschichtigen Erwerbstätigkeit zu einer überobligatorischen Belastung führen würde.«

Insgesamt wird dieses Urteil als Stärkung der geschiedenen, kindererziehenden Mütter gewertet. Spannend wird es, wie die Oberlandesgerichte diese Entscheidung in ein neues Balancesystem aus Arbeitsverpflichtung der unterhaltsberechtigten Mütter einerseits und beschäftigungsfreier Zeit für die Kindeserziehung andererseits ummünzen werden.

BGH-Urteil vom 18. März 2009 (Az.: XII ZR 74/08) Der Bundesgerichtshof hat sein lange erwartetes erstes Urteil zur Dauer des nachehelichen Unterhalts verkündet. Kern der Entscheidung ist der Urteilsspruch, dass nachehelicher Unterhalt wegen Kinderbetreuung entfallen kann, wenn im Einzelfall ausreichende Betreuungsmöglichkeiten für das gemeinsame Kind zur Verfügung stehen. Fazit: Alleinerziehende müssen künftig schneller als bisher wieder einen Vollzeitjob aufnehmen.

Verhandelt wurde über einen Vater, der seiner Ex-Frau keinen Betreuungsunterhalt mehr zahlen wollte. Die Frau ist Studienrätin und arbeitet 70 Prozent der regulären Wochenarbeitszeit. Das gemeinsame Kind ist sieben Jahre alt und lebt bei der Mutter. Der Vater war der Ansicht, die Mutter könne wieder voll berufstätig sein, weil die Betreuung des Kindes bis 16 Uhr in einem Kinderhort gewährleistet sei.

Gestritten wird auch hier über die »Billigkeit« des nachehelichen Unterhalts. Gesetzlich garantiert ist der Betreuungsunterhalt im Gegensatz zum früheren »Altersphasenmodell« (nach dem die Mutter bis zum achten Lebensjahr des jüngsten Kindes gar nicht und bis zum 15. Lebensjahr des jüngsten Kindes nur halbtags arbeiten musste) jetzt nur noch bis zum dritten Lebensjahr des jüngsten Kindes. Darüber hinaus muss nur noch Unterhalt gezahlt werden, wenn das der »Billigkeit« entspricht. Diesen Begriff musste der Bundesgerichtshof nun konkretisieren: Ist es für die Mutter »billig«, also vertretbar, mit einem siebenjährigen Sohn, den sie großzieht, wieder voll arbeiten zu gehen? Das Gericht entschied: Ja, weil für das Kind eine Betreuung verfügbar ist. Allerdings ist hier noch strittig, ob das Kind unter Asthma leidet (wie die Mutter sagt) oder nur häufig Husten hat (wie der Vater sagt). Das müssen Gutachten klären, entschied der Bundesgerichtshof und verwies den Fall wieder ans Berliner Kammergericht zurück. Es ist zu erwarten, dass die Mutter,

– sollte das Kind Asthma haben, nicht mehr als 70 Prozent arbeiten muss (weil ein erhöhter Betreuungsbedarf für ein chronisch krankes Kind besteht);

– sollte das Kind kein Asthma haben, vollschichtig berufstätig werden muss (oder Unterhaltseinbußen in Höhe der Differenz ihres jetzigen zum vollen Lohn hinnehmen muss, da niemand sie zwingen kann, beruflich aufzustocken).

Mit der Entscheidung des Bundesgerichtshofes ist das Altersphasenmodell des alten Unterhaltsrechts, das bis 2008 galt, Geschichte. Die Kernsätze der BGH-Entscheidung aus dem Begründungstext:

– Wie schnell eine geschiedene Mutter wieder ganztags arbeiten muss, hängt von den Umständen des Einzelfalls ab.

– Im Rahmen der Billigkeitsprüfung muss erst geschaut werden, ob und in welchem Umfang die Betreuung des Kindes auf andere Weise als durch die persönliche Betreuung durch die Eltern gesichert ist.

– Vollschichtige Arbeit und dazu Kindererziehung darf nicht zu einer »überobligatorischen Belastung« des Alleinerziehenden führen.

Altersphasenmodell abgeschafft

- Hatte die Mutter während der Ehe schon nicht vollschichtig gearbeitet, gilt das als Vertrauenstatbestand. Ein direkter Einstieg in die Vollschichtigkeit ist nicht billig, wohl aber ein »gestufter«, also ein ansteigender Weg in die volle Arbeitszeit.
- Arbeitet die Mutter während der ersten drei Jahre ihres jüngsten Kindes, sind diese Einkünfte immer »überobligatorisch«, das heißt sie fließen nur anteilsmäßig nach den Umständen des Einzelfalls in die Berechnung des Ehegattenunterhalts mit ein.
- Eine Mutter darf während der Erziehung in den ersten drei Jahren ihres jüngsten Kindes jederzeit eine Vollzeitstelle aufgeben.
- Für Kinder ab Vollendung des dritten Lebensjahres hat der Gesetzgeber den Vorrang der persönlichen Betreuung durch die Eltern gegenüber einer anderen kindgerechten Betreuung aufgegeben.
- Der Bundesgerichtshof schließt nicht aus, die Höhe des Betreuungsunterhalts in Fällen, in denen keine ehe- oder erziehungsbedingten Nachteile mehr vorliegen, nach Ablauf einer bestimmten Übergangszeit zu begrenzen.

Weitere wichtige Urteile seit der Unterhaltsrechtsreform von 2008 Die bis hierhin aufgeführten Urteile seit Einführung der Unterhaltsrechtsreform zeigen ein differenziertes Bild. Klar ist aber: Einen Anspruch auf nachehelichen Unterhalt, hier vor allem Betreuungsunterhalt, gibt es mit Sicherheit nur noch, bis das jüngste Kind drei Jahre alt ist. Danach entscheidet der Einzelfall! Es hat sich herausgestellt, dass man von einer allgemeinen Arbeitspflicht der geschiedenen Mutter mit Kindern im Schulalter nicht sprechen kann, zu viele Urteile haben die 08/15-Regel »Die ersten drei Jahre nie arbeiten, danach immer!« widerlegt.

Wer länger als drei Jahre Betreuungsunterhalt will, der muss die Notwendigkeit dafür beweisen, die Gerichte entscheiden noch sehr nach dem jeweiligen Einzelfall: So hat der Bundesgerichtshof geurteilt, »ein siebenjähriges Kind müsse nicht mehr auf Schritt und Tritt überwacht werden« (Az.: XII ZR 102/08), die Mutter könne durchaus arbeiten gehen. Auf der anderen Seite könne aber selbst ein 17-Jähriger noch so betreuungsbedürftig sein, dass die Mutter nicht vollschichtig arbeiten gehen könne, allein der Gefahr wegen, »er könne auf die schiefe Bahn geraten«. (Oberlandesgericht Hamm, Az.: 3 UF 59/08) Der Bundesgerichtshof macht die Dauer des Betreuungsunterhalts unter anderem vom Gesundheitszustand des Kindes (Az.: XII ZR 74/08) oder vom Hortangebot (Az.: XII ZR 3/09) abhängig.

Altersunterhalt

Das Gesetz nennt keine Altersgrenze, ab wann ein bedürftiger älterer Ehepartner nicht mehr arbeiten muss, er also Unterhalt aufgrund seines Alters einfordern kann (§ 1571 BGB). Nach herrschender Rechtsmeinung soll das jedenfalls dann der Fall sein, wenn der Ehepartner Anspruch auf eine Altersrente hat (Frauen also mit 63 Jahren, Männer mit 65 Jahren). Wurde eine Vorruhestandregelung getroffen, muss im Einzelfall geprüft werden, ob der Unterhaltsanspruch schon früher besteht. Wird das bejaht, kann der neue Grundsatz der Eigenverantwortlichkeit verletzt sein (§ 1569 BGB). Der Anspruch auf Unterhalt wegen des Alters kann bestehen:
– nach Scheidung
– nach Beendigung der Pflege/Erziehung der gemeinsamen Kinder
– nach Wegfall des Unterhalts wegen Krankheit oder Erwerbslosigkeit
– nach Wegfall des Aufstockungsunterhalts

Beispiel
Ein frischgebackener Rentner beantragt nach einigen unterhaltsfreien Jahren den Altersunterhalt. Darauf hat er allerdings keinen Anspruch.

Zum Altersunterhalt wurde das folgende Urteil gesprochen: Auch bei Scheidung einer langjährigen Ehe kann der Altersunterhalt herabgesetzt und befristet werden. (Oberlandesgericht Schleswig, Urteil vom 26.01.2009, Az.: 15 UF 76/08)

WISO Tipp

Der Anspruch von Altersunterhalt muss zum Zeitpunkt der Scheidung erfüllt sein.

Unterhalt wegen Krankheit

Krankheitsunterhalt nach Paragraf 1572 BGB wird gewährt, wenn der bedürftige Ehepartner aus gesundheitlichen Gründen nicht arbeiten kann:
– zum Zeitpunkt der Scheidung
– nach Beendigung der Pflege/Erziehung eines gemeinsamen Kindes
– nach Beendigung der Ausbildung, Fortbildung oder Umschulung
– nach Wegfall des Aufstockungsunterhalts
– nach Wegfall des Unterhalts wegen Erwerbslosigkeit

Die Krankheit muss ärztlich attestiert sein und muss mindestens zu einer teilweisen Erwerbsunfähigkeit führen. Der Unterhalt aufgrund von Krankheit oder Gebrechen kann zeitlich und in der Höhe begrenzt werden (§ 1578b BGB).

Teilweise Erwerbsunfähigkeit

Unterhalt wegen Erwerbslosigkeit

Ist der bedürftige Ehepartner arbeitslos, kann er möglicherweise Unterhalt wegen Erwerbslosigkeit beziehungsweise Arbeitslosigkeit beanspruchen. Dieser Unterhalt kann gewährt werden:
- bis zur Erlangung einer angemessenen Erwerbstätigkeit
- als Erwerbslosenunterhalt
- bei nicht nachhaltig gesicherter Erwerbstätigkeit

Zudem kann der Unterhalt auch als Aufstockungsunterhalt beantragt werden. Geschützt wird durch den Unterhaltsanspruch jeder erwerbslose Geschiedene, der nach der Scheidung keine angemessene Tätigkeit findet, obwohl er sie sucht.
Doch welche Tätigkeit ist »angemessen«? Der bedürftige geschiedene Ehepartner muss nicht jede Tätigkeit annehmen. Er kann sich aber auch nicht auf einen bestimmten Lebensstandard dauerhaft berufen. Das widerspricht dem mit der Unterhaltsrechtsreform neu eingeführten Grundsatz der Eigenverantwortung.
Der Erwerbslosenunterhalt ist identisch mit dem Unterhalt bis zur Erlangung einer angemessenen Tätigkeit. Letzterer Anspruch kann aber auch dann noch vom bedürftigen geschiedenen Ehepartner gefordert werden, wenn vorher Betreuungsunterhalt, Unterhalt wegen Krankheit oder Ausbildungsunterhalt gezahlt wurde.

Der Unterhalt für eine »nicht nachhaltig gesicherte Erwerbstätigkeit« kann gefordert werden, wenn zum Beispiel eine Erwerbstätigkeit zwar bei Rechtskraft der Scheidung vorlag, der Ehepartner seine Arbeit aber kurz danach wieder verloren hat. Wichtig ist hierbei, dass schon zum Zeitpunkt der Rechtskraft befürchtet werden musste, dass der Ehepartner seinen Job wieder verliert. Der Unterhaltsanspruch besteht allerdings nur, wenn der Unterhaltsbegehrende für die Arbeitslosigkeit nicht verantwortlich ist.

Aufstockungsunterhalt

Der Aufstockungsunterhalt hat aktuell die größte Bedeutung: Er soll zumindest für eine gewisse Zeit dem Unterhaltsbegehrenden einen der Ehe angemessenen Lebensstandard gewähren, obwohl eine angemessene Beschäftigung ausgeübt wird.

Der Aufstockungsunterhalt passt genau genommen nicht so ganz unter die Rubrik »Erwerbslosenunterhalt« – schließlich arbeitet der bedürftige geschiedene Ehepartner. Allerdings wird der Aufstockungsunterhalt nur gezahlt, wenn zwischen den Geschiedenen große Einkommensunterschiede bestehen. Lediglich dann wird der Unterhalt »aufgestockt«.

Auch der Aufstockungsunterhalt kann in Dauer und Höhe von einem Richter begrenzt werden, wie auch alle anderen Unterhaltsansprüche wegen Erwerbslosigkeit. Noch gibt es allerdings nur wenige Beispiele, wie die Gerichte die Eigenverantwortlichkeit des neuen Unterhaltsrechts hier interpretieren.

Beispiel

Ein Beispiel nach altem Recht: Die Ehe bestand länger als 20 Jahre. Dennoch wird der nacheheliche Aufstockungsunterhalt nicht unbefristet gewährt. Es ist immer zu prüfen, ob noch ehebedingte Nachteile vorliegen und ob die Ehefrau eigene Einkünfte erzielt. Nach einer Übergangszeit kann es dem Unterhaltsempfänger zugemutet werden, sich mit dem Lebensstandard zu begnügen, den der Unterhaltsempfänger aus eigenen Einkünften erreichen kann. (Bundesgerichtshof, Urteil vom 26.09.2007, Az.: XII ZR 11/05)

Lange Ehedauer

Beispiel

Eine junge Krankenschwester heiratet den Chefarzt der Klinik. Er möchte, dass sie zu Hause bleibt und den Haushalt führt. Geht die Ehe schon nach kurzer Zeit in die Brüche, wird die Krankenschwester ihren Job wieder aufnehmen müssen. Sie kann sich nicht auf den (kurzen) höheren Lebensstandard berufen und darauf, dass ihr Job jetzt nicht mehr »angemessen« sei.

Etwas anderes kann gelten, wenn die Ehe erst nach 20 Jahren geschieden wird. Es ist dann die Frage zu klären, ob man von der Krankenschwester noch erwarten kann, dass sie ihren Beruf erneut ausübt. Hier muss im Einzelfall entschieden werden.

Der Bundesgerichtshof ist seit 2010 (AZ XII ZR 202/08 vom 06.10.2010) der Ansicht, dass »eine Befristung oder Begrenzung eines nachehelichen Unterhaltsanspruches bei Ehen von langer Dauer unzulässig sein kann.« Der Gesetzgeber hat das nun Anfang 2013 in Gesetzesform (§ 1578b, Abs. 1, Satz 2 BGB) gebracht.

Hiermit soll sichergestellt werden, dass bedürftige Ehegatten nach Scheidung einer langjährigen Ehe (in der Regel von mehr als 20 Jahren) durch eine Beschränkung des nachehelichen Unterhalts nicht unverhältnismäßig stark getroffen werden. Gerade Frauen, die wegen der Ehe ihren Beruf aufgaben und Schwierigkeiten haben, Jahrzehnte später wieder einen Job zu finden, sollen besser geschützt werden.

Ausbildungsunterhalt

Der Ausbildungsunterhalt nach Paragraf 1575 BGB greift, wenn ein Ehepartner seine Ausbildung (Schule oder Beruf) wegen der Ehe abgebrochen hat, meist bedingt durch die Geburt eines gemeinsamen Kindes oder die Wohnsitzverlagerung zum neuen Ehepartner hin. Die neu aufgenommene (und vom Ex-Partner jetzt mitfinanzierte) Ausbildung muss
– reale Chancen auf Erfolg haben,
– in Zusammenhang mit der alten Ausbildung stehen und
– das Ziel haben, in einer Erwerbstätigkeit zu münden.

Billigkeitsunterhalt

Härtefälle   Der Billigkeitsunterhalt nach Paragraf 1576 BGB greift bei Härtefällen, wenn alle anderen Unterhaltstatbestände nicht infrage kommen, die Versagung des Unterhalts aber dennoch »grob unbillig« wäre. In der Praxis wird dieser Unterhaltsanspruch fast nur bei der Pflege schwerstkranker Angehöriger oder bei der Erziehung behinderter Kinder gewährt.

Die Höhe des nachehelichen Unterhalts

Grundlage für die Berechnung des nachehelichen Unterhalts sind die ehelichen Lebensumstände (§ 1578 BGB). Genauer gesagt: Die Lebens-, Arbeits- und Vermögensverhältnisse zum Zeitpunkt der Scheidung sind ausschlaggebend – anders als beim Trennungsunterhalt.

Daneben können noch weitere »eheprägende« finanzielle Vorteile berücksichtigt werden, die erst nach der Scheidung anfallen:
– Erwartbare Gehaltserhöhungen (etwa bei Beamten)
– Wegfall von Hypothekenzinsen
– Wegfall von Unterhaltsverpflichtungen
– Neue Arbeitseinkünfte eines Ehepartners aus Gründen der Scheidung

Gerade der letzte Punkt könnte auf den ersten Blick als Benachteiligung desjenigen Partners erscheinen, der sich um den Haushalt gekümmert hat und erst nach der Scheidung wieder anfängt zu arbeiten. Doch genau das Gegenteil ist der Fall.

Beispiel

Er verdient 3000 Euro, sie jetzt (erstmals nach der Scheidung) 1000 Euro. Beide erhalten einen Erwerbstätigenbonus von einem Siebtel. Zieht man diesen Betrag vom bereinigten Nettoeinkommen der beiden ab, bleiben für ihn 2571,43 Euro und für sie 857,14 Euro. Die Differenz der beiden Gehälter beträgt 1714,29 Euro. Der Betrag durch zwei geteilt ergibt für sie einen nachehelichen Unterhaltsanspruch von 857,15 Euro. Rechnet man diesen zu ihrem Verdienst, stehen ihr 1857,15 Euro zur Verfügung.

Gibt der Barunterhaltspflichtige eine ungekündigte Stelle auf, um in einer anderen mehr zu verdienen, kann es ihm nicht angelastet werden, wenn er später diesen neuen Job verliert. Das früher erzielte Einkommen kann ihm nicht unterhaltswirksam (fiktiv) angerechnet werden. (Oberlandesgericht Dresden, Urteil vom 06.11.2009, Az.: 24 UF 0334/09)

Wer dem getrenntlebenden oder geschiedenen Ehegatten gegenüber unterhaltspflichtig ist, hat nicht die Pflicht zur Einleitung der Verbraucherinsolvenz, wenn er den Unterhalt nicht leisten kann. Die verfassungsrechtlich geschützte Handlungsfreiheit des Unterhaltspflichtigen hat Vorrang vor der Ehegattenunterhaltspflicht. (BGH, Urteil vom 12.12.2007, Az.: XII ZR 23/06)

Der Unterhaltsberechtigte muss sein eigenes Vermögen zur Unterhaltsdeckung einsetzen (§ 1577 BGB). Er muss nicht das Vermögen aus dem Zugewinnausgleich verwerten, wohl aber die Zinsen daraus.

Vermögen

Krankenversicherung

Mit der Scheidung erlöschen die Ansprüche auf Mitversicherung in der gesetzlichen Krankenversicherung (auch abgeleitete Beihilfeansprüche bei Beamten). Es gilt eine Übergangsfrist von drei Monaten. Wer bis zur Scheidung über seinen Ehepartner in der gesetzlichen Krankenkasse familienversichert war, muss sich nach der Scheidung sofort um eine eigene Krankenversicherung kümmern. Wählt er eine gesetzliche Versicherung, kann er das Kind darüber mitversichern.

Beschränkung und Ausschluss der Unterhaltsverpflichtung

Unterhalt kann nur nach der Leistungsfähigkeit des Unterhaltsverpflichteten gezahlt werden. Dem Unterhaltspflichtigen bleibt ein Selbstbehalt von zurzeit 1200 Euro gegenüber Volljährigen, 1000 Euro gegenüber Minderjährigen und 1100 Euro gegenüber dem Ehepartner (Stand 2013).

Nach dem neuen Unterhaltsrecht und dem Grundsatz der Eigenverantwortlichkeit ist der nacheheliche Unterhaltsanspruch gegenüber dem Ex-Partner jetzt die Ausnahme und nicht mehr wie früher die Regel. Dafür spricht auch die neu geschaffene zeitliche Begrenzung des Unterhalts nach Paragraf 1578b.

Der Unterhalt kann auch aus Gründen grober Unbilligkeit herabgesetzt, begrenzt oder versagt werden. Folgende Fallkonstruktionen können vorliegen:

– Kurze Ehedauer (meist unter drei Jahren ohne Kinder).
– »Verfestigte Lebensgemeinschaft« des Unterhaltsberechtigten (frühestens nach zwei bis drei Jahren). Wichtig ist hierfür die gemeinsame Lebensplanung, das gemeinsame Auftreten in der Öffentlichkeit und das gemeinsame Eintreten füreinander in finanziellen Dingen, Krankheitsfällen und die Integration ins Familienleben, was alles auch vorliegen kann, ohne dass in einer gemeinsamen Wohnung gelebt wird.
– Gravierende Straftat gegenüber dem Unterhaltsverpflichteten. (Wer den Unterhaltspflichtigen etwa mit Waffengewalt verletzt, kann nicht auf Unterhalt hoffen.) Gleiches gilt auch für Prozessbetrug, also das Verheimlichen von Einkünften oder Vermögen.
– Herbeiführen der Bedürftigkeit (Vermögensverschwendung oder provozierte Kündigung).
– Verletzung der Vermögensinteressen des Unterhaltsverpflichteten durch den Unterhaltsberechtigten. (Wer also – salopp gesagt – an dem Ast sägt, auf dem er sitzt, ist selbst an seinem Absturz schuld. Häufiger Fall ist hierbei etwa das »Anschwärzen« des Ex-Partners beim Arbeitgeber mit der Folge des Arbeitsplatzverlustes des Unterhaltsverpflichteten.)

– Vernachlässigung der Unterhaltspflicht. (Verspielt beispielsweise ein Unterhaltsberechtigter den Unterhalt, anstatt davon das gemeinsame Kind großzuziehen, kann er dadurch die Unterhaltspflicht verwirken.)
– Fehlverhalten vor oder während der Trennungszeit. Ein ganz schwieriger Tatbestand, infrage kommen können intime Kon-

takte gegen den Willen des Nochehepartners, ständig wechselnde sexuelle Kontakte oder Ähnliches.
– Schwere andere Verfehlungen. (Hierunter werden alle nicht genannten Verfehlungen subsumiert, etwa Verweigerung des Umgangsrechts, Scheinehen.)

Rangverhältnisse/weitere Unterhaltsverpflichtungen

Eine Beschränkung der Unterhaltsverpflichtung kann auch eintreten (und das ist in der Praxis der häufigste Fall), wenn der Unterhaltspflichtige nicht alle Unterhaltsansprüche (oberhalb seines Eigenbedarfs) abdecken kann. Das ist der sogenannte Mangelfall.

Wann endet aber der nacheheliche Unterhalt? Zum einen, wenn die Berechtigungsgründe (wie Arbeitslosigkeit) nicht mehr vorliegen, zum anderen bei Tod oder bei Wiederheirat des Unterhaltsberechtigten.

In einem neuen Urteil zum Unterhalt bei Wiederheirat wurde entschieden, dass der geschiedene Ehemann die Herabsetzung seiner Verpflichtungen aus dem Ehegattenunterhalt verlangen kann, wenn er wieder geheiratet hat und auch seiner neuen Ehefrau unterhaltspflichtig ist. (Bundesgerichtshof, Urteil vom 18.11.2009, Az.: XII ZR 173/06)

Anstelle eines monatlichen Unterhalts kann theoretisch auch eine Kapitalabfindung in Anspruch genommen werden.

Anders als beim Trennungsunterhalt darf auf den nachehelichen Unterhalt verzichtet werden.

Nach neuem Recht ist ein Vertrag auf Unterhaltsverzicht vor der Ehescheidung nur dann wirksam, wenn er notariell oder in einem Verfahren in Ehesachen geschlossen wurde.

Vor 2008 geschlossene Verträge dieser Art behalten allerdings ihre Gültigkeit. Nach der Scheidung getroffene Vereinbarungen bleiben ohne notarielle Beurkundung rechtswirksam, wenn der Unterhaltspflichtige nicht zum Sozialfall wird.

WISO Tipp

Beim Tod des Unterhaltspflichtigen kann die Unterhaltsverpflichtung zur Nachlassverbindlichkeit der Erben werden.

Beispiel

Wird ein geschiedener Ehemann durch die in einem Ehevertrag vereinbarten hohen Unterhaltszahlungen in die Sozialhilfe getrieben, ist der Vertrag sittenwidrig. Ein Ehegatte muss trotz einer Vereinbarung finanziell in der Lage sein, seine eigene Existenz zu sichern, ohne Sozialhilfe beantragen zu müssen. (Bundesgerichtshof, Urteil vom 05.11.2008, Az.: XII, ZR 157/06)

Pflicht zur Arbeitsaufnahme

Grundsätzlich muss nach neuem Recht nach der Scheidung jeder Ehepartner wieder für sich selbst sorgen, also müssen auch Ehepartner, die während der Ehe nicht gearbeitet haben, nach der Trennung wieder eine angemessene Beschäftigung aufnehmen. Unterhaltsberechtigte haben allerdings nach der Trennung ein Jahr Zeit, wieder in den Beruf einzusteigen.

Verweigert andererseits ein Unterhaltspflichtiger die Aufnahme oder die Fortführung einer Erwerbstätigkeit, kann ihm ein fiktives Gehalt unterstellt werden – er entbindet sich also dadurch nicht der Unterhaltsverpflichtung. Wie ein neueres Urteil zeigt, können Fortbildungen unter Umständen trotzdem gestattet werden: Eine Unterhaltsberechtigte darf trotz ihrer teilschichtigen Erwerbsobliegenheit an einer Fortbildung teilnehmen, um ihre Chancen auf dem Arbeitsmarkt zu verbessern. (Oberlandesgericht Hamm, Urteil vom 23.01.2009, Az.: 13 UF 88/08)

Fiktives Gehalt

Verwirkung

Alle Unterhaltsansprüche können nach der Ehe verwirkt werden (§ 1579 BGB). Insbesondere dann, wenn

– eine Kurzzeitehe unter zwei Jahren bestand,
– der Unterhaltsberechtigte in einer »verfestigten« nichtehelichen Lebenspartnerschaft lebt,
– der Unterhaltsberechtigte eine schwere Straftat gegen den Unterhaltspflichtigen begeht,
– der Berechtigte seine Bedürftigkeit mutwillig herbeigeführt hat,
– der Berechtigte sich über schwerwiegende Vermögensinteressen des Verpflichteten mutwillig hinweggesetzt hat,
– der Berechtigte vor der Trennung längere Zeit hindurch seine Pflicht, zum Familienunterhalt beizutragen, gröblich verletzt hat,
– dem Berechtigten ein offensichtlich schwerwiegendes, eindeutig bei ihm liegendes Fehlverhalten gegen den Verpflichteten zur Last fällt.

Beispiel

Die Unterhaltsberechtigte hat den Unterhaltspflichtigen nicht über einen erheblichen Anstieg des eigenen Einkommens informiert. Der Anspruch kann so verwirkt sein. (Bundesgerichtshof, Urteil vom 16.04.2008, Az.: XII ZR 107/06)

Ein »schwerwiegendes, eindeutig bei ihm liegendes Fehlverhalten gegen den Verpflichteten« kann häufig dann vorliegen, wenn der eigentlich Unterhaltsberechtigte während der Ehe fremdgeht. Die neuere Rechtsprechung des Bundesgerichtshofes stellt klar, dass das Verlassen eines Ehegatten ein »Härtegrund« sein kann, wenn das Prinzip der Gegenseitigkeit verletzt ist. Das ist der Fall, wenn sich der Unterhaltsberechtigte einem anderen Partner zuwendet und diesem die dem Ehegatten geschuldete Hilfe und Fürsorge zuteilwerden lässt. Hier läge ein »Ausbruch aus intakter Ehe« vor und damit ein Fehlverhalten, das zur Verwirkung des Unterhaltsanspruchs führen kann. Die entscheidende Frage vor Gericht muss in diesen Fällen sein, ob die Ehe vor Aufnahme der neuen Beziehung noch intakt gewesen ist oder nicht.

Beispiel

Die Unterhaltsberechtigte erhält nach 25-jähriger Ehe keinen Trennungsunterhalt, da sie noch während der Ehe ein Verhältnis mit einem anderen Mann begonnen hat, mit dem sie seit der Trennung auch zusammenlebt. (OLG Zweibrücken, Az.: 2 UF 102/08)

Die Unterhaltsberechtigte hatte ihren Ehemann nach etwa 26-jähriger Ehe aufgrund ihrer sexuellen Umorientierung und gleichgeschlechtlichen Neigungen verlassen und war zu einer Freundin gezogen, zu der sie einige Zeit darauf auch eine intime Beziehung aufnahm. Das Verhalten der Unterhaltsberechtigten kann zur Verwirkung des Trennungsunterhalts führen, wenn die neue Beziehung schon während der Ehe bestand und die Berechtigte aus der »intakten Beziehung ausgebrochen« ist. (Bundesgerichtshof, Urteil vom 16.04.2008, Az: XII ZR 7/05).

Fazit

Der Gesetzgeber unterscheidet den Trennungs- vom nachehelichen Unterhalt. Während man bei Ersterem verallgemeinern kann, dass der eheliche Lebensstandard für beide Partner im Trennungsjahr erhalten bleiben muss (oder gleichmaßen abgesenkt wird), so gibt es nicht den nachelichen Unterhalt. Vielmehr können sich Ansprüche auf einen nachehelichen Unterhalt aus verschiedenen Gründen ergeben.

Scheidung und Steuerrecht

Viele »Scheidungswillige« rechnen schnell und quasi nebenbei aus, was ihnen nach der Scheidung von ihrem Nettoeinkommen voraussichtlich bleibt – anhand der Tabellen und Schlagwörter wie »Dreisiebtelregelung«. Dabei werden oft entscheidende Fehler gemacht, denn die steuerrechtlichen Folgen einer Scheidung arbeiten die wenigsten in ihre Überschlagsrechnung mit ein. In diesem Kapitel wird daher viel über Steuerklassen und Steuerfreibeträge zu reden sein – ein schwieriges Thema, aber wichtig, schließlich geht es um Ihr Geld.

Ehegattensplitting

Der Gesetzgeber schützt die Ehe ausdrücklich, sie ist selbst im Grundgesetz (Artikel 6) verankert. Daher ist es nachvollziehbar, dass die Ehe auch steuerrechtlich bevorzugt wird gegenüber Singles oder Lebensgemeinschaften. Der steuerrechtliche Begriff, der hier zum Tragen kommt, lautet »Ehegattensplitting«. Er bedeutet: Egal, wer in einer Ehe verdient, das Familiengesamteinkommen wird in der Steuererklärung zusammengefasst. Die Eheleute werden gemeinsam veranlagt und steuerlich besser gestellt als ein Single, der ein gleich hohes Einkommen hat wie ihr Gesamtfamilieneinkommen. Warum? Bei der Splittingtabelle wird das gemeinsame Einkommen halbiert, daraus die Steuerlast errechnet und diese dann wieder verdoppelt. Wegen der Progression der Steuersätze ist dieses Vorgehen klar günstiger als eine »normale« Besteuerung des Gesamteinkommens.

In der Regel stehen Sie steuerrechtlich besonders dann gut da, wenn einer von Ihnen gar nichts oder nur wenig verdient. Durch die verschiedenen Steuerklassen können Sie Vorteile nutzen.

Sie müssen auch keine zwei Steuererklärungen abgeben, es steht beim Ehegattensplitting am Ende nur eine Steuerrückzahlung oder -nachforderung an.

WISO Tipp

Nach vollzogener Scheidung müssen aber beide Ex-Ehepartner wieder getrennte Steuererklärungen abgeben. Ein Sonderfall ist das Trennungsjahr.

Das folgende Urteil zeigt, dass unter Umständen einer Zusammenveranlagung sogar zugestimmt werden muss: Wenn ein selbstständig tätiger Ehegatte während der Zeit des Zusammenlebens wegen geltend zu machender Verluste eine geringe Steuerbelastung erwartet, die regelmäßig dem gemeinsamen Lebensstandard oder der gemeinsamen Vermögensbildung der Ehegatten zufließen, dann darf ein Ehegatte sich nicht getrennt veranlagen lassen. Vielmehr macht er sich schadenersatzpflichtig, wenn er die Zustimmung zur Zusammenveranlagung verweigert. (Bundesgerichtshof, Urteil vom 18.11.2009, Az.: XII ZR 173/06)

Trennungsjahr

Im Jahr der Trennung geben die mittlerweile Getrenntlebenden noch eine gemeinsame Steuererklärung ab. Dazu sind Sie aber nicht verpflichtet; Sie können sich auch »getrennt veranlagen lassen«, was allerdings nur in

Gemeinsame
Steuererklärung

Ausnahmefällen zu einer steuerlichen Besserstellung führt. Jeder Partner ist bei der Steuererklärung zur Mithilfe verpflichtet und auch zur gemeinsamen Veranlagung im Trennungsjahr. Ein Ehepartner kann auf der gemeinsamen Veranlagung bestehen, wenn dem anderen dadurch keine Nachteile und ihm somit ein Vorteil entsteht. Streit gibt es häufig darüber, wem eine Erstattung zusteht beziehungsweise wer eine Nachzahlung leisten muss. Grundsätzlich werden sowohl Erstattungen wie auch Nachzahlungen im Verhältnis der Einkünfte aufgeteilt.

Ehepaare, die sich nach einer Trennung kurzfristig versöhnen, können sich dann für dieses »Versöhnungsjahr« wieder zusammen veranlagen lassen.

Steuerklasse und Unterhalt

In Deutschland wird der zu zahlende Unterhalt vom Nettoeinkommen des Barunterhaltspflichtigen abhängig gemacht. Da dieses von der Steuerklasse abhängt, ist es entscheidend, in welcher Steuerklasse sich der Unterhaltspflichtige befindet.

Jeder Unterhaltspflichtige muss alle steuerlichen Vorteile wahrnehmen, die sein Nettoeinkommen und damit auch seine Unterhaltsverpflichtung erhöhen. Steuerfreibeträge, die ihm zustehen, muss er in die Steuerkarte eintragen lassen. Auch bei einer erneuten Heirat darf der Pflichtige maximal die Steuerklasse IV wählen; die Steuerklasse V, die sein Nettoeinkommen stark reduzieren würde, ist nicht erlaubt. Gibt er trotzdem die Steuerklasse V an, wird das Finanzamt fiktiv nach der Steuerklasse IV die Steuern ermitteln.

Etwas anderes gilt, wenn der Unterhaltspflichtige wieder heiratet und bislang (nach der Scheidung) die Steuerklasse I hatte. Nimmt er nach der erneuten Heirat die für ihn bessere Steuerklasse III an, bleibt es bei der Unterhaltsberechnung für den Ex-Partner bei der schlechteren Steuerklasse I. Das heißt, die Höhe des Unterhalts richtet sich nach dem Nettoeinkommen aus der Steuerklasse I, sein Ex-Partner »verdient« also nicht an den steuerlichen Vorteilen der neuen Ehe. (Das gilt allerdings nur für den Ehegattenunterhalt, nicht für den Kindesunterhalt.)

Mietfreies Wohnen als Unterhaltsleistung

Relativ häufig kommt es vor, dass ein Ehepaar gemeinsam Wohneigentum besitzt. Nach der Trennung zieht der Ehemann aus, die Ehefrau bleibt mit den Kindern wohnen. Welches sind die steuerrechtlichen Folgen? Überlässt ein Ehepartner seinen Miteigentumsanteil dem Unterhaltsberechtigten mietfrei, kann er den Mietwert – im vorliegenden Fall also die Hälfte der ortsüblichen Miete – entweder als Sonderausgabe (§ 10 Abs. 1 Einkommensteuergesetz/EStG) oder als außergewöhnliche Belastung (§ 33a Abs. 1 EStG) absetzen. Das gilt auch für die (anteiligen) verbrauchsunabhängigen Nebenkosten. Streitigkeiten hierüber entscheiden die Finanzgerichte.

Werden Eigentumsanteile – beispielsweise an Firmen oder vermieteten Immobilien – im Rahmen des Zugewinnausgleichs übertragen oder verkauft/verschenkt, kann auch das steuerrechtliche Folgen haben. Geschieht es nämlich innerhalb der Spekulationsfrist von zehn Jahren nach Anschaffung, kann die Eigentumsübertragung steuerpflichtig werden.

WISO Tipp

Ausgenommen von der Steuerpflicht sind allerdings Immobilien, die im Jahr der Veräußerung und in den beiden vorangegangenen Jahren zu eigenen Wohnzwecken genutzt wurden.

Scheidungskosten in der Steuererklärung

Anwalts- und Gerichtskosten eines Scheidungsverfahrens können als außergewöhnliche Belastung steuerlich geltend gemacht werden (§ 33 EStG). Dazu zählen aber nur die Kosten des eigentlichen Scheidungsverfahrens und des Versorgungsausgleichs. Alle anderen Kosten können nicht abgesetzt werden. Noch nicht letztinstanzlich entschieden ist die Frage, ob angefallene Rechtsanwaltshonorare nur bis zur Obergrenze der Vergütungsordnungen für diesen Berufsstand abgesetzt werden können oder auch Honorare, die darüber hinausgehen.

WISO Tipp

Absetzbar sind auch die Schuldzinsen für einen Kredit, wenn dieser ausschließlich zur Finanzierung des Scheidungsprozesses aufgenommen wurde.

Alle anderen Kosten können nicht als außergewöhnliche Belastungen steuerlich geltend gemacht werden. So sind folgende Kosten nicht steuerlich absetzbar:

- eines Unterhaltsverfahrens
- einer Klage auf Zugewinnausgleich
- eines Verfahrens auf Hausratsteilung
- eines Prozesses zur Regelung der elterlichen Sorge
- eines Prozesses zur Regelung des Umgangsrechts für die Kinder

Auch Kosten für die Auseinandersetzung des Vermögens anlässlich einer Scheidung können nicht als außergewöhnliche Belastung die Steuern mindern. Dementsprechend lehnte es der Bundesfinanzhof ab, die auf einen gerichtlichen Teilvergleich im Rahmen des Scheidungsverfahrens entfallenden Kosten einer Vermögensauseinandersetzung steuermindernd zu berücksichtigen. (Bundesfinanzhof vom 30.06.2005, Az.: III R 27/04)

Die Kosten einer außergerichtlichen Einigung (etwa die Kosten einer »Scheidungsvereinbarung«) bei einem Rechtsanwalt fallen ebenfalls nicht unter »außergewöhnliche Belastungen«. Sie sind steuerlich nicht abzugsfähig, weil sie nicht »zwangsläufig« entstehen.

Außergerichtliche Einigung

Kosten des Umgangsrechts in der Steuererklärung

Nicht immer wohnt der Ex-Partner mit den gemeinsamen Kindern gleich um die Ecke. Viele Elternteile nehmen weite Wege auf sich, um die Kinder am Wochenende oder – bei einem Auslandsaufenthalt – wenigstens in den großen Ferien sehen zu können.

Die Reisekosten konnten sie bis heute nicht als »außergewöhnliche Belastung« steuerlich geltend machen. Bisher gingen die Gerichte immer davon aus, dass etwa Fahrt- oder Übernachtungskosten, die entstehen, wenn getrennt lebende oder geschiedene Elternteile ihre beim Ex-Partner wohnenden gemeinsamen Kinder sehen wollen, keine außergewöhnliche Belastung darstellen. Die Kosten wären mit dem halben Kindergeld beziehungsweise dem halben Kinderfreibetrag abgegolten. Doch hier scheint sich die Rechtsmeinung zu ändern. Der Bundesfinanzhof hat vor einiger Zeit in einer anderen Entscheidung »laut überlegt«, ob solche Kosten nicht doch berücksichtigt werden könnten. Denn Paragraf 1684 Abs. 1 BGB begründet seit 1998 ausdrücklich eine Pflicht zum Umgang mit dem Kind. Wenn es nun Pflicht ist, so könnte man interpretieren, muss es auch steuerlich geltend zu machen sein.

Das Finanzamt wird eventuell auf eine höchstrichterliche Entscheidung zu dem Thema »Absetzen von Reisekosten« warten. Sollten diese Kosten aber vorher abgelehnt werden, müssen Sie Einspruch gegen den Steuerbescheid einlegen. Nur so kann das Finanzamt später noch eine bis dahin vielleicht falsche Entscheidung aufheben. (Bundesfinanzhof, Az: III R 41/04 und III R 28/05)

Reisekosten

WISO Tipp

Sammeln Sie alle Belege wie Fahrkarten von Bahn und Bus, Tankquittungen, Parkgebühren, Hotelrechnungen etc. Geben Sie diese Kosten in der Steuererklärung unter der Rubrik »außergewöhnliche Belastungen« an.

Unterhaltszahlungen in der Steuererklärung

Wollen Sie Ihre Unterhaltszahlungen absetzen, hängen die Möglichkeiten der Absetzbarkeit davon ab, ob es sich um den Ehegatten- oder den Kindesunterhalt handelt.

Trennungsunterhalt

Für die steuerliche Geltendmachung der Unterhaltszahlungen ist es unerheblich, ob es sich um den Trennungs- oder den nachehelichen Unterhalt handelt. Der einzige steuerliche Unterschied zwischen dem Trennungsjahr und den Folgejahren besteht darin, dass die Nochverheirateten sich im ersten Jahr nach der Trennung ein letztes Mal gemeinsam veranlagen lassen können. Sie können den Splittingvorteil nutzen, was danach nicht mehr möglich ist.

WISO Tipp

Aus einkommensteuerlicher Sicht kann ein gescheiterter Versöhnungsversuch das dauernde Getrenntleben unterbrechen. (Bundesfinanzhof vom 26.08.1997, Az.: VI R 268/94)

Ein Versöhnungsversuch von mindestens vier Wochen (sehr unterschiedliche Rechtsprechung) hebt das Getrenntleben im steuerlichen Sinne auf. Das heißt, die getrennt Lebenden können durch ein Zusammenleben in einer gemeinsamen Wohnung von mehr als vier Wochen ein weiteres Kalenderjahr den günstigeren Splittingtarif wählen. Gleichzeitig bleiben sie im scheidungsrechtlichen Sinne getrennt, wenn sie zwar vier Wochen wieder zusammenleben, sich aber nach fünf Wochen wieder trennen. Der Versöhnungsversuch scheitert, dennoch können sie den Steuervorteil erneut nutzen.

WISO Tipp

Sie müssen nach der Scheidung unbedingt Ihre Steuerklasse auf Ihrer Steuerkarte ändern lassen. Ein Unterlassen dieser Pflicht kann eine Anzeige wegen Steuerhinterziehung nach sich ziehen: Sie machen sich die Vorteile des Ehegattensplittings zunutze, obwohl es Ihnen nicht mehr zusteht.

Ehegattenunterhalt

Nach der Scheidung müssen beide Ex-Partner getrennt veranlagt werden, das heißt auch zwei Steuererklärungen abgeben und in der Steuerkarte die neue Steuerklasse eintragen lassen.

Allerdings gibt es auch für Geschiedene noch zwei Möglichkeiten, zumindest etwas steuerlich zu sparen. Wer Unterhalt an den getrennt lebenden oder an den geschiedenen Ehegatten zahlt, kann das steuermindernd geltend machen. Der Unterhaltszahlende kann die Zahlungen pro Unterhaltsjahr absetzen als

– Sonderausgabe bis maximal 13 805 Euro oder als
– außergewöhnliche Belastungen bis maximal 8004 Euro. (Stand 2013)

Realsplitting

Unter Realsplitting (§ 10 Abs. 1 Nr. 1 EstG) versteht der Gesetzgeber die Regelung, dass der Unterhaltspflichtige die Unterhaltsleistungen bis zu einer Höhe von 13805 Euro (Stand 2013) als Sonderausgaben von der Steuer absetzen kann. Sein Einkommen reduziert sich um die Unterhaltszahlungen und dadurch muss er weniger Steuern zahlen. Diesen Vorteil muss der Unterhaltsberechtigte aber ausgleichen: Er muss die Unterhaltszahlungen des Pflichtigen versteuern. Durch die Progression wird die Steuer für den Berechtigten aber nicht so hoch ausfallen wie beim Besserverdiener. Die Nachteile, die dem Unterhaltsberechtigten durch die Versteuerung entstehen, muss der Pflichtige am Ende finanziell ausgleichen. Er wird sich dennoch wesentlich besser stellen, als wenn er den Unterhalt in sein Einkommen einrechnet und dann versteuert.

Finanzielle Nachteile für den Berechtigten können sein:

- Ein niedrigerer Unterhalt
- Eventuell höhere Krankenversicherungsbeiträge
- Verlust staatlicher Fördergelder (Wohnungsberechtigungsschein, Sparzulage etc.)
- Verlust des Rechts auf die Freistellungsbescheinigung des Finanzamts für Geringverdiener nach § 39a Abs. 6 EStG
- Eine niedrigere Rente

Der Unterhaltsberechtigte kann sich gegen das steuerliche Realsplitting nicht wehren. Der Unterhaltspflichtige kann ihn sogar per Klage zwingen, die sogenannte Anlage U in der Steuererklärung zu unterschreiben. Eine Klage vor den deutschen Steuergerichten dauert allerdings meist sehr lange – der Steuerbescheid ist bis dahin also schon ergangen.

Beispiel

Der Unterhaltspflichtige hat ein zu versteuerndes Einkommen von 50000 Euro. Nach der Steuertabelle zahlt er hierfür 13096 Euro Steuern. Der Unterhaltspflichtige kann jetzt Zahlungen an den geschiedenen Partner von jährlich 10000 Euro geltend machen, also bleibt ihm ein zu versteuerndes Einkommen (statt 50000 Euro) von jetzt nur noch 40000 Euro. Hierfür muss er 9223 Euro Steuern zahlen. Er spart also 3873 Euro.

Auch seine Ex-Partnerin arbeitet und verdient damit ein zu versteuerndes Einkommen von 15000 Euro. Hierfür zahlt sie genau 1542 Euro Steuern. Mit den Unterhaltszahlungen von 10000 Euro kommt sie auf zu versteuernde Einnahmen von

25 000 Euro. Hierfür muss sie insgesamt 1933 Euro Steuern zahlen. Ihr Einkommensnachteil beträgt also 391 Euro, sie hat aber ein Anrecht darauf, dass ihr dieser Steuernachteil von ihrem Ex-Partner ausgezahlt wird. Ihm bleibt eine Steuerersparnis von 3482 Euro.

Unter dem Strich können durch das Realsplitting also 3482 Euro Steuern gespart werden (Quelle: Bundeszentralamt für Steuern).

Außergewöhnliche Belastung

Der Unterhaltspflichtige kann bei der Steuererklärung die Unterhaltszahlungen auch als außergewöhnliche Belastungen absetzen. Die Höchstgrenze liegt hier bei maximal 8004 Euro (Stand 2013). Verdient aber der Unterhaltsberechtigte oder hat er andere Einkünfte, müssen diese von den außergewöhnlichen Belastungen abgezogen werden.

Beispiel
Verdient der Unterhaltsempfänger etwa 5000 Euro im Jahr (oder erhält er Sozialhilfe oder andere Leistungen in dieser Höhe), können nur noch 2680 Euro (7680 Euro minus 5000 Euro) angesetzt werden.

Die steuerliche Geltendmachung als außergewöhnliche Belastung rechnet sich also nur, wenn der Unterhaltsempfänger keine oder so gut wie keine eigenen zu versteuernden Einnahmen hat.

Der Vorteil des Abzugs als außergewöhnliche Belastung kann immer darin liegen, dass der andere Ehegatte der Steuererklärung nicht zustimmen muss. Schließlich erwächst ihm kein Nachteil daraus, er muss die Unterhaltszahlungen – anders als beim Realsplitting – nicht versteuern. Verweigert also der Unterhaltsberechtigte die Zustimmung zum Realsplitting und wollen Sie einen gerichtlichen Prozess vermeiden, können Sie die Zahlungen zumindest so steuerlich geltend machen.

Kindesunterhalt

Nicht jeder Kindesunterhalt ist – wie der Unterhalt an den geschiedenen Ehepartner – als außergewöhnliche Belastung absetzbar. Voraussetzung hierfür ist, dass kein Elternteil mehr für das Kind Kindergeld beziehungsweise einen Kinderfreibetrag erhält.

Um den Kindesunterhalt also als außergewöhnliche Belastung in der Einkommensteuererklärung angeben zu können, ist Voraussetzung,

- dass das Kind überhaupt unterhaltsberechtigt ist,
- dass das Kind volljährig ist oder aus einem anderen Grund kein Elternteil Kindergeld oder keine Kinderfreibeträge erhält,
- dass das Kind kein eigenes Vermögen hat.

Dreht man diese Ausschlussgründe ins Positive um, ergibt sich daraus, dass Kindesunterhalt nur in Ausnahmefällen absetzbar ist, nämlich für
- im Ausland lebende Kinder und
- Wehr- und Zivildienst leistende Kinder.

Nur wenn einer der Ausnahmefälle vorliegt, kann der Unterhaltspflichtige den Höchstbetrag von 8004 Euro pro Kalenderjahr (Stand 2013) als außergewöhnliche Belastungen angeben.
Sollte die unterhaltene Person jedoch eigene Einkünfte oder Bezüge haben, so können diese (wie bei den außergewöhnlichen Belastungen des Ehegattenunterhalts) den Höchstbetrag von 8004 Euro mindern. Das aber nur, soweit die Einkünfte oder Bezüge höher als 624 Euro im Kalenderjahr sind (Stand 2013).

Noch etwas zum Schluss: Die Düsseldorfer Tabelle zur Berechnung des Kindesunterhalts fordert als Berechnungsgrundlage immer das aktuelle Nettoeinkommen. Steigt dieses durch eine Steuerklassenänderung (etwa infolge einer Wiederheirat des Steuerklassenwechslers von I zu III), wird auch ein höherer Kindesunterhalt fällig. Sie müssen unbedingt den Steuerklassenwechsel beim Finanzamt anzeigen, ansonsten machen Sie sich strafbar. Ihre Steuerkarte muss geändert werden.

Fazit

Man kann es sich denken: Eine Trennung hat erhebliche Folgen auch für das Finanzamt. Dabei wird Trennungs-, Kindes- und nachehelicher Unterhalt nicht gleichartig behandelt.

Sorgerecht – Umgangsrecht

Wenn nicht (nur) ums Geld, so streiten sich die Deutschen während und nach einer Scheidung gerne um die Kinder – obwohl jeder behauptet, er wolle gerade das zum Wohle des Nachwuchses vermeiden. Die Vielzahl der Prozesse spricht aber dagegen. Immer wieder geht es um die Fragen: Wie häufig darf ich mein Kind sehen? Darf man mir wichtige Entscheidungen vorenthalten? Wie darf mein neuer Partner mit meinem Kind umgehen? Und irgendwann geht es dann doch wieder ums Geld: Wer bezahlt beispielsweise die Kosten des »Papa-Wochenendes«?

Sorgerecht

Das Sorgerecht beinhaltet im Prinzip die Entscheidungsbefugnis eines oder beider Elternteile in Bezug auf das Kind: von der morgendlichen Kleiderwahl über die Entscheidung, wann was im Fernsehen geschaut werden darf, bis hin zu gewichtigen Fragestellungen wie der Schulwahl, etwa Gymnasium oder Realschule. Gegenstand ist also die Erziehung eines Kindes, die täglich kleine und große Entscheidungen der Erziehungsberechtigten erfordert. Juristisch unterscheidet man dabei die Sorge für die Person des Kindes (Personensorge) von der Sorge um das Vermögen des Kindes (Vermögenssorge).

Personensorge und Vermögenssorge

Übrigens: Leibliche Mutter ist die Frau, die das Kind ausgetragen und geboren hat, nicht die Spenderin der Eizelle (was in Deutschland ohnehin verboten ist). Vater ist,

– wer die Vaterschaft anerkennt oder
– dessen Vaterschaft gerichtlich festgestellt wird.

Im Gegensatz dazu wird beim Umgangsrecht geklärt, wer wann das Kind sehen und erziehen darf. Hier dreht es sich nicht primär um die Inhalte der Kindererziehung, sondern um die zeitliche Ausgestaltung. Ein häufiges Stichwort hierzu ist das »Papa-Wochenende«, also der Aufenthalt der Kinder beim Vater, wenn sie ansonsten überwiegend bei der Mutter leben.

Papa-Wochenende

Wir wollen uns zunächst dem Sorgerecht widmen, von dem es zwei Arten gibt, das gemeinsame und das alleinige Sorgerecht.

Gemeinsames Sorgerecht

Das Sorgerecht ist im Bürgerlichen Gesetzbuch geregelt (§ 1626 BGB). Die verheirateten Eltern haben das Recht, aber auch die Pflicht, für das minderjährige Kind zu sorgen. Diese elterliche Sorge umfasst die Sorge für die Person des Kindes (Personensorge) und für das Vermögen des Kindes (Vermögenssorge). Zum Wohl des Kindes gehört in der Regel der Umgang mit beiden Elternteilen. Gleiches gilt für den Umgang mit anderen Personen, zu denen das Kind Bindungen besitzt, wenn ihre Aufrechterhaltung für seine Entwicklung förderlich ist.

Die Eltern übernehmen die gesetzliche Vertretung nach außen. Sie dürfen auch bestimmen, mit wem sich das Kind umgibt, und müssen es – abhängig vom Alter – beaufsichtigen. Den Eltern kommen also Rechte und Pflichten zu, die sich aus dem Sorgerecht ergeben. Hierbei geht es ausschließlich um das Wohl des Kindes, das Selbstständigkeit und Selbstverantwortung lernen soll.

Solange die Eltern verheiratet sind und zusammenleben, ist es ganz einfach: Man sorgt sich »gemeinsam« um das Wohl des Kindes. Ist das Elternpaar dagegen unverheiratet, sieht es mit dem Sorgerecht schon anders aus. Hier entscheidet eine Sorgerechtserklärung, ob der Vater mitbestimmen kann.

Gemeinsames Sorgerecht bei unverheirateten Paaren

Sind die Eltern nicht verheiratet, haben sie nur dann die gemeinsame Sorge, wenn sie eine sogenannte Sorgerechtserklärung abgeben. Ansonsten kommt der Mutter die Alleinsorge zu (§ 1626a BGB).

Eine Ausnahmeregelung von der Sorgerechtserklärung besteht nur für Altfälle, also für Trennungen vor der Kindschaftsrechtsreform im Juli 1998. Bis zu diesem Zeitpunkt war eine Beurkundung der Sorgeerklärung nicht vorgeschrieben. Die Rechtsauffassung war dahingehend, dass nichteheliche Kinder aus einem Seitensprung stammen, was zur Folge habe, dass die Väter sich nicht um die Erziehung dieser Kinder sorgen müssen.

Die Vielzahl an Prozessen um das Sorgerecht nichtehelicher Lebenspartner zeigt zunehmend, dass hier der gesellschaftlichen Entwicklung offensichtlich nicht Rechnung getragen wurde. Das kulminiert insbesondere darin, dass der leibliche Vater zwar ohne Zustimmung der Mutter kein Sorgerecht erreichen kann, dass er aber andererseits unterhaltsrechtlich voll für das Kind einstehen muss. Auch wenn ein leiblicher Vater das gemeinsame Sorgerecht gegen den Willen der Mutter bis heute (noch) nicht durchsetzen kann, wird ihm aber in der Regel zumindest ein Umgangsrecht eingeräumt, wenn er dieses fordert. Der Bundesgerichtshof hat entschieden, dass ein nichtehelicher Vater darauf auch nicht generell verzichten muss, nur weil ihm in der letzten Zeit der Umgang mit dem Kind entzogen wurde. Ausreichend sei vielmehr, dass er für das Kind in der Vergangenheit tatsächlich Verantwortung getragen habe, dass er damit eine sozial-familiäre Beziehung zu dem Kind begründet habe und deshalb für das Kind – jedenfalls in der Vergangenheit – eine enge Bezugsperson gewesen sei. (Bundesgerichtshof vom 09.02.2005, Az.: XII ZB 40/02) Mit dem Urteil wurde klargestellt, dass leiblichen Vätern auch gegen den Willen des betreuenden Elternteils, meist der Mutter, grundsätzlich ein Umgangsrecht zusteht.

WISO Tipp

Ein Gesetzentwurf sieht vor, dass der nichteheliche Vater das gemeinsame Sorgerecht erstmals einklagen kann. Er hat bislang keinen Anspruch auf ein »Mit«-Sorgerecht, wenn die Mutter das gemeinsame Sorgerecht verweigert.

Das Bundesjustizministerium hat Anfang 2013 einen Gesetzentwurf auf den Weg gebracht, der die Rechte des leiblichen Vaters stärken soll, Umgang mit dem Kind zu erhalten – im Zweifelsfall auch gegen den Willen der Mutter. Die Voraussetzung ist aber, dass der Umgang dem Wohl des Kindes dient. Konnte der leibliche Vater nämlich keine Beziehung zu seinem Kind aufbauen (meist wegen eines neuen Partners der Mutter), blieb ihm bislang nach Paragraf 1685 Abs. 2 der Umgang verwehrt.

Zudem soll nach dem Gesetzentwuf dem leiblichen Vater auch erstmals ein Auskunftsrecht über die persönlichen Verhältnisse des Kindes eingeräumt werden.

Mit dem Sorgerecht hat dies allerdings nichts zu tun – gegen den Willen der Mutter bleibt dem nichtehelichen leiblichen Vater das nämlich grundsätzlich verwehrt.

Gemeinsames Sorgerecht bei Getrenntlebenden

Nach der heutigen Rechtslage ändert weder eine Trennung noch eine Scheidung etwas am gemeinsamen Sorgerecht für die gemeinsamen Kinder. Die beiden leiblichen Elternteile behalten in der Trennungszeit wie auch nach der Scheidung grundsätzlich das gemeinsame Sorgerecht, wenn während der Trennungsphase oder im Scheidungsverfahren nicht ausdrücklich etwas anderes festgelegt wird.

Grundsätzlich gemeinsames Sorgerecht

Früher endete das gemeinsame Sorgerecht übrigens mit dem Scheidungsbeschluss: Noch bis vor wenigen Jahren musste im Rahmen der Scheidung das Sorgerecht auf einen der beiden Elternteile übertragen werden. Das ist heute nicht mehr der Fall. Der Gesetzgeber hat ausdrücklich gewollt, dass auch nach der Scheidung beide Elternteile das gemeinsame Sorgerecht für ihre Kinder behalten, auch wenn es im praktischen Leben in der Regel sehr stark eingeschränkt ist.

Beispiel

Ein Ehepartner zieht aus, sucht sich mit seiner neuen Lebensgefährtin eine Wohnung. Die leiblichen Kinder kommen nur alle zwei Wochen am Wochenende zu Besuch. Die elterliche Sorge ist hier stark eingeschränkt. Denn der Elternteil kann seine Kinder in dieser Zeit weder erziehen noch pflegen oder sie im Alltag nach außen vertreten. Auch die Möglichkeit der Aufsicht ist stark eingeschränkt.

Daher hat der Gesetzgeber bestimmt, dass der Elternteil, bei dem das Alltägliche
Kind überwiegend lebt, in allen »alltäglichen Entscheidungen« seine eige- Entscheidungen
nen Maßstäbe setzen kann, ohne den anderen Elternteil zuvor zu fragen
(§ 1687 Abs. 1 S. 3 BGB). Nur bei bedeutenden Entscheidungen wie einem Schulwechsel müssen beide Elternteile zustimmen.

Der Elternteil, bei dem sich das Kind mit Einwilligung des anderen Elternteils oder aufgrund einer gerichtlichen Entscheidung gewöhnlich aufhält,
hat die Befugnis zur alleinigen Entscheidung in Angelegenheiten des täglichen Lebens, die keine schwer abzuändernden Auswirkungen auf die
Entwicklung des Kindes mit sich bringen. Zu den alltäglichen Fragen gehören beispielsweise: Wann geht das Kind ins Bett, welche Filme darf es
im Fernsehen oder im Kino sehen, darf es sich ein neues Computerspiel
kaufen, wann werden die Hausaufgaben gemacht? Tagtäglich müssen
viele Entscheidungen für die Betreuung und Erziehung eines Kindes getroffen werden. Das kann nur der Elternteil leisten, bei dem das Kind lebt.
Der getrennt lebende Elternteil bleibt hier notwendigerweise außen vor.

Beispiel
Das Kind hat eine Mittelohrentzündung. Der Partner kann, ohne den anderen
Elternteil zu fragen, das Kind bei einem Hals-Nasen-Ohren-Arzt behandeln
lassen.

In den Alltagsangelegenheiten kann der betreuende Elternteil das gemeinsame Kind auch gesetzlich nach außen vertreten. Er kann für das
Kind Schulmaterial kaufen oder Kleidung.

Etwas anderes gilt für die bedeutenden Angelegenheiten eines Kindes.
Hier müssen beide Elternteile zustimmen (§ 1678 Abs. 1 BGB).

Leben Eltern, denen die elterliche Sorge gemeinsam zusteht, nicht nur
vorübergehend getrennt, so ist bei Entscheidungen in Angelegenheiten,
deren Regelung für das Kind von erheblicher Bedeutung ist, ihr gegensei- Bedeutende
tiges Einvernehmen erforderlich. Es muss sich um grundlegende Ange- Angelegenheiten
legenheiten handeln, die die Entwicklung des Kindes prägen, beispielsweise die grundsätzlichen Fragen der Schule und Ausbildung oder der
kulturellen und sportlichen Orientierung. Auch über die sozialen Kontakte
dürfen beide Elternteile mitentscheiden. Wie diese sich aber im Alltag
auswirken, darauf hat nur der betreuende Elternteil Einfluss. Soll das Kind
zum Beispiel einen bestimmten Freundeskreis meiden, weil er ihm nicht
guttut, kann das auch der nicht betreuende Elternteil anregen, der betreuende Elternteil muss aber die Umsetzung im Alltag vornehmen.

Wann sind Angelegenheiten erheblich? Wann muss der erziehende Elternteil den anderen fragen? Eine »Zustimmungspflicht« besteht beispielsweise bei:

- Schulwahl
- Ausbildungswahl
- Verwaltung des Vermögens des Kindes
- Medizinischen Eingriffen größerer Art, die aufschiebbar sind (also keine Notfälle)
- Wohnsitz des Kindes

Beispiele

Das Kind soll sich einer Beckenoperation unterziehen, da es unter einer Fehlstellung der Beine leidet. Es müssen beide Elternteile zustimmen.

Das Kind will einen Motorradführerschein machen, Fallschirmspringen lernen oder vom Gymnasium auf die Ganztagsschule wechseln. Auch hier sind beide Eltern gefragt.

WISO Tipp

Nach dem Tod des einen Elternteils geht bei ehelichen Kindern das gemeinsame Sorgerecht automatisch auf den anderen Elternteil über.

Können sich die Eltern bei wichtigen Entscheidungen nicht einigen, müssen sie zur Not das Familiengericht anrufen. Der Richter wird die Entscheidungsbefugnis »im Einzelfall oder in einer bestimmten Art von Angelegenheiten«, wie es im Gesetz heißt, auf einen von beiden übertragen. Die Übertragung kann mit Beschränkungen oder mit Auflagen verbunden werden (§ 1628 BGB).
Bei Gefahr im Verzug dürfen immer beide Elternteile alleine handeln, wenn es für das Wohl des Kindes erforderlich ist. Der andere Partner muss aber unverzüglich von der notwendigen Maßnahme benachrichtigt werden.

Beispiel

Sie fahren mit dem Kind Fahrrad. Das Kind stürzt und verletzt sich schwer am Knie. Sie bringen es sofort ins Krankenhaus und lassen es dort behandeln. Gleich danach rufen Sie den anderen Elternteil an und informieren ihn über den Vorfall.

Aufenthaltsrecht Problematisch wird es, wenn sich die beiden Elternteile nicht einigen können, bei wem das Kind nach der Trennung wohnen soll, wo sein Lebensmittelpunkt ist. Dann geht der Streit um das Kind oftmals erst richtig los.

Beispiel

Sie sind aus dem gemeinsamen Haus ausgezogen, haben eine große Wohnung angemietet. Sie sind freiberuflich tätig und zeitlich recht flexibel. Ihr Partner arbeitet halbtags und will sich ebenfalls um die Kinder kümmern. Beide Kinder – 12 und 14 Jahre alt – gehen auf die weiterführende Schule.

Finden die Eltern keine Lösung für die Kindererziehung, müssen sie das Gericht entscheiden lassen (§ 1628 BGB). Der Richter wird das Bestimmungsrecht einem von beiden allein übertragen, der dann entscheiden kann, bei wem die Kinder leben sollen.

WISO Tipp

Diese Ermächtigung geht aber nur so weit, wie der Elternteil auch allein entscheidungsbefugt ist. Der Elternteil kann ihm also nur für die Alltagsangelegenheiten eine Vollmacht schreiben. Der neue Lebenspartner sollte diese mit sich führen.

Stiefeltern

Nach der Trennung gehen viele Ehepartner eine neue Beziehung ein. Leben die Kinder mit im Haus, stellt sich die Frage, inwieweit der neue Lebenspartner, beziehungsweise der Stiefelternteil, ein Mitbestimmungsrecht bei der Kindererziehung hat.

Wenn ein gemeinsames Sorgerecht der leiblichen Eltern besteht, darf sich der Stiefelternteil gar nicht einmischen, auch nicht bei den Alltagsangelegenheiten. Der Stiefelternteil kann nicht mitbestimmen, wann das Kind ins Bett geht oder wann es die Hausaufgaben machen muss. Selbst dann nicht, wenn er sich ums Kind kümmert, während der leibliche Elternteil arbeiten geht. Um hier Probleme zu vermeiden, sollte der betreuende Elternteil seinem neuen Lebenspartner eine Vollmacht ausstellen, das heißt ihn schriftlich dazu ermächtigen, sich ebenfalls um die alltäglichen Angelegenheiten kümmern zu dürfen. Diese Ermächtigung kann der Ausstellende jederzeit frei widerrufen. Stimmen beide Elternteile, was eher selten vorkommt, einem alleinigen Sorgerecht zu, wird das Gericht dem Folge leisten, weil es die gemeinsame Entscheidung beider Elternteile ist. Allerdings können Kinder ab 14 Jahren dem Antrag eines oder beider Elternteile auf alleiniges Sorgerecht widersprechen.

Beispiel

Der neue Lebenspartner will sein sechsjähriges Stiefkind von der Schule abholen oder er will mit ihm zum Arzt gehen, weil das Kind Husten hat. Nur mit einer schriftlichen Ermächtigung des leiblichen betreuenden Elternteils ist er dazu berechtigt.

Das alleinige Sorgerecht

Das alleinige Sorgerecht für einen der beiden Elternteile muss beim Familiengericht beantragt und von diesem auch ausdrücklich zugesprochen werden. Innerhalb eines Scheidungsverfahrens geschieht die Übertragung nicht automatisch und ist von diesem völlig unabhängig. Das Gericht kann das alleinige Sorgerecht auch noch lange nach der Scheidung aussprechen.

Die Übertragung der alleinigen Sorge muss schwerwiegende Gründe haben. Eine Meinungsverschiedenheit der Ehepartner oder eine einmalige Pflichtverletzung eines Elternteils reicht hierfür nicht aus. Grundsätzlich strebt der Gesetzgeber die gemeinsame Sorge auch nach der Trennung an, da immer das – recht schwierig zu definierende – Kindeswohl im Vordergrund steht.

In der Praxis wird am häufigsten ein alleiniges Sorgerecht eingeräumt, wenn die leiblichen Eltern überhaupt nicht mehr miteinander kommunizieren, nicht einmal mehr zum Wohl des Kindes. Weigern sich die Eltern grundsätzlich, miteinander zu reden, können bedeutende Angelegenheiten nicht mehr »gemeinsam« entschieden werden. Da aber der Gesetzgeber genau dies bei einem gemeinsamen Sorgerecht verlangt, muss das Sorgerecht einem Elternteil übertragen werden.

Der zweithäufigste Fall für ein alleiniges Sorgerecht liegt dann vor, wenn ein Elternteil sich über längere Zeit hinweg überhaupt nicht um die Belange des Kindes kümmern will, keine Anteilnahme zeigt und das Umgangsrecht nicht ausübt.

Bei der Entscheidung über den Antrag auf alleiniges Sorgerecht stellt sich dem Gericht die Frage, welchem der beiden Elternteile man dieses zuspricht, der Mutter oder dem Vater?

Entscheidende Aspekte für das Gericht sind hierbei:

– Wo wird das Kind (zum Wohle des Kindes) besser erzogen?
– Wo wird das Kind besser gefördert (Förderprinzip)?
– Wo wird das Kind besser betreut?
– Wo sind die Gleichmäßigkeit, Stabilität und Konzeption der Erziehung besser gewährleistet (Kontinuitätsprinzip)?
– Bei wem will das Kind lieber leben?
– Wo leben die Geschwister, wo nahe Verwandte (Nestprinzip)?
– Wird das Kind bei einem Elternteil geschlagen (Kinder haben das Recht auf eine gewaltfreie Erziehung, § 1631 BGB)?
– Wo ist das Umfeld besser für eine Erziehung?

Beispiel

Ein Handelsvertreter mit vielen Auslandseinsätzen wird es schwerer haben, das alleinige Sorgerecht vom Familiengericht zugesprochen zu bekommen, als sein Partner, der an einem festen Wohnsitz lebt und geregelte Arbeitszeiten hat. Der Wunsch des Kindes ist dabei zweitrangig.

Die Gerichte werden in den seltensten Fällen das Kind aus seiner gewohnten Umgebung (Geschwister, Freunde, Nachbarn) nehmen, insbesondere dann nicht, wenn es keine schulischen oder sozialen Auffälligkeiten zeigt. Daran ändert auch ein neuer Partner nichts, der in das Leben des Kindes zwangsläufig eintritt, wenn der Elternteil, bei dem das Kind lebt, eine neue Beziehung eingeht.

Stiefeltern

Besitzt der betreuende Elternteil das alleinige Sorgerecht und ist er wieder neu verheiratet, steht dem neuen Ehepartner ein sogenanntes kleines Sorgerecht zu (§ 1687b BGB), das die Angelegenheiten des täglichen Lebens umfasst. Der neue Ehepartner kann im Einvernehmen mit dem Sorgeberechtigten Fragen des täglichen Lebens mitentscheiden. Daneben räumt das Gesetz dem neuen Ehepartner ein, dass er auch bei Gefahr im Verzug handeln darf. Er ist berechtigt, alle Rechtshandlungen vorzunehmen, die zum Wohl des Kindes notwendig sind. Der sorgeberechtigte Elternteil ist aber gleich danach vom Notfall zu unterrichten.

Pflegeeltern und Sorgerecht

Pflegeeltern können über die Dinge des täglichen Lebens (umgangssprachlich: kleines Sorgerecht) nach den Regelungen des Sozialgesetzbuches entscheiden, insbesondere über den Unterhalt, Sozialleistungen und die Arbeitseinkommen des Kindes. Bei Streitigkeiten zwischen den leiblichen Eltern und den Pflegeeltern entscheidet das Jugendamt. Das Jugendamt kann zum Beispiel bei Krankheit der Pflegeeltern das Sorgerecht auch auf bestellte Ergänzungspfleger übertragen.
Wird das Sorgerecht im Ganzen auf die Pflegeeltern übertragen, spricht man von »Vormundschaft«.

Umgangs- und Besuchsrecht

Nicht nur die Eltern, sondern auch die Kinder haben einen juristischen Anspruch auf ein Umgangs- und Besuchsrecht. Sie dürfen einfordern, den Elternteil, bei dem sie nicht überwiegend leben, zu sehen und zu besuchen (§ 1684 BGB).

Jedes Kind darf verlangen, mit jedem Elternteil »Umgang« zu haben. Die Eltern sind dazu verpflichtet und berechtigt. Der Elternteil, bei dem das Kind lebt, muss alles unterlassen, was das Verhältnis des Kindes zum jeweils anderen Elternteil beeinträchtigt oder die Erziehung erschwert.

Streiten sich die Eltern über das Umgangsrecht, kann das Familiengericht über dessen Umfang entscheiden und seine Ausübung näher regeln. Das Gericht kann anordnen, dass sich die Eltern an ihre jeweiligen Pflichten halten müssen, und dabei vorherige Entscheidungen über das Umgangsrecht wieder aufheben oder ändern, wenn das dem Kindeswohl dient. Dauerhafte oder endgültige Entscheidungen in Bezug auf das Besuchs- und Umgangsrecht wird es aber nur selten treffen, das heißt nur dann, wenn das Wohl des Kindes ansonsten gefährdet wäre. Manchmal wird das Gericht ein Besuchs- und Umgangsrecht nur einräumen, wenn ein Dritter anwesend ist, zum Beispiel ein Träger der Jugendhilfe.

Auch wenn es zu Beginn der Trennung noch ganz gut funktioniert, oft wird die Situation der »Mama-« oder »Papa-Wochenenden« für alle Beteiligten emotional sehr schwierig. Die Eltern streiten sich um die Kinderübergabe und nicht selten leidet das Kind so unter den aufkeimenden Spannungen, dass es einen der beiden Elternteile gar nicht mehr sehen will.

WISO Tipp

Planen Sie das Umgangsrecht. Legen Sie es detailliert schriftlich fest und unterschreiben Sie beide Ihre Vereinbarung. Wann beginnt und wann endet das Besuchsrecht? Wo wird das Kind jeweils übergeben? Je genauer Ihre Regelung ist, desto mehr wird Konfliktpotenzial reduziert.

Ausgestaltung des Umgangsrechts

Grundsätzlich gibt es keine gesetzliche Regelung, wie häufig das Umgangsrecht ausgeübt werden darf. Wenn sich die Eltern einig sind, ist alles möglich.

Kommt es bei Ausgestaltung des Besuchsrechts allerdings zu keiner Einigung, so kann auch das Jugendamt oder das Familiengericht vermittelnd eingeschaltet werden.

Viele Gerichtsentscheidungen stellen auf das Alter des Kindes beim Umgangsrecht ab. Je älter das Kind ist, desto länger kann die Besuchszeit »am Stück« mit dem Elternteil sein. Die Richter entscheiden meist:

- Für kleine Kinder stundenweiser Kontakt einmal pro Woche
- Für Kinder ab drei Jahren erstmals Übernachtungen
- Für Schulkinder regelmäßige Übernachtungen

Natürlich ist für die richterliche Entscheidungsfindung auch wichtig, wie der bisherige Umgang aussah: Kinder, die schon in der Trennungsphase (ohne Schäden) regelmäßigen Umgang mit dem Barunterhaltspflichtigen hatten, werden in der Regel auch nach der Scheidung häufigen Kontakt pflegen dürfen. Ist der Kontakt aber ohnehin nicht intensiv, wird ein Familienrichter nicht versuchen, ihn zu intensivieren.

Der umgangsberechtigte Elternteil kann vom anderen Elternteil Schadenersatz verlangen, wenn ihm dieser den Umgang nicht in der vom Familiengericht vorgesehenen Art und Weise gewährt und ihm daraus Mehraufwendungen entstehen. (BGH Urteil vom 19. 06. 2002, Az.: XII ZR 173/00) Schadenersatz bei Verweigerung des Umgangsrechts

Was aber, wenn ein Elternteil den Umgang mit seinem Kind verweigert, wenn er das Kind nicht sehen will? Kann man einen umgangsunwilligen Elternteil zum Umgang zwingen? Das Bundesverfassungsgericht hat sich dazu klar geäußert: Das Kind hat in der Regel ein Recht auf Umgang mit seinen Eltern, denn die Eltern sind zur Pflege und Erziehung des Kindes verpflichtet. Es ist einem Elternteil zuzumuten, zum Umgang mit seinem Kind verpflichtet zu werden, wenn das dem Kindeswohl dient. Allerdings: Ein Umgang, der mit Zwangsmitteln gegen einen umgangsunwilligen Elternteil durchgesetzt werden muss, dient in der Regel nicht dem Kindeswohl. (BVerfG, Urteil vom 01. 04. 2008, Az.: 1 BvR 1620/04)

Und wie ein neues Urteil entschieden hat: Gegen den Willen eines Elternteils kann ein Betreuungswechselmodell für das gemeinsame Kind familiengerichtlich nicht angeordnet werden. (Oberlandesgericht Koblenz, Urteil vom 21. 01. 2010, Az.: 11 UF 251/09)

Umgangsrecht für Stiefeltern nach Trennung oder Scheidung

Seit einer Gesetzesnovelle steht das Umgangsrecht jetzt neben den Eltern auch anderen Personen zu. Das Gesetz nennt ausdrücklich Großeltern und Geschwister sowie »enge Bezugspersonen« (§ 1685 BGB). Meist fallen darunter neue Partner eines Elternteils, die mit dem Kind zusammengelebt haben.

Großeltern und Geschwister haben also ein Recht auf Umgang mit dem Kind, wenn es dem Kind guttut. Gleiches gilt auch für enge Bezugspersonen des Kindes, wenn diese für das Kind tatsächliche Verantwortung tra-

WISO Tipp

Gibt es Probleme bei der
Regelung des Umgangs-
rechts, sollten Sie zunächst
das zuständige Jugendamt
einschalten. Die dortigen Mit-
arbeiter helfen vermittelnd
und machen Vorschläge.

gen oder getragen haben. Das ist in der Regel anzunehmen, wenn die Bezugsperson mit dem Kind längere Zeit in häuslicher Gemeinschaft zusammengelebt hat. Das heißt, auch Stiefeltern können unter dieser Voraussetzung ein Umgangsrecht einfordern, zur Not vor Gericht.

Wie der Kontakt zwischen dem Stiefelternteil und dem Kind aussehen kann, muss im Einzelfall entschieden werden. Es können Besuche und gemeinsame Urlaube vereinbart werden, aber auch der Kontakt per Brief oder Telefon gepflegt werden, wenn der Stiefelternteil räumlich weit entfernt lebt. Sinnvoll ist, sich hier mit allen Beteiligten abzusprechen.

Die Jugendämter sind auch eine Servicebehörde. Sie bieten kostenlose Beratungen an, führen teilweise Mediationen durch. Daneben können auch Familienberatungsstellen wie die Arbeiterwohlfahrt oder Caritas Unterstützung bieten.

Fazit

Bis auf ganz wenige Ausnahmen behalten beide Elternteile auch nach der Scheidung das gemeinsame Sorgerecht. Wichtige Entscheidungen wie etwa die Schulwahl kann ein Elternteil nicht allein durchsetzen.

Nach der Trennung

Unmittelbar nach der Trennung macht man sich über viele ihrer Folgen wahrscheinlich kaum oder keine Gedanken: Welchen Namen tragen Sie – und die Kinder – nach der Scheidung? Bei welchen Policen verlieren Sie schon durch die Trennung den Versicherungsschutz und welche müssen Sie spätestens nach der Scheidung neu abschließen oder ändern? Gilt das gemeinsame Testament auch noch nach der Scheidung? Sie sollten auch hier genau Bescheid wissen, denn sonst können Sie später – nicht nur finanziell – böse überrascht werden.

Ehename

Heute wird bei Ihrer standesamtlichen Heirat nicht mehr automatisch der Nachname des Mannes gewählt. Sie können frei entscheiden, ob Ihr Name oder der Ihres Partners gemeinsamer Ehename wird. Übrigens: Sie müssen auch gar keinen gemeinsamen Ehenamen wählen, jeder kann seinen Namen behalten (§ 1355 Abs. 1 S. 3 BGB).

Wahlrecht

Während Ihrer Trauung wird Sie der Standesbeamte fragen, ob und, wenn ja, welchen Namen Sie zum Ehenamen wählen. Bis vor Kurzem konnten Sie Ihren Geburtsnamen oder den Ihres Partners aussuchen. Jetzt hat das Bundesverfassungsgericht entschieden, dass Sie auch einen Namen aus früherer Ehe, den Sie oder Ihr Partner angenommen haben, zum gemeinsamen Ehenamen bestimmen können. Damit soll denjenigen geholfen werden, die oft jahrzehntelang einen »erheirateten« Namen getragen haben und diesen gerne weiterführen wollen.

Beispiel
Sie heißen Kurz, geborene Lang, Ihr Partner Klein. Sie können zwischen den beiden Geburtsnamen Lang und Klein wählen, aber sich auch für den Namen Kurz (Ihren angeheirateten Namen) entscheiden. Sie können sich nicht Kurz-Klein oder Lang-Klein nennen, auch nicht Klein-Lang oder Klein-Kurz.

Auch wenn Sie sich zunächst dafür entscheiden, dass jeder seinen Namen behält, können Sie das noch während Ihrer Ehe ändern. Sie können auch noch nach Ihrer Heirat einen gemeinsamen Ehenamen wählen.

Namenszusatz

Wenn Sie sich für einen gemeinsamen Ehenamen entscheiden, geht ein Nachname »verloren« – der Ihres Partners oder Ihrer. Das kann für den Betreffenden schwer sein, erst recht, wenn er seinen Namen lange geführt hat, ihn schön findet oder er für ihn beruflich wichtig ist. Daher räumt der Gesetzgeber die Möglichkeit ein, den eigenen Namen anzuhängen oder voranzustellen. Sie können ihn als persönlichen »Namenszusatz« führen (§ 1355 Abs. 4 BGB).

Auch hier haben Sie die Wahl, als Namenzusatz entweder Ihren Geburtsnamen zu nehmen oder den aus einer früheren Ehe, den Sie angenommen haben.

Beispiel

Sie haben als Ehenamen Klein gewählt. Sie können folgenden Zusatz zum Ehenamen wählen:

– Klein-Lang
– Klein-Kurz
– Lang-Klein
– Kurz-Klein

Name der Kinder

Ein gemeinsamer Ehename ist nicht Pflicht. Zwar »sollen« Sie nach dem Gesetz einen gemeinsamen Namen wählen, müssen es aber nicht (§ 1355 Abs. 1 BGB). In dem Fall stellt sich allerdings für Ihre Kinder die Frage nach dem Namen.

Grundsätzlich erhalten Ihre Kinder den von Ihnen gemeinsam gewählten Ehenamen als Geburtsnamen (§ 1616 BGB). Behalten Sie beide Ihre bisherigen Namen, müssen Sie sich entscheiden, welchen Namen Ihr Kind tragen soll, Ihren oder den Ihres Partners. Ein aus Ihrem Namen und dem Ihres Partners gebildeter Doppelname ist nicht möglich.

Sie müssen eine Erklärung gegenüber dem Standesbeamten abgeben, welchen Namen das Kind als Geburtsnamen bekommt. Hierbei stehen die beiden Namen zur Auswahl, die Sie zur Zeit der Namensbestimmung führen. Tragen Sie Ihren »angeheirateten« Namen, können Sie sich auch für diesen entscheiden. Allerdings trägt Ihr Kind dann einen Namen, den auch Ihr Ex-Partner führt, mit dem Ihr Kind nichts zu tun hat.

WISO Tipp

Führen Sie schon einen Doppelnamen, dürfen Sie keinen Namenszusatz mehr wählen. Dreifachnamen sind nicht erlaubt.

Familienname des Kindes

Beispiel

Sie heißen Kurz, geborene Lang, Ihr Partner Klein. Bekommen Sie ein gemeinsames Kind, können Sie sich für den Namen Ihres Partners Klein oder Ihren »angeheirateten« Namen Kurz als Geburtsnamen Ihres Kindes entscheiden. Sie können dagegen nicht Ihren Geburtsnamen für das Kind wählen, also nicht Lang.

Haben Sie einen gemeinsamen Ehenamen bei der Heirat gewählt und fügen Sie Ihren Namen als Zusatz an, bekommt Ihr Kind nur den gemeinsamen Ehenamen als Geburtsnamen. Das Kind kann nicht Ihren persönlichen Namenszusatz tragen.

Etwas anderes gilt, wenn Sie Ihren »Doppelnamen« in die nächste Ehe mitnehmen. Dann kann auch Ihr Kind diesen Namen erlangen.

Beispiel

Schmidt ist der gemeinsame Ehename von Ihnen und Ihrem Partner. Sie haben als Namenszusatz Müller (Ihren Geburtsnamen) gewählt, heißen also Schmidt-Müller. Ihr Kind erhält aber als Geburtsnamen nur Ihren gemeinsamen Ehenamen Schmidt.

Lassen Sie sich scheiden und heiraten Herrn Meyer, kann Ihr Kind aus der zweiten Ehe jetzt als Geburtsnamen Meyer oder Schmidt-Müller erhalten, wenn Sie sich in dieser Beziehung für keinen gemeinsamen Ehenamen entscheiden.

Was aber, wenn Sie sich nicht einig werden? Wenn Sie nicht entscheiden können, wie Ihr gemeinsames Kind heißen soll? Würfeln oder Lose ziehen macht Sie wahrscheinlich nicht glücklich. Aber ein Gerichtsentscheid vom Familiengericht auch nicht, doch finden Sie innerhalb eines Monats keine Lösung, muss das Gericht einschreiten. Das zuständige Familiengericht wird einen von Ihnen bestimmen, die Entscheidung zu fällen, für die es dem Berechtigten eine Frist setzt. Ist diese abgelaufen, heißt das Kind wie derjenige, der entscheiden sollte.

Haben Sie Ihren gemeinsamen Ehenamen erst nach der Heirat gewählt, bestimmt das Gesetz den Namen des Kindes abhängig von dessen Alter (§ 1617c BGB):

– Kinder bis fünf Jahre: Die Namensänderung gilt auch für sie.
– Kinder über fünf Jahre: Die Entscheidungsbefugnis liegt beim Kind.
– Nach der Scheidung: Ihr Name

Lassen Sie sich scheiden, kommt es darauf an, ob Sie einen gemeinsamen Ehenamen getragen haben. Hat jeder von Ihnen seinen Namen auch während der Ehe behalten, ändert die Scheidung daran nichts.

Haben Sie einen gemeinsamen Ehenamen gewählt, wird dieser nach der Scheidung zunächst fortgeführt (§ 1355 Abs. 5 BGB). Allerdings: Derjenige, der seinen Namen abgegeben hat, darf ihn wieder annehmen – eine gute Wahlmöglichkeit für diejenigen, die unter ihrer Ehe sehr gelitten haben und weder mit ihrem Ex-Partner noch mit dessen Namen verbunden sein wollen.

Dem Ehepartner, der seinen Namen aufgegeben hat, bieten sich hierbei zwei Möglichkeiten: Er kann zu seinem Geburtsnamen zurückkehren oder er kann einen Doppelnamen wählen und seinen Geburtsnamen voranstellen oder anfügen.

Beispiel
Der gemeinsame Ehename war Klein, Ihr Geburtsname Lang. Sie können entweder zu Ihrem Geburtsnamen Lang zurückkehren oder einen Doppelnamen wählen: Klein-Lang.

Waren Sie vorher schon verheiratet, können Sie auch zu dem Namen zurückkehren, den Sie vor der neuen Ehe trugen. Das heißt auch zu einem Namen, den Sie von Ihrem Ex-Partner angenommen hatten. Sie haben hier ein Wahlrecht.

Wahlrecht

Beispiel
Der gemeinsame Ehename war Klein. Sie hießen vor der Ehe Kurz, geborene Lang. Sie können wählen, ob Sie den Namen Klein behalten oder Kurz oder Lang.

Nach der Scheidung: Der Name Ihrer Kinder

Wenn Sie sich scheiden lassen, hat das auf den Namen Ihres Kindes keinen Einfluss. Ihr Kind behält den Namen, den Sie gewählt haben oder der gemeinsamer Ehename wurde.
Heiraten Sie wieder und lebt Ihr Kind bei Ihnen, kann das aber zu Problemen führen. Ihr Kind kann sich ausgegrenzt fühlen – erst recht, wenn in der neuen Ehe Kinder geboren werden. Wenn Sie nach der Heirat den Namen Ihres neuen Ehepartners annehmen und die Halbgeschwister dann auch so wie der neue Partner heißen, trägt Ihr Kind aus erster Ehe einen anderen Namen als alle übrigen Familienmitglieder.

Beispiel
Sie haben in Ihrer ersten Ehe als gemeinsamen Namen Klein gewählt. Jetzt heiraten Sie erneut und nehmen den Namen Ihres neuen Partners, Groß, als gemeinsamen Familiennamen an: Ihr Kind aus erster Ehe heißt weiterhin Klein, die Kinder aus der zweiten Ehe alle Groß.

Damit Ihr Kind sich nicht über seinen Namen ausgegrenzt fühlt, kann es möglicherweise ebenfalls den Namen Groß annehmen. Allerdings müs-

Einbenennung sen bei einer Namenseinbenennung auch die Interessen des anderen leiblichen Elternteils berücksichtigt werden. Daher ist sie nur möglich, wenn

– das Kind minderjährig und unverheiratet ist und
– das Kind beim einbenennenden Elternteil wohnt und
– der einbenennende Elternteil das alleinige Sorgerecht oder das gemeinsame Sorgerecht hat und
– der andere Elternteil zustimmt, wenn auch er sorgeberechtigt ist oder das Kind seinen Namen trägt (Gericht kann das in Ausnahmefällen ersetzen) und
– das Kind der Einbenennung zustimmt, wenn es älter als fünf Jahre ist.

Liegen die Voraussetzungen der Einbenennung vor, kann das Kind auch einen Doppelnamen führen. Es kann seinen bisherigen Namen und den Namen des Elternteils, bei dem es wohnt, zusammenfügen.

Beispiel
Ihr Kind kann den Namen Groß wählen, oder es nimmt einen Doppelnamen an: Klein-Groß oder Groß-Klein.

Versicherungen

Unbedingt müssen Sie vor Ihrer Scheidung an Ihre Versicherungen denken. Denn Sie können möglicherweise bei der einen oder anderen Police Ihren Versicherungsschutz verlieren.
Viele Versicherer bieten in ihren Verträgen einen Familientarif und damit Familienschutz an. Das heißt, alle in der häuslichen Gemeinschaft lebenden Personen werden mitversichert. Typische Beispiele für solche Policen sind etwa die Hausrat-, die gesetzliche Kranken-, die Haftpflicht- oder die Rechtsschutzversicherung.
Ihre persönliche Checkliste könnte so aussehen:

– Private Haftpflichtversicherung
– Rechtsschutzversicherung
– Hausratversicherung
– Gesetzliche Krankenversicherung
– Private Krankenversicherung
– Lebensversicherung

WISO Tipp

Überprüfen Sie Ihre Versicherungen Schritt für Schritt. Welcher Versicherer muss von der Trennung (und eventuell neuen Adresse) erfahren, welche Police müssen Sie für sich neu abschließen?

Private Haftpflicht

Bei der privaten Haftpflichtversicherung sind Ihr Ehepartner und die Kinder automatisch mitversichert, wenn Sie den Familientarif gewählt haben. Daran ändert sich auch nichts, wenn Sie oder der Partner aus der gemeinsamen Wohnung ausziehen. Nach der Scheidung hingegen genießen den Versicherungsschutz nur noch der Versicherungsnehmer und die Kinder, wenn sie bei ihm ihren Lebensmittelpunkt haben. Spätestens dann braucht der andere Partner eine eigene Haftpflichtversicherung.
Der Versicherungsnehmer kann auch seine neue Partnerin beziehungsweise seinen neuen Partner als Mitversicherten anmelden – auch dann verlieren Sie den Versicherungsschutz.

Rechtsschutzversicherung

Auch bei der Rechtsschutzversicherung endet spätestens mit Rechtskraft des Scheidungsbeschlusses die Mitversicherung; die Kinder sind aber weiterhin versichert.
Die Mitversicherung der Kinder in der Rechtsschutzversicherung besteht nach der Scheidung weiter, unabhängig davon, welchem Elternteil das Sorgerecht zugesprochen wird. Demnach ist es egal, bei welchem Elternteil das Kind wohnt.

Hausratversicherung

Sind Sie Versicherungsnehmer und zieht Ihr Partner aus der gemeinsamen Wohnung aus, ändert sich für Sie nichts – Ihr Partner hingegen besitzt in seiner neuen Wohnung keinen Versicherungsschutz mehr und müsste einen eigenen Vertrag abschließen. Wenn Ihr Partner teure Gegenstände aus der Wohnung mitnimmt, beispielsweise Gemälde, Elektrogeräte oder Teppiche, sollten Sie dies Ihrer Versicherung melden und so Ihre Versicherungssumme reduzieren; damit sparen Sie Geld.
Ziehen Sie als Versicherungsnehmer aus, nehmen Sie den Schutz mit. Allerdings besteht auch für die alte gemeinsame Wohnung der Versicherungsschutz oft noch eine Zeit lang fort. In der Regel gilt eine dreimonatige Frist: Ab Umzugstermin besteht in beiden Wohnungen dann bis zu drei Monate lang Versicherungsschutz. Erkundigen Sie sich bei Ihrer Versicherung nach deren genauen Regelungen.

WISO Tipp

Sie sollten sich gleich nach dem Scheidungsbeschluss mit der Krankenkasse Ihrer Wahl in Verbindung setzen und einen Termin vereinbaren. Kümmert man sich erst nach ein paar Monaten darum, muss man auf einen Schlag nachzahlen.

Im Zuge der zum 1. April 2007 in Kraft getretenen Gesundheitsreform wurden auf dem Feld der gesetzlichen Krankenversicherung einige Änderungen vorgenommen. Waren Sie vor der Reform in der Familienversicherung mitversichert, konnte es Ihnen passieren, dass Sie nach der Scheidung plötzlich ganz ohne Krankenversicherung dastanden. Und auch keine Chance besaßen, in einer gesetzlichen Krankenversicherung wieder aufgenommen zu werden, denn nach Rechtskraft der Scheidung hatten Sie maximal drei Monate Zeit, sich freiwillig bei einer gesetzlichen Krankenversicherung zu versichern. Danach lag es im Ermessen der Versicherung, Sie noch aufzunehmen oder eben nicht. Manche Ex-Mitversicherten kämpften vergeblich um eine Mitgliedschaft.

Krankenversicherungspflicht

Seit dem 1. April 2007 besteht eine Krankenversicherungspflicht. Das heißt, Sie müssen von einer gesetzlichen Krankenversicherung aufgenommen werden. Allerdings zahlen Sie auch ab Rechtskraft des Scheidungsbeschlusses gleich Beiträge zur Krankenversicherung; das bedeutet, auch wenn Sie noch kein Mitglied bei einer Kasse sind, werden Sie die Beiträge später nachentrichten müssen.

Familienversicherung

Die Kinder können auch nach der Scheidung in der Familienversicherung bleiben. Sie können aber auch in die Familienversicherung des anderen Elternteils wechseln, der eine eigene Versicherung abgeschlossen hat.

Beispiel
Ihr Partner war Hauptverdiener in der Ehe, Sie und die beiden Kinder waren bei ihm mitversichert. Nach der Scheidung suchen Sie sich eine eigene gesetzliche Krankenversicherung, in der Sie die Kinder mitversichern können. Die Kinder können aber auch über Ihren Partner versichert sein.

Private Krankenversicherung

Wenn Sie und Ihr Partner privat krankenversichert sind, ändert sich durch die Trennung und die Scheidung für Sie nichts. Beide behalten unabhängig voneinander Ihren Versicherungsschutz.

Haben Sie Kinder und sind diese auch privat krankenversichert, kommt es darauf an, wer der Versicherungsnehmer ist, das heißt bei wem die Kinder mitversichert sind. Er ist grundsätzlich gegenüber dem Versicherer zur Zahlung der Beiträge für die versicherten Kinder verpflichtet.

Private oder gesetzliche Krankenversicherung?

Sind Sie privat versichert und Ihr Partner gesetzlich, ist es von Belang, wer der Besserverdienende in der Ehe ist. Nur wenn Ihr Partner mehr verdient, kann er die Kinder in der gesetzlichen Familienversicherung mit aufnehmen. Ansonsten werden die Kinder über Sie in der privaten Versicherung mitversichert (§ 10 Abs. 3 SGB V).

Beispiel
Sie verdienen 60 000 Euro im Jahr, Ihr Ehepartner 15 000 Euro. Sie sind privat versichert, Ihr Partner gesetzlich. Auch wenn es teurer ist, müssen die Kinder über Sie privat versichert werden.

Nach der Scheidung allerdings können die Kinder auch beitragsfrei in der gesetzlichen Krankenversicherung des schlechter verdienenden Partners mitversichert werden.

Beispiel
Sie lassen sich scheiden, zahlen Unterhalt für die Kinder, die bei Ihrem Partner leben. Sie können verlangen, dass die Kinder jetzt bei Ihrem Partner mit in der gesetzlichen Krankenversicherung aufgenommen werden. Das spart Ihnen als Unterhaltszahler Geld.

Lebensversicherung

Bei der Lebensversicherung kann derjenige Partner, der Versicherungsnehmer ist, frei über die Police verfügen. Das heißt, er kann sie behalten, verkaufen oder manchmal auch in eine Risikolebensversicherung umwandeln.

Finanzen

Nach Ihrer Trennung sollten Sie auch die finanzielle Seite der neuen Lebenssituation anpassen. Denn nicht selten geschieht es, dass ein gemeinsames Konto von einem der Partner leer geräumt oder ein Kredit vom Hauptverdiener nicht weiter abgezahlt wird.

WISO Tipp

Muss Ihr Partner nach der Scheidung Ihre Krankenversicherung mitzahlen, sollten Sie die Zahlungen immer gut überprüfen. Werden die Beiträge nicht regelmäßig entrichtet, kann man schnell seinen Versicherungsschutz verlieren.

WISO Tipp

Überprüfen Sie als Versicherungsnehmer, wer in der Police als Bezugsberechtigter eingetragen ist. Vielleicht wollen Sie nach der Scheidung eine andere Person einsetzen.

WISO Tipp

Solange das Gemein-
schaftskonto noch besteht,
sollten Sie den Kontenverlauf
regelmäßig überprüfen. So
behalten Sie den Überblick
über die Finanzlage.

WISO Tipp

Damit es später über das
Vermögen oder Einkommen
keinen Streit gibt oder Unterlagen plötzlich verschwinden,
sollten Sie unbedingt alle
wichtigen Papiere, wie zum
Beispiel Lebensversiche-
rungsverträge, Bausparverträge, Gehaltsabrechnungen
und Wertpapiere, kopieren.

Haben Sie ein eigenes Konto, aber Ihrem Partner Vollmacht erteilt, sollten Sie diese Vollmacht bei Ihrer Bank widerrufen. Ein
formloses Schreiben genügt dazu.

Gemeinsame Konten sollten Sie kündigen, bevor es zu Ärger
kommt. Gut zu wissen: Hebt Ihr Partner vom Gemeinschaftskonto
ohne Ihren Willen Geld ab, muss er Ihnen die Hälfte des Betrags
ersetzen.

Bei Ihrem Sparbuch müssen Sie vorsichtig sein. Denn die Bank
prüft nicht nach, wer der Eigentümer des Sparbuchs ist, sondern
zahlt jedem Geld aus, der das Sparbuch vorlegt. Sie sollten daher
Ihr Sparbuch nicht aus der Hand geben.

Weigert sich Ihr Partner, mit Ihnen zu reden, haben Sie ihm gegenüber zwar einen Anspruch auf Auskunft. Jedoch sollten Sie
versuchen, die finanziellen Angelegenheiten gemeinsam zu besprechen und einvernehmlich zu regeln.

Schwiegereltern können unter Umständen Geldgeschenke an
die Schwiegerkinder bei Scheitern der Ehe zurückfordern. Das
Geldgeschenk sei eine Schenkung, der durch die Scheidung die
Rechtsgrundlage entzogen wurde. Dies war allerdings nur möglich, führte das Gericht aus, weil das eigene Kind kaum in den
Genuss der Schenkung kam. (Bundesgerichtshof, Urteil vom
03. 02. 2010, Az.: XII ZR 189/06)

Erbrecht

Eine schreckliche Vorstellung: Sie haben geheiratet und Ihr Partner stirbt.
Was dann?

Während der Ehe

Sind Sie verheiratet und stirbt Ihr Ehepartner, werden Sie ohne Testament
gesetzlicher Erbe (§ 1931 BGB). Sie erben neben den leiblichen Kindern
je ein Viertel, neben den Eltern oder Großeltern Ihres verstorbenen Ehepartners die Hälfte des Nachlasses. Sind weder Kinder, Eltern noch Großeltern vorhanden, erhalten Sie als Ehepartner die gesamte Erbschaft
(§ 1931 Abs. 2 BGB).

Daneben steht Ihnen ein weiterer Erbanteil zu, wenn Sie den gesetzlichen
Güterstand der Zugewinngemeinschaft gewählt haben. Der Ausgleich

des Zugewinns wird dadurch erreicht, dass Ihr gesetzlicher Erbteil um ein Viertel der Erbschaft erhöht wird (§ 1371 Abs. 1 BGB). Das heißt, Sie erben dann neben den leiblichen Kindern des verstorbenen Ehepartners die Hälfte und neben den Eltern des Verstorbenen drei Viertel des Nachlasses.

Beispiel

Ihr Ehepartner stirbt, er bringt aus erster Ehe ein Kind mit in die Ehe, Sie haben daneben noch ein gemeinsames Kind. Sie erhalten als gesetzlicher Erbe ein Viertel, aus der ehelichen Zugewinngemeinschaft ein weiteres Viertel. Sie bekommen also die Hälfte des Nachlasses, die Kinder die andere Hälfte, die sie sich teilen müssen.

Sie können daneben auch durch ein Testament erben, wenn Ihr Ehepartner seinen letzten Willen niedergeschrieben oder vor einem Notar erklärt hat und Sie darin berücksichtigt werden.
Hat Ihr Partner Sie im Testament dagegen nicht erwähnt oder Sie explizit von der Erbschaft ausgeschlossen, gehen Sie aber dennoch nicht leer aus. Sie erhalten als Ehepartner im Fall der Enterbung natürlich den gesetzlichen Pflichtteil, das ist die Hälfte des gesetzlichen Erbteils (§ 2303 Abs. 2 BGB).

Nach der Scheidung

Ehepartner sind nur bei bestehender Ehe erbberechtigt. Nach der Scheidung entfällt das gesetzliche Erbrecht. Sie gehen dann leer aus.
Hatte der Verstorbene die Scheidung bereits beantragt oder ihr zugestimmt und lagen die Voraussetzungen der Scheidung vor, entfällt schon zu diesem Zeitpunkt das Ehegattenerbrecht, obwohl die Ehe noch besteht. Dasselbe gilt auch für den Pflichtteil, der dem Ehegatten eingeräumt wird. Auch dieser erlischt durch die Scheidung beziehungsweise das Vorliegen der Scheidungsvoraussetzungen.
Die Kinder bleiben auch nach einer Ehescheidung weiter gesetzliche Erben. Das heißt, dass nur Sie als Ex-Ehepartner vom Nachlass nichts bekommen.

Gesetzliche Erben

Beispiel

Um in dem obigen Beispiel zu bleiben: Das Kind aus erster Ehe und Ihr gemeinsames Kind erben je zur Hälfte.

Ist Ihr Kind minderjährig, verwalten Sie sein Vermögen und damit auch die Erbschaft. Das heißt, Sie haben indirekt trotz Scheidung einen Einfluss zumindest auf einen Teil des Nachlasses.

Hat Ihr Ehepartner ein Testament hinterlassen, stellt sich die Frage, ob Sie auch dann durch Scheidung »enterbt« werden. Hier kommt es auf den Zeitpunkt an, wann Ihr Ex-Ehepartner seinen letzten Willen niedergeschrieben hat. War es während der Ehe oder der Verlobung, geht man davon aus, dass Sie mit der Scheidung Ihre Erbschaft verlieren. Denn der Erblasser wollte Sie als Erben bedenken, weil Sie sein Ehepartner waren. Wurde das Testament hingegen schon vor der Ehe erstellt, soll es, so die Rechtsprechung, bestehen bleiben. Man geht dann davon aus, dass Ihr Partner Sie selbst, und zwar unabhängig von der Stellung als Ehegatte, absichern wollte. Das Testament bleibt in diesem wohl eher seltenen Fall also unverändert bestehen – auch nach der Scheidung.

Wenn Sie sich scheiden lassen, müssen Sie unbedingt darüber nachdenken, ob das Testament inhaltlich so bleiben soll, wie Sie es verfasst haben. Ist das nicht der Fall, können Sie einfach ein neues Testament schreiben, welches das alte ersetzt. Um keine Verwirrung zu stiften, sollten Sie aber unbedingt das alte Testament vernichten.

Fazit

Machen Sie nach einer Scheidung nicht nur einen Kassensturz: Klären Sie auch, was sich gegebenenfalls bei Versicherungen ändert und welche konkreten erbrechtlichen Folgen entstanden sind.

Die Kosten des Scheidungs- verfahrens

Eine traurige Bilanz: Mehr als ein Drittel aller Ehen gehen zu Bruch – und das nicht erst nach langer Zeit. Das »verflixte siebte Jahr« erleben heute nur wenige Paare, viele Scheidungen erfolgen laut Statistischem Bundesamt schon früher.

Das Scheidungsverfahren kostet Nerven, Zeit und Geld. Doch Sie können einiges sparen, denn vieles lässt sich ohne Anwalt und Gericht regeln. Je friedlicher Sie sich trennen, umso geringer sind die Scheidungskosten. Es ist zwar nicht einfach, Emotionen bei einer Scheidung außen vor zu lassen – es hilft aber. Erst recht, wenn Kinder im Spiel sind.

Verfahrensablauf

Bevor es zu einem Scheidungsbeschluss kommen kann, wird der Richter Sie zu einer mündlichen Verhandlung laden. Bei dem Termin sind beide Nicht öffentliche Ehepartner sowie ihre Anwälte anwesend. Keine Sorge: Der Termin ist Verhandlung nicht öffentlich, das heißt, Ihre privaten Angelegenheiten können nicht nach außen dringen.

Der Richter entscheidet über den Scheidungsantrag und in der Regel über den Versorgungsausgleich. Die anderen Familiensachen werden nur dann im Scheidungsverfahren behandelt, wenn das einer von Ihnen beantragt. Ohne einen solchen Antrag müssen solche Angelegenheiten eventuell in einem gesonderten Verfahren entschieden werden. Um Folgendes kann es sich dabei handeln:

– Ehegattenunterhalt
– Kindesunterhalt
– Zugewinnausgleich
– Verteilung von Ehewohnung und Hausrat

Beantragt einer von Ihnen zu Beginn oder während des Scheidungsverfahrens, dass eine dieser Familiensachen mit geregelt werden soll, darf die Ehe in der Regel nicht eher geschieden werden, bis auch diese Angelegenheit geklärt ist. Ein Antrag darf sogar noch im Scheidungstermin Verbundverfahren gestellt werden. Dann entscheidet der Richter im sogenannten Verbundverfahren (§ 623 ZPO), wodurch sich der Prozess stark hinauszögern kann. Eine schnelle, unkomplizierte Scheidung ist so nicht möglich.

Andere Streitfragen, die mit der Ehe zusammenhängen, sind in gesonderten Prozessen zu klären. Dazu gehören beispielsweise die Verteilung gemeinsamer Schulden, die Verteilung einer Steuererstattung, Ansprüche eines Ehegatten gegenüber dem anderen aus Mitarbeit in seinem Betrieb.

Die einvernehmliche Scheidung

Im Scheidungsverfahren herrscht Anwaltszwang, das heißt, jeder von Ihnen muss sich vor Gericht von einem Anwalt vertreten lassen. Das kostet Geld. Wollen Sie Zeit und Geld sparen, sollten Sie die einvernehmliche Scheidung wählen, geregelt in Paragraf 630 ZPO.

Diese Möglichkeit bedingt aber, dass Sie die Scheidung gemeinsam wollen und seit einem Jahr getrennt leben. Daneben verlangt der Gesetzgeber von Ihnen, dass Sie sich im Vorfeld über die wesentlichen Dinge einig werden. Das bedeutet, bestimmte Scheidungsfolgen müssen Sie schriftlich in einer sogenannten Scheidungsfolgenvereinbarung festhalten. Dieser Vertrag muss dann von einem Notar beurkundet werden. Stellen Sie den Scheidungsantrag, müssen Sie den notariell beurkundeten Vertrag mit einreichen. Es wird dann über die vereinbarten Scheidungsfolgen nicht mehr verhandelt.

Scheidungsfolgen-
vereinbarung

Wählen Sie die einvernehmliche Scheidung, reicht es, wenn sich einer von Ihnen einen Anwalt nimmt. Dieser kann den Scheidungsantrag stellen und der andere stimmt dem nur zu. Er braucht dafür keinen Anwalt.

Beispiel
Sie haben sich während Ihrer Ehe auseinandergelebt und wollen sich scheiden lassen. Da Sie sich auch nach der Trennung noch vertrauen, streben Sie eine schnelle und kostengünstige Scheidung an. Sie suchen sich gemeinsam einen Anwalt, der das Verfahren für Sie durchführen soll, und entscheiden, dass der Anwalt Ihren Partner im Prozess vertritt. Der Anwalt stellt für Ihren Partner den Scheidungsantrag bei Gericht, Sie stimmen dem Antrag zu und verzichten auf eine Prozessvertretung im Verfahren. So sparen Sie sich einen eigenen Anwalt und können sich die Kosten für den Anwalt Ihres Partners teilen.

WISO Tipp

Überlegen Sie sich gut, ob Sie auf Ihren Anwalt verzichten wollen. Sie sind dann im Prozess nicht vertreten, denn der Anwalt Ihres Partners darf nur für Ihren Partner handeln.

Sie sollten sich in diesem Fall über die Scheidungsfolgen wirklich einig sein. Gibt es Streit, nehmen Sie sich lieber einen eigenen Anwalt. Das schließt die einvernehmliche Scheidung nicht aus.

Scheidungsfolgenvereinbarung

Wählen Sie die einvernehmliche Scheidung, müssen Sie die Scheidungsfolgen schon im Vorfeld klären. Wer kümmert sich um die Kinder? Wie viel Unterhalt bekommt der Ehepartner?

Zu den Folgesachen gehören
– die elterliche Sorge und das Umgangsrecht (Verzichtserklärung wegen Einigung oder übereinstimmender Antrag auf Festlegung),
– der Kindesunterhalt,
– der Ehegattenunterhalt,
– die Verteilung von Ehewohnung und Hausrat.

Es ist natürlich schwierig, sich über diese Punkte zu einigen, vor allem dann wenn Emotionen im Spiel sind. Finden Sie in bestimmten Punkten keine Einigung, sollten Sie sich von einem Anwalt beziehungsweise Fachanwalt für Familienrecht beraten lassen. Zur Not müssen Sie alle Punkte mit anwaltlicher Unterstützung klären. Wichtig ist, dass Sie am Ende mit Ihrem Partner die sogenannte Scheidungsfolgenvereinbarung schließen, in der alle wesentlichen Folgen der Scheidung schriftlich festgehalten sind.

Vorsicht: Setzt der Anwalt des Ehepartners die Vereinbarung auf, sollten Sie diese nicht gleich unterschreiben. Lesen Sie sich alles in Ruhe durch. Die Vereinbarung bindet Sie und hat weitreichende Folgen. Außerdem vertritt jeder Anwalt nur die Interessen seines Mandanten. Es sind also nicht Ihre Interessen, die dort Berücksichtigung finden. Haben Sie ein schlechtes Gefühl, lassen Sie die Folgenvereinbarung von einem eigenen Anwalt überprüfen.

Notarielle Beurkundung

Damit die Vereinbarung vor Gericht Bestand hat, muss sie ein Notar beurkunden. Als Alternative können Sie die Vereinbarung auch im Prozess protokollieren lassen. Dafür benötigen aber beide Parteien wiederum einen Anwalt. Die notarielle Beurkundung kann in diesem Fall günstiger sein.

Gut zu wissen: Haben Sie sich über die Folgesachen im Vorfeld verständigt und stellt keiner von Ihnen neben dem Scheidungsantrag einen anderen Antrag, zum Beispiel auf Klärung des Unterhalts, dann interessiert sich das Gericht auch nicht für Ihre Scheidungsfolgenvereinbarung. Das Gericht kümmert sich dann ausschließlich um die Frage, ob die Ehe gescheitert ist und wie der Versorgungsausgleich aussieht.

Die einzelnen Antragswege

Es gibt verschiedene Wege, wie Sie eine Scheidung durchführen können. Dabei kommt es auf das Verhältnis zu Ihrem Partner an – aber auch auf Ihre Vernunft.

Einvernehmliche Scheidung: Sie klären die Scheidungsfolgen und legen die Vereinbarung dem Gericht vor. Daneben beantragen Sie die Scheidung. Sie benötigen hier nur einen einzigen Anwalt. Der Richter entscheidet nicht über Ihre Vereinbarung, nur über den Scheidungsantrag (und den Versorgungsausgleich).

Sie klären die Scheidungsfolgen mit Ihrem Partner und beantragen nur den Scheidungsbeschluss. Dafür benötigen Sie zwei Anwälte. Die Scheidungsfolgen werden dann gar nicht oder bei späterem Streit in einem nachfolgenden Prozess geklärt. Der Richter entscheidet hier zunächst nur über den Scheidungsantrag (und den Versorgungsausgleich).

Sie wollen die Scheidung und streiten sich über die Scheidungsfolgen. Der Richter wird alles in einem Verbundverfahren klären. Sie benötigen zwei Anwälte. Das Verfahren wird lange dauern und teuer werden.

Sie wollen die Scheidung und der andere widerspricht. Das Gericht wird prüfen, ob die Voraussetzungen vorliegen. Wenn kein Härtefall für den Antragsgegner vorliegt, erfolgt ein entsprechender Beschluss.

Verfahrensdauer

Haben Sie sich für den ersten oder zweiten Antragsweg entschieden, kann das Scheidungsverfahren relativ schnell gehen. Mit mehreren Monaten müssen Sie aber dennoch rechnen. Das liegt daran, dass in der Regel der Versorgungsausgleich (Rentenausgleich) durchgeführt werden muss. Das Gericht muss bei Ihren Rentenversicherungsträgern jeweils eine Rentenberechnung anfordern. Manchmal dauern die Berechnungen der Rentenversicherungsträger lange, weil Ihr Rentenkonto Lücken aufweist, bestimmte Zeiten in Ihrem Rentenverlauf ungeklärt sind. Dann müssen diese erst noch geklärt werden. Nähere Informationen dazu finden Sie im Kapitel »Versorgungsausgleich«.

Stellen Sie dafür bei Ihrem Rentenversicherungsträger einen Antrag auf Kontenklärung. Zeigen sich Lücken, können Sie die im Vorfeld schließen lassen. Damit sorgen Sie für eine schnellere Abwicklung im Scheidungsprozess.

Kontenklärung

Wählen Sie den dritten Weg – das heißt, muss der Richter neben dem Scheidungsantrag im Verbund auch noch über andere Anträge entscheiden –, kann sich das Verfahren stark hinauszögern. Erst recht, wenn immer wieder neue Anträge im Lauf des Verfahrens gestellt werden. Die Scheidung wird erst dann ausgesprochen, wenn alle Angelegenheiten im Verbund entscheidungsreif sind. Der Scheidungsbeschluss kann hier sogar erst nach Jahren ergehen.

WISO Tipp

Sie sollten schon während der Trennungsphase Ihren Rentenverlauf überprüfen lassen.

Verfahrenskosten

Streitwert Die Kosten des Scheidungsverfahrens hängen vom Streitwert ab. Dieser errechnet sich aus Ihrem Einkommen, Ihrem Vermögen und – wenn Sie sich gerichtlich auch über Folgesachen streiten – auch aus dem Wert dieser Folgesachen.

Nach dem Streitwert richten sich die Höhe der Gerichtskosten und die Höhe der Anwaltskosten. Selbst wenn Sie sich einvernehmlich trennen, kommen schnell 2000 bis 3000 Euro Scheidungskosten zusammen. Liegt Ihr Streitwert beispielsweise bei 15 000 Euro, müssen Sie für Anwalt und Gericht knapp 2500 Euro zahlen.

Gerichtskosten

Unter den Begriff der Gerichtskosten fallen die gerichtlichen Gebühren und Auslagen. Die Gerichtskosten werden nach dem Gerichtskostengesetz, der Kostenordnung und anderen Nebengesetzen erhoben. Meist richtet sich die Höhe der Gebühren nach dem Streitwert.

Da es bei der Scheidung keine »Gewinner« und »Verlierer« gibt, beschließt das Gericht im Regelfall, dass die Kosten des Verfahrens gegeneinander aufgehoben werden. Das heißt, dass Sie und Ihr Ex-Ehepartner die eigenen Anwaltskosten selbst tragen. Die Gerichtskosten dagegen werden zwischen Ihnen geteilt.

Kostenteilung

Mit der Einreichung des Scheidungsantrags bei Gericht müssen Sie als Antragsteller zunächst zwei Gerichtsgebühren zahlen.

Gerichtskosten werden meist im Voraus fällig. Einen Gerichtskostenrechner finden Sie zum Beispiel kostenfrei unter: www.kostenrechner.finanztip.de.

Anwaltskosten

Die Berechnung der Anwaltskosten ist in einem besonderen Gesetz geregelt, dem Rechtsanwaltsvergütungsgesetz (RVG).

Sie können bei jedem deutschen Rechtsanwalt, auch ohne ihn mit Ihrer Vertretung in Ihrem Scheidungsverfahren zu beauftragen, ein ausführliches erstes Gespräch führen. Darin können Sie grundlegende Fragen wie beispielsweise zu Ihrer Immobilie, Ihrer Rente oder zu Ähnlichem klären.

Kosten der ersten Beratung Innerhalb der Rechtsanwaltsvergütung nennt man das »Erstberatung«. Bei einer Erstberatung erhalten Sie aber noch keine Detailinformationen zu Ihrem konkreten Fall. Zur Erstberatung gehört nicht, dass der Rechtsanwalt sich erst sachkundig macht oder er die Beratung schriftlich zusammenfasst. (Bundesgerichtshof, Urteil vom 03.05.2007, Az.: I ZR 137/05)

Die Kosten für ein solches Erstberatungsgespräch regelt das Rechtsanwaltsvergütungsgesetz (§ 34 Abs. 1 RVG). Die Kosten für ein Erstgespräch liegen zurzeit bei maximal 190 Euro, allerdings zuzüglich Mehrwertsteuer. Für eine darüber hinausgehende Beratung oder für die Ausarbeitung eines schriftlichen Gutachtens dürfen die Kosten höchstens bei 250 Euro liegen.

Die konkrete Beratungsgebühr können Sie aber auch je nach individuellem Aufwand mit Ihrem Rechtsanwalt vereinbaren. Das wird sogar vom Gesetz gewünscht: Der Rechtsanwalt soll auf eine Gebührenvereinbarung hinwirken.

Seit dem 1. Juli 2006 können die Honorare für Rechtsanwälte frei verhandelt werden. Diese Neuregelung gilt allerdings nur für die außergerichtliche Beratung. Dazu zählen alle Leistungen, die der Anwalt erbringt, bevor er den Kontakt mit der Gegenseite aufnimmt – also bevor Sie ein Mandat und damit eine anwaltliche Vertretung erteilen. Gleiches gilt für die Ausarbeitung eines Gutachtens oder die Tätigkeit als Mediator.

Egal ob Sie mit Ihrem Anwalt eine pauschale Summe aushandeln oder einen Stundensatz vereinbaren, ein festgelegtes Honorar ist bindend. Wichtig ist, dass man das Honorar schon vor der Beratung festlegt und am besten schriftlich festhält.

WISO Tipp

Bestehen Sie auf Ihrem Recht und versuchen Sie, mit dem Anwalt eine Pauschalsumme zu verhandeln.

Anwaltskosten im Scheidungsverfahren

Anwaltskosten berechnen sich aus der Anzahl von »Gebühren«, quasi Einheiten der Anwaltshonorierung, in Beziehung gesetzt zum Gegenstandswert.

Die Gebühren werden je nach Art der Tätigkeit berechnet. Berät ein Anwalt nur oder vertritt er Sie vor Gericht? Führt er Verhandlungen oder bewirkt er eine außergerichtliche Einigung? Je nach Umfang und Leistung fallen eine oder auch mehrere Gebühren an.

In einem Scheidungsprozess entstehen in der Regel mindestens zwei Anwaltsgebühren: die erste durch die Einreichung Ihres Scheidungsantrags, die zweite durch die sogenannte Verhandlungsgebühr, das Auftreten Ihres Anwalts vor Gericht. Meist kommt noch eine dritte Gebühr hinzu (Beweisgebühr), allein durch Ihre Anhörung, zum Beispiel zur Trennungszeit. Im Gegensatz zur außergerichtlichen Anwaltstätigkeit fallen bei einem Scheidungsprozess immer volle Gebühren an.

Der tatsächliche Zahlbetrag, also die konkrete Höhe einer »Gebühr«, richtet sich nach dem sogenannten Streitwert. Der Streitwert berechnet sich folgendermaßen:

Ihr Nettoeinkommen plus das Nettoeinkommen Ihres Partners mal drei. Zuzüglich 250 Euro für jedes unterhaltspflichtige Kind. Summe minus 25 Prozent (bei einvernehmlicher Scheidung). Plus 1000 Euro, wenn auch der Versorgungsausgleich mit verhandelt wird.

Beispiel

Sie sind Beamtin mit einem Nettogehalt von 2000 Euro, Ihr Partner verdient exakt die gleiche Summe als Angestellter. Zusammen verfügen Sie also über 4000 Euro netto. Sie haben zwei gemeinsame Kinder.

Nettoeinkommen (4000 Euro × 3)	12 000 Euro
zwei Kinder (250 Euro × 2)	+ 500 Euro
	12 500 Euro
25 Prozent (bei einvernehmlicher Scheidung!)	− 3 125 Euro
	9 375 Euro
Versorgungsausgleich (1000 Euro)	+ 1 000 Euro
Streitwert	10 375 Euro

Streiten Sie sich mit Ihrem Ex-Partner auch noch über den Zugewinn, das Sorgerecht oder den Unterhalt, fließt das ebenfalls in die Streitwertberechnung mit ein.

Beim Zugewinn wird vom Vermögen zunächst für Sie, Ihren Partner und die Kinder ein Freibetrag abgezogen. Die Höhe dieser Freibeträge wird von Ihrem Gericht festgesetzt. Meist gilt ein Freibetrag in Höhe von 10 000 bis 15 000 Euro für Ehegatten und 5000 bis 7500 Euro pro Kind. Der Streitwert des Zugewinns sind 5 Prozent des dann noch verbleibenden Vermögens.

Bei Sorgerechtsstreitigkeiten wird der Streitwert meist auf 800 Euro festgelegt, Gleiches gilt für das Verfahren rund um das Besuchsrecht. Beim Unterhalt nimmt man als Streitwert den Jahresbetrag des Unterhalts, beim Streit um die gemeinsame Mietwohnung die Jahresmiete, beim Hausrat dessen geschätzten Wert.

Zu den reinen Anwaltskosten kommen noch Auslagen wie Porto oder Telefon dazu, die meist pauschal mit 20 bis 50 Eu-

WISO Tipp

Da die Anwalts- und auch die Gerichtskosten mit zunehmender Höhe des Streitwerts relativ gesehen immer preiswerter werden, empfiehlt es sich, alle Streitigkeiten zusammen vor Gericht zu verhandeln.

ro berechnet werden. Auf die Anwaltskosten und die Auslagen wird am Ende noch 19 Prozent Umsatzsteuer aufgeschlagen.

In gerichtlichen Verfahren dürfen Anwälte nicht niedriger abrechnen als die gesetzliche Gebührentabelle das vorsieht. Sie können mit dem Anwalt also nicht über niedrigere Gebühren verhandeln. Aber Ihr Anwalt kann Ihnen die Kosten, die im schlimmsten Fall entstehen, ausrechnen. Dann können Sie entscheiden, ob Sie das Kostenrisiko eingehen wollen oder nicht.

Sie sollten vorsorglich die ermittelten Anwaltskosten verdoppeln. Denn falls Sie den Prozess verlieren, müssen Sie nämlich auch die Anwaltskosten Ihres Gegners tragen. Das gilt allerdings in der Regel nicht in Familienstreitigkeiten beziehungsweise in Scheidungsverfahren.

Wie hoch die Anwaltskosten bei Ihrem Streitwert am Ende wirklich sind, können Sie kostenfrei im Internet ermitteln, zum Beispiel unter: www.anwalt-suchservice.de.

Für außergerichtliche Tätigkeiten kann die Höhe der Gebühren variieren. Der Anwalt kann nach dem RVG-Gebührenrahmen für die außergerichtliche Tätigkeit beispielsweise eine halbe Gebühr, aber auch maximal eine 2,5-fache Gebühr berechnen. Bei normaler Tätigkeit mit üblichem Aufwand darf nicht mehr als eine 1,3-fache Gebühr zugrunde gelegt werden. Wenn ein Anwalt bewusst zu viel abrechnet, riskiert er, sich wegen sogenannter Gebührenüberhebung strafbar zu machen.

Vergütungsvereinbarung

Sie können mit Ihrem Rechtsanwalt mittels einer Vergütungsvereinbarung individuell die Kosten festlegen (§ 3a RVG), denn viele Rechtsanwälte schöpfen den Gebührenrahmen nicht aus.

Allerdings kann eine niedrigere als die gesetzliche Vergütung nur für außergerichtliche Tätigkeiten vereinbart werden. Die Vergütung muss zudem immer in einem angemessenen Verhältnis zu Leistung, Verantwortung und Haftungsrisiko des Rechtsanwalts stehen.

Bei der Bestimmung der zu vereinbarenden Honorarhöhe können folgende Kriterien eine Rolle spielen:
– Wie schwierig ist die Rechtsfrage?
– Handelt es sich um ein juristisches Spezialgebiet?
– Welche Bedeutung hat die Angelegenheit für Sie?
– Wie hoch sind die Fixkosten der Kanzlei?

Prozesskostenhilfe/Beratungshilfe

Sind Sie nach Ihren persönlichen und wirtschaftlichen Verhältnissen nicht in der Lage, die Kosten der Prozessführung aufzubringen – oder nur zum Teil oder nur in Raten –, erhalten Sie auf Antrag Prozesskostenhilfe. Ihre beabsichtigte Rechtsverfolgung oder Rechtsverteidigung muss allerdings hinreichend Aussicht auf Erfolg bieten (§ 114 ZPO).

Geringverdiener

Sind Sie also beispielsweise Student oder Geringverdiener, haben Sie Anspruch auf Prozesskostenhilfe und damit auch auf Beratungshilfe. Gleiches gilt, wenn Sie hohe Schulden haben. Die Prozesskostenhilfe übernimmt die Gerichtskosten, die anwaltliche Beratung und – falls notwendig – die weiteren Anwaltskosten während des Prozesses.

Wird Ihnen Prozesskostenhilfe zugebilligt, entfallen die Gerichtsgebühren und meist auch Ihre Anwaltskosten. (Für die Beratung ist nur noch eine Gebühr von 10 Euro zu übernehmen.) Wer Hartz IV bezieht, muss in der Regel gar nichts zahlen.

Voraussetzung für die Bewilligung von Prozesskosten- und Beratungshilfe in einem Scheidungsverfahren ist:

– Bedürftigkeit
– Das Trennungsjahr muss bereits abgelaufen sein.
– Ihr Ehegatte darf kein wesentlich höheres Einkommen haben als Sie (sonst muss er möglicherweise dafür aufkommen).

WISO Tipp

Sie haben auch dann einen Anspruch auf Prozesskostenhilfe, wenn bereits Ihr Ehepartner im gleichen Prozess Prozesskostenhilfe genehmigt bekommen hat.

Ein paar Sätze noch zum Thema Bedürftigkeit: Hier wird der Unterhalt mitgerechnet, den Sie von Ihrem Partner erhalten. Ein weiterer Ausschlussgrund ist verwertbares Vermögen. Bevor der Staat zahlt, müssen Sie solches Vermögen erst für die Kosten Ihrer Scheidung einsetzen. Ausnahmen sind geringe Barbeträge, die selbst bewohnte Immobilie und Vermögen, das der angemessenen Altersvorsorge dient.

Im Internet können Sie kostenlos ein Programm herunterladen, mit dessen Hilfe Sie in Erfahrung bringen können, ob Sie Anspruch auf Prozesskostenhilfe haben. Sie finden es unter: www. pkh-fix.de.

Prozesskostenhilfe beantragen Sie (oder Ihr Anwalt) beim für Sie zuständigen Amtsgericht.

WISO Tipp

Hat Ihr Partner ein hohes Einkommen oder ist er vermögend, kann das Gericht bestimmen, dass Ihr Partner Ihnen einen Prozesskostenvorschuss leisten muss, den Sie an das Gericht und den Anwalt weiterleiten.

Fazit

Ein Scheidungsverfahren ist teuer, der exakte Endpreis hängt vom Streitwert ab. Kosten lassen sich dadurch sparen, dass man sich einvernehmlich und nur mit einem Anwalt trennt. Das setzt aber viel Vertrauen voraus.

Anwalt und Mediation

Das Scheidungsverfahren ist nicht nur nervenaufreibend – es kostet auch Zeit und Geld. Zwar lässt sich in Deutschland vieles auch ohne Anwalt und Gericht regeln, doch kann eine Scheidung nicht ganz ohne Anwalt vonstatten gehen. Hier den richtigen zu finden ist nicht immer einfach: Worauf ist bei der Anwaltssuche zu achten? Sind Prädikatsanwälte grundsätzlich »besser« als andere Anwälte? Was tun, wenn der Anwalt schlampig arbeitet? Für die Beantwortung dieser Fragen soll Ihnen das folgende Kapitel eine Hilfestellung geben.

Oft jedoch lässt sich eine Klärung auch ganz ohne anwaltlichen Beistand herbeiführen, etwa durch Mediation. Auch hier können Sie einiges sparen.

Der Gang zum Anwalt

Der Schritt, wirklich zum Anwalt zu gehen, ist für Sie wahrscheinlich einer der schwersten Ihres Lebens. Dabei spielt es keine Rolle, ob Sie diesen Gang vor der Trennung wagen, um sich zu informieren, oder ob Sie den Anwalt nach dem Trennungsjahr bitten, bei Gericht die Scheidung für Sie einzureichen. Irgendwie hat man das Gefühl, damit das Scheitern der eigenen Ehe öffentlich zu machen.

Doch auch wenn Sie so weit sind, über Ihre Ehekrise mit einem Anwalt zu reden, stellt sich die Frage: Welchen Anwalt nehme ich? Nur wenige haben in ihrem Bekanntenkreis einen Fachanwalt für Familienrecht. Alle anderen müssen sich überlegen, wo sie suchen. Im Internet? Im Telefonbuch? Oder greift man auf eine Empfehlung aus dem Freundeskreis zurück? Doch dafür müssen Sie sich zunächst bei Ihren Freunden »outen«.

WISO Tipp

Wenn Ihnen ein Bekannter einen Anwalt empfiehlt, gehen Sie darauf ein. Alle anderen wären Ihnen ebenfalls fremd und so haben Sie – vielleicht – ein besseres Gefühl. Das ist im Verlauf des Verfahrens enorm wichtig.

Eines sollte Ihnen klar sein: Sie müssen Ihrem Anwalt a) voll vertrauen und ihm b) über alles in voller Ehrlichkeit Auskunft geben. Anwälte unterliegen der Schweigepflicht – egal welches Rechtsgebiet sie bearbeiten. Die Rechtsanwaltsgehilfen/-innen und Sekretariatsangestellten übrigens auch. Das heißt, auch wenn Ihnen von einem Freund ein Anwalt empfohlen wird, brauchen Sie keine Angst zu haben, Ihr Freundeskreis erführe aus der Kanzlei intime Details Ihres Ehelebens.

Der erste Anwaltsbesuch

Nicht nur für die persönlichen Gespräche, auch für telefonische Beratungen gilt: Je besser Sie vorbereitet sind, desto besser kann der Anwalt für Sie arbeiten.

Vor der Beratung sollten Sie sich die wesentlichen Fakten stichwortartig aufschreiben, um den Fall ausführlich und verständlich darstellen zu können. Listen Sie alle infrage kommenden Zeugen auf.

Je detaillierter Sie Ihren Fall schildern können, desto besser kann der Anwalt ihn bearbeiten. Verschweigen Sie nichts. Selbst Einzelheiten, die Ihnen unwichtig oder sogar schädlich erscheinen, können wichtige Hinweise für die Vorgehensweise Ihres Anwalts sein.

Machen Sie sich Gedanken darüber, welche Aufgaben Sie eventuell selbst erledigen können und welche Sie dem Anwalt überlassen möchten.

Bringen Sie zum ersten Gespräch alle Unterlagen, Urkunden und Schreiben mit, die relevant sein könnten. Dann kann viel schneller der Scheidungsantrag bei Gericht gestellt werden und es spart Ihnen und dem Anwalt Zeit (und Geld). Was Sie mitbringen sollten:

- Heiratsurkunde und Familienstammbuch
- Geburtsurkunde der Kinder
- Ehevertrag oder andere Verträge zwischen Ihnen und Ihrem Partner
- Mietvertrag (oder Eigentümernachweis Haus/Wohnung)
- Versicherungspolicen (auch diejenigen, die seit dem Trennungsjahr nur Sie betreffen)
- Konten-, Aktien- und Wertpapierdepotauszüge
- Grundbuchauszüge bei Immobilienbesitz
- Kfz-Brief
- Liste sonstigen Vermögens (Schmuck, Sammlungen etc.)
- Auflistung der Kredite
- Gehaltsbescheinigung beziehungsweise letzten Einkommensteuerbescheid (bei Freiberuflern oder Selbstständigen: Einkommensaufstellung, Gewinn-und-Verlust-Rechnung, Aufstellung des Firmenvermögens etc.)
- Kopien der Rechnungen für die Lebenshaltungskosten (beispielsweise Miete, Strom, Wasser, Telefon etc.)
- Schriftverkehr über Trennung und Scheidung

Vertrauensverhältnis

Sie sollten ein gutes Verhältnis zu Ihrem Anwalt haben, denn schließlich vertrauen Sie ihm Ihre privaten Probleme an.

Daher ist es sinnvoll, sich vorab über die infrage kommenden Anwälte zu informieren. Wenn Sie über das Telefonbuch, über Suchdienste oder Anzeigen einige Anwälte gefunden haben, rufen Sie sie ruhig an und erkundigen Sie sich nach ihren Erfahrungen auf dem für Sie relevanten Gebiet. Sie können auch die Homepage der Anwälte besuchen und sich schon einmal Profile, Lebensläufe und die Art der Präsentation anschauen und so eine persönliche Vorauswahl treffen. Sprechen Sie beim ersten Kontakt auch die möglichen Kosten an. Vergleichen Sie alle Antworten und machen Sie mit dem Anwalt, der Ihnen am meisten zusagt, einen Termin aus.

Folgende Kriterien sollte der Anwalt erfüllen:

- Er sollte sich Zeit für Sie nehmen.

WISO Tipp

Vertrauen Sie auf Ihr Gefühl: Stimmt die Chemie zwischen Ihnen und dem Anwalt, oder haben Sie ein ungutes Gefühl?

- Er sollte Ihnen vor der ersten Beratung mitteilen können, welche Unterlagen mitzubringen sind.
- Er sollte in der Besprechung Ihre Akte und Ihren Fall parat haben.
- Er sollte sofort auf Anrufe reagieren.
- Er sollte Ihren Standpunkt nachvollziehen können.
- Er sollte Ihre Motivation erforschen.
- Er sollte keine vorschnellen Zusagen abgeben.
- Seine Kanzlei sollte gut organisiert sein.
- Er sollte Sie über alle Vorgänge auf dem Laufenden halten.
- Die Bearbeitungszeit sollte nicht unnötig lang sein.

Wenn Schwierigkeiten auftreten

Auch für Anwälte gilt leider: Nobody is perfect. Klassische Fehler sind beispielsweise das Versäumen einer Frist oder die Nichtbeachtung einer Verjährung.

Bei folgenden Verhaltensweisen Ihres Anwalts sollten Sie stutzig werden:
- Wenn er die Sache schleifen lässt und nur dann tätig wird, wenn Sie ihn wiederholt dazu auffordern.
- Wenn er erst Beweise zu sammeln beginnt, sobald Sie ihn darauf hinweisen.
- Wenn er Ihnen nicht regelmäßig unaufgefordert wichtige Dokumente und Schriftstücke zurückschickt.
- Wenn er Sie nicht über das, was er tut beziehungsweise plant, informiert.
- Wenn er gelegentlich Fristen versäumt und sich blind auf sein Büropersonal verlässt.
- Wenn er Verhandlungen mit dem Gegner ablehnt oder sie nicht richtig führt.
- Wenn er, ohne über Kosten zu reden, einen Streit vor Gericht anstrebt statt eines Vergleichs.

Wenn Sie mit den Leistungen Ihres Anwalts nicht zufrieden sind, sollten Sie zunächst mit ihm darüber reden. Falls er darauf nicht reagiert, sollten Sie ihn in schriftlicher Form um eine Lösung des Problems bitten. Setzen Sie ihm eine angemessene Frist, üblich sind zwei Wochen.

Versäumnisse des Anwalts

Bei Versäumnissen des Anwalts gibt es die Möglichkeit, sich bei der zuständigen Rechtsanwaltskammer zu beschweren. Die Kammer fordert

dann von dem Anwalt eine Stellungnahme. Hat der Anwalt seine Berufs-
pflicht verletzt, riskiert er eine Rüge der Rechtsanwaltskammer.

Bei gravierenden Schwierigkeiten können Sie auch das Mandatsverhält-
nis kündigen und einen neuen Anwalt mit Ihrem Fall beauftragen. Aber
Vorsicht: Den bereits angefallenen Arbeitsaufwand müssen Sie Ihrem bisherigen Anwalt trotzdem bezahlen.

Haftung des Anwalts

Wie jeder Dienstleister haftet auch jeder Anwalt für sein Tun und seine
beruflichen Fehler, auch Ihr Anwalt für die ordnungsgemäße Erfüllung Ihres Scheidungsverfahrens.

Ihr Anwalt muss sich auf Ihre Angaben verlassen können. Er ist nicht zur
Recherche verpflichtet, ob Ihre Angaben auch der Wahrheit entsprechen.
Für fehlerhafte oder gar manipulierte Unterlagen haften ausschließlich Sie
selbst – nötigenfalls auch strafrechtlich. Nur bei Widersprüchen in Ihren
Angaben ist er verpflichtet, weiter nachzuforschen.

Wenn der Anwalt seine Berufspflichten verletzt hat und Ihnen dadurch ein
Schaden entstanden ist – zum Beispiel wenn Sie einen Prozess verlieren,
den Sie bei sachgemäßer Vertretung gewonnen hätten –, können Sie
Schadenersatz verlangen. Dazu müssen Sie ihm seine Fehler allerdings
nachweisen; am besten fordern Sie Ihren Anwalt zu einer schriftlichen
Stellungnahme zu Ihren Vorwürfen auf.

Indizien für Anwaltsfehler sind Klageabweisungen mit folgenden Formu-
lierungen: »Die Klage ist unzulässig« oder »Abweisung der Klage wegen
verspäteten Vorbringens«. Auch wenn ein Anwalt seinen Mandanten
falsch oder unvollständig über das Risiko eines Prozesses aufklärt, kann
der Anwalt möglicherweise für den Schaden haften, der mit einem verlo-
renen Prozess verbunden ist.

Jeder Rechtsanwalt muss für solche Fälle eine Berufshaftpflicht-
versicherung abgeschlossen haben. Nach drei Jahren verjäh-
ren allerdings Ihre möglichen Schadenersatzsprüche (§ 195
BGB).

Um die durch den Anwaltsfehler verloren gegangenen Ansprüche durchzusetzen, sollten Sie Rechtsrat bei einem anderen
Anwalt einholen und ihn zur Kündigung des Mandatsverhältnis-
ses befragen. Wichtig ist, dass Sie den gesamten Schriftverkehr
mit Ihrem ehemaligen Anwalt vorlegen können und alle Fakten
nennen. Verschweigen Sie nicht eigene Fehler!

WISO Tipp

Sie können Ihren Anwalt
nicht mehr in Regress nehmen, wenn die drei Jahre
verstrichen sind. Auch dann
nicht, wenn Sie überhaupt
keine Kenntnis von Ihren
Rechten hatten.

Das Honorar des Anwalts, der mit der Schadensregulierung beauftragt wird, gehört zum entstandenen Schaden, sodass keine zusätzlichen Kosten entstehen, wenn der Schadensfall anerkannt wird.

Wenn durch einen Fehler des Anwalts ein ungünstiger Scheidungsbeschluss ergeht, kann der Prozess durch ein Rechtsmittel eventuell noch gerettet werden. Der Anwalt haftet erst dann für einen Schaden, wenn dieser endgültig eintritt. Vorher muss versucht werden, den Prozess noch zu retten.

Wollen Sie nicht gleich vor Gericht ziehen, können Sie auch zunächst mit der zuständigen Rechtsanwaltskammer Kontakt aufnehmen. Die Rechtsanwaltskammern haben bei Schäden, die durch Verschulden des Anwalts entstehen, zwar keine Entscheidungsbefugnis, doch können sie immer versuchen, zwischen Ihrem Anwalt und Ihnen zu vermitteln.

Der Entzug des Mandats

Ändert sich im Verlauf des Scheidungsverfahrens Ihr Bild von Ihrem Anwalt, können Sie jederzeit zu einem anderen wechseln. Sie sind immer berechtigt, Ihrem Anwalt das Mandat zu entziehen, und zwar zu jedem Zeitpunkt des Verfahrens. Wichtig ist, dass Sie das Mandat schriftlich entziehen. Sie können dies selbst tun oder Sie können Ihren »neuen« Anwalt damit beauftragen. Ihr »alter« Anwalt ist in beiden Fällen verpflichtet, alle Unterlagen zu Ihrem Verfahren Ihnen beziehungsweise Ihrem neuen Anwalt zur Verfügung zu stellen.

Nur schriftlich!

Beauftragen Sie allerdings einen zweiten Anwalt, können Mehrkosten auf Sie zukommen. Denn meist verlangt der alte Anwalt noch seine ausstehenden Kosten. Wollen Sie die nicht zahlen, wird er klagen. Oder Sie haben einen Vorschuss geleistet, den Sie zurückhaben möchten, weil Sie der Ansicht sind, dass der »alte« Anwalt bis jetzt schlechte Arbeit geleistet habe.

Mehrkosten

Für Sie wird es in der Regel schwer sein, die mangelhafte Arbeit zu beweisen. Das liegt daran, dass Sie Ihren Anwalt grundsätzlich nicht mit Einzelaufgaben beauftragen. Wann er zum Beispiel einen Brief losschickt, ist seine Sache – er muss ihn nur fristgerecht versenden. Das Mandat, das Sie ihm erteilt haben, ist ein Auftrag zu den unterschiedlichsten Dienstleistungen und die werden von einem Anwalt selbstständig geplant. Ihr Anwalt ist in der konkreten Realisierung seines Mandates weitgehend frei.

Wie findet man einen guten Anwalt?

Wie finden Sie einen guten Anwalt? Eine wirklich schwierige Frage, schließlich ist neben der fachlichen Kompetenz auch die persönliche Sympathie hier wichtig. Gerade bei einem so heiklen, privaten Thema sollte eine Vertrauensbasis vorhanden sein. Erkundigen Sie sich am besten zunächst bei Ihren Freuden und Bekannten nach einer guten Adresse. Das ist meist der erfolgversprechendste Weg.

Anwalt oder Fachanwalt?

Ob ein »gewöhnlicher« Anwalt oder ein Fachanwalt für Familienrecht Sie besser berät, kommt natürlich auf den Anwalt im Einzelfall an. Aber auch auf Sie selbst, denn nicht jeder fühlt sich bei demselben Anwalt gleich wohl. Gerade im Familienrecht beziehungsweise während des Scheidungsverfahrens legen Sie viel Persönliches offen.

Die fachliche Kompetenz ist bei einem Fachanwalt für Familienrecht zumindest gegeben. Um diese Zusatzqualifikation zu erwerben, muss der Anwalt als Grundvoraussetzung bereits mehrere Jahre zugelassen sein. Zudem muss er eine Zusatzausbildung mit Abschlussprüfungen machen und daneben innerhalb von drei Jahren mindestens 120 familienrechtliche Fälle behandelt haben. Um diesen Titel danach nicht zu verlieren, verlangt die Rechtsanwaltskammer, dass sich der Fachanwalt jährlich auf diesem Rechtsgebiet fortbildet.

WISO Tipp

Der Fachanwalt für Familienrecht ist nicht teurer als der normale Anwalt, sondern rechnet mit demselben Gebührensatz ab. Es sei denn, Sie einigen sich auf eine Honorarvereinbarung.

Tätigkeitsschwerpunkt/Interessenschwerpunkt

Manche Anwälte werben mit dem Begriff »Tätigkeitsschwerpunkt«. Doch was steckt dahinter? Ein Anwalt darf diese Bezeichnung nur führen, wenn er seit seiner Zulassung auf einem bestimmten Gebiet mindestens zwei Jahre lang »nachhaltig« tätig gewesen ist. So schreibt es die Berufsordnung für Rechtsanwälte vor. Diese Angaben beruhen aber überwiegend auf der Selbsteinschätzung des jeweiligen Anwalts.

Die Werbung »Anwalt mit Interessenschwerpunkt Familienrecht« bedeutet lediglich, dass der Anwalt sich für dieses Gebiet besonders interessiert. Diese Bezeichnung ist also kein Qualitätsnachweis.

Selbstverständlich kann aber auch ein Anwalt, der das gefragte Rechtsgebiet nur als Interessenschwerpunkt hat, ein guter Anwalt sein.

Zertifizierung

Seit einiger Zeit gibt es vom Deutschen Institut für Normung – vergleichbar den DIN-Normen für Elektrogeräte – eine Qualitätssicherung für Dienstleistungsberufe. Auch Rechtsanwälte können sich der Zertifizierung nach DIN »EN ISO 9001« unterziehen.

Doch was heißt das konkret? Ist das für Sie auf der Suche nach einem Anwalt wichtig? Das Zertifikat bedeutet, dass die Kanzlei beziehungsweise Sozietät systematisch und kundenorientiert gegliedert ist und dementsprechend geführt wird. Es geht also um den Büroablauf, um die Arbeitsfunktion innerhalb einer Kanzlei.

Es existieren acht Kriterien bei der Prüfung des Qualitätsmanagements der Kanzlei (etwa durch die DEKRA oder den TÜV):

– Kundenorientierung
– Verantwortlichkeit der Führung
– Einbeziehung der beteiligten Personen
– Prozessorientierter Ansatz
– Systemorientierter Managementansatz
– Kontinuierliche Verbesserung
– Sachbezogener Entscheidungsfindungsansatz
– Lieferantenbeziehungen zum gegenseitigen Nutzen

Selbstverständlich garantiert Ihnen die Zertifizierung keinen erfolgreichen Scheidungsprozess. Bei der Auswahl Ihres Rechtsanwalts kann die Zertifizierung aber durchaus ein nicht unwichtiger Hinweis darauf sein, dass Ihr Favorit bereit ist, sich regelmäßigen externen Überprüfungen von Fachleuten auszusetzen. Das allein spricht für ein ausgeprägtes Selbstbewusstsein, was sicherlich für die Durchsetzung Ihrer Interessen förderlich ist.

Prädikatsanwalt

Für Ihre Entscheidung bei der Auswahl des für Sie »richtigen« Scheidungsanwalts gibt es seit einiger Zeit nun noch einen weiteren Maßstab: den des »Prädikatsanwalts«.

Bei Weitem nicht jeder deutsche Jurist schließt seine universitäre Laufbahn mit einem sogenannten Prädikatsexamen, also mit einer besonders guten Note, ab. Diejenigen jedoch, die dies erreicht haben, können in den »Club der Prädikatsanwälte« aufgenommen werden. Völlig dahingestellt bleibt allerdings, ob ein besonders guter universitärer Abschluss auch auf einen besonders guten Juristen im Alltag schließen lässt. Kriterien für den Prädikatsanwalt sind

– Prädikatsexamen,
– Fachanwaltstitel,
– fünf Jahre Berufserfahrung.

Der Titel Prädikatsanwalt ist in der Anwaltsbranche nicht unumstritten. Mittlerweile scheint es sogar fraglich, ob mit diesem weiterhin geworben werden darf.

Hierzu hat sich das Landgericht Regensburg geäußert: Ein juristischer Laie kann leicht annehmen, dass es sich beim Prädikatsanwalt um einen Spitzenjuristen handelt. Doch Prädikatsanwälte gibt es viele, daher würde der Laie mit der Werbung »Prädikatsanwalt« in die Irre geführt. (Landgericht Regensburg, Urteil vom 14. 01. 2009, Az.: 2 HK O 2062/08)

Dennoch: Für Sie kann es bei der Wahl des Anwalts Ihres Vertrauens ein weiteres Auswahlkriterium sein.

Online-Anwalt

Wir leben im Zeitalter des Internets. Da liegt der Schluss nahe, dass Sie nicht mehr unbedingt einen Anwalt in seiner Kanzlei aufsuchen müssen, sondern mit ihm online korrespondieren und dafür der Anwalt Ihr Anliegen bearbeiten kann, wann es ihm gerade terminlich am besten passt. Sie mailen ihm zu, was er für seine Arbeit benötigt, er schickt die meisten Anträge online ans Gericht weiter. Das spart Zeit und Geld.

Online-Anwälte benötigen die gleichen berufsrechtlichen Voraussetzungen und Zulassungen wie klassische Anwälte. Selbstverständlich gibt es auch Fachanwälte für Familienrecht, die online arbeiten.

Der Vorteil: Neben der Kostenersparnis haben Sie meist die Möglichkeit, Ihre Akte bei einem Online-Anwalt zu jeder Zeit via Internet (und Geheimzahl oder Kennwort) einzusehen. So erfahren Sie schnellstmöglich von jedem Schreiben, das Ihr Anwalt in Ihrem Fall losschickt.

Der Nachteil: Wer den persönlichen Kontakt mit seinem Anwalt sucht, ist bei einer solchen Kanzlei sicher nicht richtig aufgehoben.

Wir wollen an dieser Stelle nicht Werbung für die eine oder andere Internetseite machen; geben Sie daher einfach in einer Suchmaschine den Begriff »Scheidungsanwalt« ein – und Sie werden die Qual der Wahl haben!

Hilfe für die Anwaltssuche

Die Empfehlung von Freunden und Verwandten muss nicht unbedingt die beste für Sie sein, denn jeder Fall ist anders. Außerdem kann die Chemie zwischen dem Anwalt und Ihrem Bekannten gestimmt haben, was in Ihrem Fall jedoch ganz anders sein kann.

Machen Sie sich selbst auf die Suche, dann können Sie einen Blick ins Branchentelefonbuch werfen. Dort finden Sie die Anwälte alphabetisch nach Namen und Fachgebieten aufgelistet.

Anwaltvereine

WISO Tipp

Rufen Sie beim örtlichen Anwaltverein an. Dort bekommen Sie Informationen, welche Anwälte auf welches Rechtsgebiet spezialisiert sind. Sie können sich gegebenenfalls auch jemanden empfehlen lassen.

Recherchieren können Sie auch im Internet. Bei der Online-Auskunft des Deutschen Anwaltvereins können Sie nach dem passenden Anwalt und nach dem entsprechenden Fachgebiet suchen. Alternativ können Sie sich dort auch telefonisch Anwälte nennen lassen. Der Deutsche Anwaltverein ist der Berufsverband der deutschen Anwälte. Die örtlichen Anwaltvereine vertreten die Interessen der Anwälte, die dort Mitglied sind, alle Vereine gehören dem Dachverband des Deutschen Anwaltvereins an:

Deutscher Anwaltverein
Littenstraße 11
10179 Berlin
Tel.: 030-72 61 52-0
Fax: 030-72 61 52-190
E-Mail: dav@anwaltverein.de
www.anwaltverein.de

Rechtsanwaltskammern

Rechtsanwaltskammern geben zwar auch Adressen heraus, dürfen aber keine Empfehlungen aussprechen. Zum Hintergrund: Jeder Rechtsanwalt ist bei einer Rechtsanwaltskammer zugelassen. Im Bundesgebiet gibt es insgesamt 28 davon.

Die Rechtsanwaltskammer ist eine Körperschaft des öffentlichen Rechts und dient der Selbstverwaltung der Anwaltschaft. Sie gewährleistet damit die Unabhängigkeit der Anwaltschaft vor staatlicher Einflussnahme und sichert zugleich die hervorgehobene Stellung des Rechtsanwalts als unabhängiges Organ der Rechtspflege. Im Rahmen der Selbstverwaltung übt die Rechtsanwaltskammer Aufsichts- und Dienstleistungsfunktionen aus. Welche Rechtsanwaltskammer in Ihrer Region zuständig ist, erfahren Sie bei der Bundesrechtsanwaltskammer:

Bundesrechtsanwaltskammer
Littenstraße 9
10179 Berlin
Tel.: 030-28 49 39-0
Fax: 030-28 49 39-11
E-Mail: zentrale@brak.de
www.brak.de

Die Mediation

Zerbrechende Partnerschaften enden meist in Enttäuschung, Verletzung, Trauer, Wut, Streit, Vorwürfen und einer Gesprächsunfähigkeit. Anwälte ersetzen dann die Kommunikation zwischen Ihnen. Es wird um Vermögenswerte und Unterhalt gekämpft und Ihre Kinder werden schnell zu Streitobjekten vor Gericht.

Mediation ist ein Mittel der friedlichen Konfliktlösung. Sie sollen mithilfe eines neutralen Dritten – eines Mediators – auch in schwierigen Lebenssituationen Konflikte regeln und eigene Entscheidungen mit Ihrem Partner treffen. Sie und Ihr Partner bestimmen dabei, über welche Themen Sie sprechen möchten und welche Probleme Sie für die Zukunft regeln wollen. Denken Sie daran: Gerade wenn Kinder im Spiel sind, bleiben Sie – zumindest bis die Kinder groß sind – mit Ihrem Partner beziehungsweise Ex-Partner in Kontakt – gezwungenermaßen.

Die Ergebnisse der Mediation sind nicht »richtig« oder »falsch«, sondern dann gut, wenn sie von Ihnen als fair und stimmig erlebt werden und nicht *über* Ihre Kinder, sondern *für* Ihre Kinder verhandelt wurde. Das Ziel der Mediation ist eine Einigung zwischen Ihnen, die bei einer gerichtlichen Entscheidung eine tragfähige Grundlage für den künftigen Umgang miteinander und für die gemeinschaftliche Verantwortung für die Kinder bietet.

Am Ende einer Mediation sollten Ihre Vereinbarungen schriftlich und rechtsverbindlich festgehalten werden. Hierbei werden oft Anwälte eingeschaltet, bei Bedarf wird die Vereinbarung auch notariell beurkundet.

Der Beruf »Mediator« ist allerdings nicht geschützt. Erkundigen Sie sich beispielsweise bei der Bundesarbeitsgemeinschaft für Familienmediation (BAFM), die selbst die Ausbildung zum Mediator anbietet. Häufig sind Mediatoren Juristen oder Leute aus psychosozialen Berufen wie Psychologen oder Sozialarbeiter, die sich zum Mediator fortbilden.

Wie viele Sitzungen benötigt werden, hängt von Ihnen ab. In der Regel sind es zwischen drei und acht Sitzungen. Sie können aber auch jederzeit aus der Mediation wieder aussteigen.

WISO Tipp

Familienberatungsstellen bieten häufig für wenig Geld oder sogar kostenlos eine Mediation an.

Die Abrechnung erfolgt normalerweise nach Stundensätzen, bei Beratungsstellen teils auf Spendenbasis. Deshalb kann ein einheitlicher Honorarsatz nicht genannt werden – er kann zwischen 50 und 250 Euro pro Sitzung liegen. Vergewissern Sie sich deshalb zu Beginn, mit welchen Kosten Sie rechnen müssen.

Fazit

Die Wahl des Scheidungsanwaltes ist enorm schwierig: Wenn überhaupt, benötigt man ihn im Leben meist nur ein einziges Mal. Machen Sie sich im Freundes- und Bekanntenkreis kundig. Ein gutes Gefühl nach der Empfehlung durch einen Freund kann genauso wichtig sein wie ein Fachanwaltstitel oder ein Prädikatsexamen.

Familiensachen

Neues Verfahrensrecht in Familiensachen

Zum 1. September 2009 ist ein neues Verfahrensrecht in Familiensachen in Kraft

getreten. Das gerichtliche Verfahren wird erstmals in einer einzigen Verfahrensordnung

zusammengefasst und vollständig neu geregelt. Die vielleicht wichtigsten Punkte: Es gibt

jetzt sogenannte »Große Familiengerichte« für alle familienrechtlichen Streitigkeiten. Und:

Kinder haben jetzt in Scheidungsstreitigkeiten mehr Rechte.

Die Gründe für das neue Verfahrensrecht

Es ist ein Wortungetüm, das »Gesetz über das Verfahren in Familiensachen und in den Angelegenheiten der freiwilligen Gerichtsbarkeit (FamFG)«. Es wurde im Juni 2008 als Teil des Reformgesetzes (FGG-Reformgesetz oder FGG-RG) vom Bundestag verabschiedet, am 19. September passierte es den Bundesrat.

Durch das FamFG werden alle Familiensachen jetzt in einer einzigen Verfahrensordnung zusammengefasst. Das bisherige Gesetz über die Angelegenheiten der freiwilligen Gerichtsbarkeit (FGG) sowie Teile der Zivilprozessordnung werden ersetzt, soweit diese familienrechtliche Verfahren regelten wie Unterhalt, Adoptionsangelegenheiten oder die Vaterschaftsfeststellung. (Wenn Sie das neue Familienverfahrensgesetz im Wortlaut nachlesen möchten, finden Sie es im Bundesgesetzblatt Jahrgang 2008: Teil I, Nr. 61, S. 2586ff.)

Das Familienrecht hat sich im Lauf der Jahre zu einem großen eigenen Rechtsgebiet entwickelt. Allein die Scheidungsrate steigt stetig an: Heute werden rund 40 Prozent aller Ehen in Deutschland geschieden. Bisher waren Familienangelegenheiten beispielsweise in der Zivilprozessordnung, im Gesetz über die Angelegenheiten der freiwilligen Gerichtsbarkeit, in der Hausratsverordnung sowie in weiteren Gesetzen geregelt. Diese Streuung sollte reduziert werden. Durch das neue Gesetz werden die einzelnen Vorschriften zu Familienangelegenheiten gebündelt und noch weiter konkretisiert. Es werden mit dem neuen Recht die Möglichkeiten verbessert, familiäre Auseinandersetzungen gerichtlich so fair und schonend wie möglich auszutragen.

Scheidungsbeschluss statt Scheidungsurteil

Das zeigt sich auch an neuen Begriffen: Anstelle des Scheidungsurteils steht jetzt der Scheidungsbeschluss und Kläger und Beklagte wurden zu Beteiligten des Verfahrens.

Neue Gerichte

1976 wurden in Deutschland die Familiengerichte als Fachabteilungen der Amtsgerichte eingeführt. Sie waren neben allen Ehe-, Scheidungs- und Unterhaltsstreitigkeiten auch in Fragen der elterlichen Sorge zuständig. Daneben blieben aber zum Beispiel die Vormundschaftsgerichte bestehen, die weiterhin etwa über Adoptionen zu entscheiden hatten.

Große Famliengerichte

Durch die Reform werden jetzt »große Familiengerichte« gebildet, die alle

Rechtstreitigkeiten regeln, die mit Ehe und Familie zu tun haben. Das Vormundschaftsgericht wird aufgelöst. Dessen Aufgaben werden jetzt vom Familiengericht und dem neuen Betreuungsgericht übernommen. Letzteres wird für Betreuungsverfahren, Unterbringungsangelegenheiten und sonstige Maßnahmen bis hin zum möglichen Freiheitsentzug zuständig sein.

Änderungen in Kindschaftssachen

Die Belange der Kinder werden im neuen Recht besonders berücksichtigt. Sie erhalten einen besonderen Schutz und mehr Rechte im Verfahren, sind sie doch häufig die Opfer familiärer Konfliktsituationen. Die Verfahrensreform beschäftigt sich im Wesentlichen mit dem Sorge- und Umgangsrecht. Die Eltern werden angehalten, sich rechtzeitig vor dem Scheidungsantrag Gedanken hinsichtlich einer Regelung zu machen. Im Streitfall wird das Gericht versuchen, eine einvernehmliche Lösung zu finden. Das Kindeswohl steht im Mittelpunkt – ist es nach Ansicht des Gerichts gefährdet, muss dieses Maßnahmen ergreifen. Wichtig ist, dass bei all den (Rechts-)Streitigkeiten der Kontakt zwischen den Eltern und dem Kind nicht abbricht, sondern so weit wie möglich aufrechterhalten bleibt.

Erklärung über die elterliche Sorge

Als Antragsteller einer Scheidung müssen Sie eine Erklärung abgeben, ob Sie sich mit Ihrem Noch-Ehepartner auf eine Regelung in folgenden Punkten einigen konnten (§ 133 Abs. 1 FamFG):
– Elterliche Sorge
– Umgangsrecht
– Unterhaltspflicht
– Hausrat

In dieser »Erklärung über die elterliche Sorge« sollen Sie auch angeben, ob Sie bereits den Ehegattenunterhalt geregelt haben und sich über den Umgang mit der Ehewohnung sowie dem Hausrat einig sind.
Mithilfe dieser Erklärung über die elterliche Sorge sollen sich die Eheleute bewusst werden, was alles bei einer Scheidung geregelt werden muss und über welche Punkte sie sich am besten im Vorfeld friedlich einigen

sollten. Daneben sind die Auskunftspflichten für die Ehepartner erweitert worden. Damit können die Einkommens- und Vermögensverhältnisse im Unterhaltsverfahren schneller geklärt werden.

Überprüfungspflicht des Gerichts

Durch die Gesetzesreform kommt dem Familiengericht nun die Pflicht zu, in Fällen, in denen das Kindeswohl gefährdet scheint, seine eigene Entscheidung nach drei Monaten noch einmal zu überprüfen. Diese Frist dient als Anhaltspunkt, sie darf vom Gericht verkürzt oder auch verlängert werden. Hiermit soll sichergestellt werden, dass Eltern, die beim Gerichtstermin nur eine »einvernehmliche Show« präsentiert haben, im Alltag aber nicht das Kindeswohl berücksichtigen, damit nicht durchkommen.

Hat das Gericht Zweifel, dass die getroffenen Regelungen dem Kindeswohl entsprechen, kann es bei Angelegenheiten der elterlichen Sorge
– einen Erörterungstermin ansetzen,
– dazu das Jugendamt laden und
– die Teilnahme der Eltern anordnen.

Kindeswohlgefährdung

Bisher hatten die einschlägigen Paragrafen zur Kindeswohlgefährdung genau festgelegt, wann diese vorliegt. Es wurden »Vernachlässigung«, »unverschuldetes Versagen der Erziehungsberechtigten«, »unzureichender Schutz vor Dritten« sowie »missbräuchliche Ausübung der elterlichen Sorge« genannt.

Im Verfahrensablauf hatten die Richter eine dieser Ursachen festzustellen, um im Weiteren von einer Kindeswohlgefährdung ausgehen zu können. Diese Konkretisierungen wurden in der Neufassung des Gesetzes nicht übernommen. Im neuen Recht kommt es nur noch auf die aktuelle Situation des Kindes an, um eine Kindeswohlgefährdung festzustellen. Es muss nicht mehr in der Vergangenheit geforscht und Ursachen festgestellt werden, es genügen Tatsachen in der aktuellen Situation.

Der Eingriff in das elterliche Sorgerecht ist damit kein Abrechnen mehr mit den Leistungen der Eltern aus der Vergangenheit, sondern eine Prognose für die Zukunft des Kindes. Es gilt für die Richter, nur noch die Fragen zu beantworten:
– Ist das körperliche, geistige oder seelische Wohl des Kindes in Zukunft bedroht?

– Sind die Eltern gewillt und in der Lage, kommende Gefahren für das Kindeswohl abzuwehren?

Einstweilige Anordnung

Droht eine Entscheidung dem Kindeswohl zuwiderzulaufen oder unmöglich umzusetzen zu sein, können die Familienrichter jetzt den Eltern eine Beratung durch eine Kinder- oder Jugendhilfe verordnen. Diese kann allerdings nicht mit Zwangsmitteln durchgesetzt werden.

Zwangsmittel

Kommt es bei dem ersten Termin zu keiner Einigung bezüglich des Aufenthaltsorts des Kindes oder der Ausgestaltung des Umgangsrechts, wird das Gericht Aufenthaltsort und Umgangsrecht in einer einstweiligen Anordnung regeln. Vor einer solchen Entscheidung soll das betroffene Kind persönlich gehört werden.

Verfahrensbeistand

Die Mitwirkungsrechte des betroffenen Kindes im Verfahren wurden verstärkt. In schwierigen Fällen wird das Kind jetzt von einem sogenannten Verfahrensbeistand unterstützt. Dieser soll die Interessen des Kindes vertreten sowie das Kind über den Ablauf des Verfahrens und seine Möglichkeiten der Einflussnahme informieren. Der Verfahrensbeistand kann auf Anordnung des Gerichts eine aktive Rolle im Konflikt übernehmen und Lösungen für eine einvernehmliche Umgangsregelung vorschlagen. Der Verfahrensbeistand löst den früheren Verfahrenspfleger ab.

WISO Tipp

Ein über 14-jähriges Kind kann sich jetzt zur Durchsetzung seiner Rechte selbst vertreten.

Pflegepersonen/Umgangspfleger

Die Beteiligung von Pflegepersonen am Verfahren ist erweitert worden. Pflegeeltern können jetzt hinzugezogen werden, insbesondere wenn das Kind seit längerer Zeit bei ihnen lebt. Daneben können Umgangspfleger vom Gericht bestellt werden, wenn es Streit über den Umgang gibt. So kann sichergestellt werden, dass der Kontakt des Kindes zu dem Umgangsberechtigten nicht abbricht. Der Umgangspfleger kann Vorschläge machen, wann das Kind abgeholt und wieder zurückgebracht wird, er kann auch Ort und Uhrzeit festlegen.

WISO Tipp

»Einvernehmen« heißt in diesem Zusammenhang, dass Einigungen der Eltern (sofern sie nicht dem Kindeswohl zuwiderlaufen) Vorrang haben vor einem Lösungsvorschlag des Richters.

Das Familiengericht ist gehalten, in Kindschaftsangelegenheiten (Sorge-, Aufenthalts- und Umgangsrecht sowie bei der Herausgabe von Kindern) ein Einvernehmen der Beteiligten herzustellen (§ 156 FamFG).

Anordnungen des Familiengerichts/ Zwangsmaßnahmen

Verfahren beschleunigen

Bisher konnten Paare ein Verfahren immer wieder verschleppen, indem sie nur zögerlich Auskünfte über ihre Einkommens- und Vermögensverhältnisse gaben. Daher sind die Auskunftspflichten für zerstrittene Ehepartner erweitert worden. Nach dem neuen Recht kann der Richter eine kurze Frist zur Vorlage der Einkünfte setzen.

Oft wurden in der Vergangenheit immer wieder neue Anträge gestellt, um das Verfahren hinauszuzögern. So konnte man seinen Ex-Partner ärgern, der sich eventuell so schnell wie möglich scheiden lassen wollte. Denn der Richter konnte das Scheidungsurteil nur erlassen, wenn alle anderen Streitigkeiten auch geregelt waren. Das ist jetzt anders: Anträge werden nur noch im Scheidungsverfahren berücksichtigt, wenn sie dem Gericht zwei Wochen vor dem Termin vorliegen.

Bisher musste man außerdem immer, wenn man im Eilverfahren einen Unterhaltstitel erwirken wollte, gleichzeitig bei Gericht einen Klageantrag auf Unterhalt einreichen. Das ist jetzt nicht mehr nötig. Man kann auch nur im einstweiligen Rechtsschutzverfahren Unterhalt fordern. Dafür benötigt man dann auch keinen Anwalt. Der Vorteil ist hier: Der Klageweg kann ausgespart werden, denn häufig erledigen sich gerade Streitigkeiten über Unterhaltszahlungen schon durch das Eilverfahren.

Um eine Kindeswohlgefährdung abzuwehren, stehen dem Gericht neben dem oben schon geschilderten Erörterungstermin (mit Anwesenheitspflicht) und dem Hinzuziehen des Jugendamts nun noch weitere Möglichkeiten zur Verfügung.

Zunächst kann es von den Erziehungsberechtigten verlangen,

– öffentliche Hilfen etwa der Gesundheitsfürsorge anzunehmen und

– die Schulpflicht des Kinder einzuhalten.

Der Maßnahmenkatalog umfasst jetzt aber auch drastischere Eingriffe den Eltern gegenüber:

- Ein Verbot, Orte, an denen sich das Kind regelmäßig aufhält, zu besuchen (auch dessen regelmäßigen Wohnsitz)
- Ein Verbot, Verbindung mit dem Kind aufzunehmen (auch telefonisch)
- Aufhebung von Sorgerechtsvereinbarungen der Eltern bis hin zum
- Sorgerechtsentzug

Neuer Maßnahmenkatalog

Dieser neue Maßnahmenkatalog kann – im Unterschied zu den alten Zwangsmitteln – auch noch nach Ablauf der gerichtlichen Entscheidung festgesetzt und vollstreckt werden.

Bisher konnten die Anordnungen der Familienrichter mit Zwangsgeldern oder Zwangshaft durchgesetzt werden. Diese Maßnahmen waren auf die Durchsetzung des zukünftigen Verhaltens gemünzt.

Ordnungsgeld

Nun steht seit dem 1. September 2009 den Familienrichtern ein neues Zwangsmittel zur Verfügung: das Ordnungsgeld. Hiermit können bereits abgeschlossene oder unterlassene Handlungen der Eltern geahndet werden, insbesondere wenn sie sich nicht an
- eine vereinbarte Umgangsregelung beziehungsweise
- die Herausgabe von Personen (also meist der Kinder)
gehalten haben.

Wird das Ordnungsgeld von dem Elternteil nicht gezahlt, kann der Familienrichter Ordnungshaft verhängen (§ 89, Abs. 1 FamFG).

Als Ultima Ratio hat das Gesetz nun auch die »geschlossene Unterbringung«, also den Freiheitsentzug eines Kindes, konkretisiert. Bei Minderjährigen ist das aber nur noch mit Beteiligung des Familiengerichts möglich. Dieser Schritt soll zur »Abwendung einer erheblichen Selbst- oder Fremdgefährdung« des Kindes erlaubt sein.

Neue Rechtsmittel

Das alte Gesetz über die freiwillige Gerichtsbarkeit (FGG) regelt jetzt die Betreuung, Unterbringung, Nachlass- und Registersachen. Diese Angelegenheiten bleiben im bisherigen FGG geregelt, sind aber komplett überarbeitet worden. Gerade die Verfahrensordnung ist neu strukturiert, Rechtsmittel werden übersichtlich zusammengefasst.

Rechtsbeschwerde
zum Bundesgerichthof

Ab jetzt wird erstmals in Angelegenheiten der freiwilligen Gerichtsbarkeit die Rechtsbeschwerde zum Bundesgerichtshof zugelassen. (Sie ersetzt die alte »weitere Beschwerde zum Oberlandesgericht«.) Diese Rechtsbeschwerde zum obersten deutschen Zivilgericht ist möglich, wenn die bestehende Rechtsprechung vereinheitlicht werden soll, also Richter unterer Instanzen auf eine Richtungsentscheidung pochen. Außerdem soll sie in besonders grundrechtsrelevanten Fällen wie Betreuungssachen, Angelegenheiten der Unterbringung und des Freiheitsentzugs eingelegt werden dürfen. Durch die Beschwerde zum Bundesgerichtshof erlangt dieser viel größeren Einfluss auf die Rechtsprechung im Bereich der freiwilligen Gerichtsbarkeit.

Fazit

Das neue Verfahrensrecht soll das Scheidungsverfahren vor allem schneller machen. Ob das wirklich gelingt, dafür liegen noch keine Zahlen vor.

Eingetragene Lebenspartner-schaft

Seit das Lebenspartnerschaftsgesetz im Jahr 2001 in Kraft getreten ist, können Sie in Deutschland auch als gleichgeschlechtliches Paar in einem eheähnlichen Verhältnis leben. Wo wurden die gesetzlichen Regelungen der Ehe für Sie als eingetragene Lebenspartnerschaft übernommen? In welchen Fällen fehlen vergleichbare Vorschriften?

Die Lebenspartnerschaft: gesetzliche Regelungen

Von den knapp 70 000 in Deutschland lebenden gleichgeschlechtlichen Paaren sind 15 Prozent als eingetragene Lebenspartnerschaften registriert, umgangssprachlich wird häufig von »Homo-Ehe« gesprochen. Eine Lebenspartnerschaft nach dem Lebenspartnerschaftsgesetz (LPartG) kann nur eingehen, wer

– gleichen Geschlechts ist.
– nicht verheiratet ist.
– nicht bereits in einer eingetragenen Lebenspartnerschaft lebt.
– volljährig ist.
– eine »unbefristete« eingetragene Lebenspartnerschaft eingehen möchte.
– eine Erklärung über den Vermögensstand abgegeben hat.
– nicht in gerader Linie verwandt oder voll- oder halbgebürtig verschwistert ist.

Wollen Sie eine Lebenspartnerschaft eintragen lassen, sind in den meisten Bundesländern die Standesämter für Sie zuständig. Doch erkundigen Sie sich vorher: In Baden-Württemberg zum Beispiel sind die Landratsämter beziehungsweise die Stadtverwaltungen die richtigen Ansprechpartner, in Brandenburg die Gemeinden und in Thüringen die Kreisverwaltungen.

Die Lebenspartnerschaft begründet für Sie weitreichende Pflichten, aber auch Rechte. Sie sind zur gegenseitigen Fürsorge und Unterstützung verpflichtet sowie zur gemeinsamen Lebensgestaltung. Kurz: Sie tragen füreinander Verantwortung (§ 2 LPartG). Ihre Pflichten aus der eingetragenen Lebenspartnerschaft sind folgende:

– gemeinsame Lebensführung
– gegenseitiger Beistand
– lebenspartnerschaftlicher Unterhalt

Sie haben aber auch Rechte, wenn Sie Ihre Lebenspartnerschaft eintragen lassen:

– gemeinsamer Familienname
– gemeinsame Schlüsselgewalt
– Reduzierung des Sorgfaltsmaßstabs auf die eigenübliche Sorgfalt in gewohnheitsmäßigem Verhalten. Grenze hierbei ist die grobe Fahrlässigkeit (§277 BGB).

Der gemeinsame Name

Sie können einen gemeinsamen Namen, einen Lebenspartnerschaftsnamen wählen (§ 3 LPartG), indem Sie entweder Ihren oder den Ihres Partners zum gemeinsamen Namen bestimmen. Derjenige, dessen Name nicht Lebenspartnerschaftsname wird, kann seinen Nachnamen anhängen oder voranstellen.

Folgende Konstellationen sind möglich, wenn beispielsweise Stefan Bauer und Jürgen Schreiner eine eingetragene Lebenspartnerschaft eingehen:

– Stefan und Jürgen Bauer
– Stefan und Jürgen Schreiner
– Stefan Bauer und Jürgen Bauer-Schreiner
– Stefan Bauer und Jürgen Schreiner-Bauer
– Stefan Bauer-Schreiner und Jürgen Schreiner
– Stefan Schreiner-Bauer und Jürgen Schreiner

Nicht möglich ist jedoch, dass Sie als gemeinsamen Namen Ihre beiden Nachnamen als Doppelnamen wählen. Um im Beispiel zu bleiben: Sie dürfen nicht Stefan Bauer-Schreiner und Jürgen Bauer-Schreiner als Lebenspartnerschaftsnamen führen.

Dreifachnamen sind grundsätzlich ausgeschlossen, auch wenn einer von Ihnen bereits einen Doppelnamen mit in die eingetragene Lebenspartnerschaft einbringt.

Güterrecht

Das Güterrecht befasst sich mit Ihren Vermögensverhältnissen. Der Güterstand wird durch die Eintragung der Lebenspartnerschaft begründet und durch die Aufhebung beziehungsweise den Tod aufgelöst, das in der Lebenspartnerschaft angesammelte Vermögen aufgeteilt. Sind Sie als Lebenspartnerschaft eingetragen, gilt für Sie gesetzlich der Güterstand der Zugewinngemeinschaft. Das heißt, alles, was Sie zu Beginn der Lebenspartnerschaft besitzen, bleibt Ihr alleiniges Eigentum. Dagegen wird alles, was Sie gemeinsam während der eingetragenen Partnerschaft erwirtschaften, am Ende der Partnerschaft ausgeglichen (daher auch bis Ende 2004 die Bezeichnung »Ausgleichsgemeinschaft«, § 6 Abs. 2 LPartG).

Ausgleichsgemeinschaft

Von der gesetzlichen Regelung können Sie abweichen, indem Sie Ihre güterrechtlichen Verhältnisse durch einen sogenannten Lebenspartnerschaftsvertrag regeln, der vor einem Notar geschlossen werden muss, um gültig zu sein. In dem notariellen Vertrag können Sie zum Beispiel bestimmte Vermögenswerte wie Firmenbeteiligungen von der Zugewinngemeinschaft ausschließen. Möglich ist auch die Vereinbarung, dass die Zugewinngemeinschaft nur im Todesfall eines der beiden Partner greifen soll, nicht jedoch bei Aufhebung der eingetragenen Lebenspartnerschaft. Selbstverständlich können Sie Ihre Vermögen durch einen Lebenspartnerschaftsvertrag auch komplett voneinander trennen. Dann steht Ihnen jeweils nur das am Ende zu, was Sie selbst erwirtschaftet und verwaltet haben.

Haben Sie vertraglich nichts vereinbart, gelten für Sie ansonsten die Vorschriften aus dem ehelichen Güterrecht (§ 8 LPartG). Sie besitzen zum Beispiel auch die sogenannte gemeinsame Schlüsselgewalt. Das heißt, dass – vergleichbar zur Ehe – jeder von Ihnen berechtigt ist, Geschäfte zur Deckung des angemessenen Lebensbedarfs auch für den anderen abzuschließen. Durch solche Geschäfte werden Sie beide berechtigt und verpflichtet.

Erbrecht

Stirbt einer von Ihnen und liegt kein Testament vor, erbt der überlebende Lebenspartner qua Gesetz. Sie sind als eingetragener Lebenspartner ein gesetzlicher Erbe und haben neben den anderen Erben einen Teilanspruch auf den Nachlass. Dessen Höhe richtet sich nach den Verwandtschaftsverhältnissen der anderen gesetzlichen Erben. Sie erben als Lebenspartner:

– neben Kindern zu einem Viertel
– neben Eltern, Geschwistern, Geschwisterkindern und Großeltern zur Hälfte

Zusätzlich erhält der überlebende Lebenspartner wie der Ehepartner pauschal ein Viertel der Erbschaft als Zugewinnausgleich.

Beispiel
Ihr Lebenspartner hat noch einen Vater und einen Bruder. Stirbt Ihr Partner, bekommen Sie als gesetzlicher Erbe neben dem Vater und dem Bruder (er erbt

anstelle der Mutter) die Hälfte des Nachlasses. Zudem steht Ihnen als Zugewinnausgleich ein weiteres Viertel zu. Sie erben also drei Viertel des Vermögens, der Vater und der Bruder jeweils ein Achtel.

Sind weder Kinder, Eltern, Geschwister, Geschwisterkinder oder Großeltern vorhanden, ist der Lebenspartner Alleinerbe. Wird er enterbt, steht ihm zumindest der Pflichtteil zu.

Sie können natürlich auch immer ein Testament schreiben und Ihren Lebenspartner als Alleinerben einsetzen. In Deutschland ist es für Sie sogar möglich, ein gemeinsames Testament (zum Beispiel ein Berliner Testament) zu erstellen. Ist der Lebenspartner ausländischer Herkunft, richtet sich das Erbrecht nach dem entsprechenden Landesrecht.

Ein Lebenspartner erbt nur während der Dauer der eingetragenen Lebenspartnerschaft, danach nur, wenn er im Testament seines Partners bedacht wurde.

Wollen Sie die Lebenspartnerschaft auflösen, sollten Sie daran denken, dass Sie in einem gemeinschaftlichen Testament Ihre Entscheidung nicht so schnell revidieren können. Wollen Sie es einseitig ändern, müssen Sie zum Notar.

WISO Tipp

Denken Sie auch an Ihre Lebensversicherung: Ist Ihr Partner Begünstigter, ändert auch die Auflösung Ihrer eingetragenen Lebenspartnerschaft daran nichts.

Nach dem Erbschaft- und Schenkungsteuergesetz werden Ehegatten in die Steuerklasse I eingeordnet und unterliegen damit den niedrigsten Steuersätzen. Ehegatten kommen ferner in den Genuss des höchsten Freibetrags und haben daneben einen Anspruch auf den Versorgungsfreibetrag.

Auch Sie als eingetragener Lebenspartner können seit diesem Jahr den höchsten Freibetrag für Schenkungen und im Fall einer Erbschaft geltend machen. Sie können wie Ehepartner 500 000 Euro steuerfrei erben. Daneben steht Ihnen auch der Versorgungsfreibetrag in Höhe von 256 000 Euro zu. Jedoch bleiben Sie weiterhin in der schlechten Steuerklasse III.

Sorgerecht

Leben Sie mit einem Partner zusammen, der ein Kind mit in die Beziehung bringt, können Sie für dieses das Sorgerecht erhalten. Allerdings ist der Erhalt abhängig davon, ob Ihr Partner allein sorgeberechtigt ist oder ob ein gemeinsames Sorgerecht mit seinem Ex-Partner besteht.

WISO Tipp

Im Erbschaft- und Schenkungsteuerrecht sind Sie nicht den Ehegatten gleichgestellt.

Übt Ihr Partner die elterliche Sorge allein aus, erwerben Sie – wie ein Stiefelternteil – ein sogenanntes kleines Sorgerecht. Das heißt, Sie können zum Wohle des Kindes Entscheidungen des täglichen Lebens treffen, beispielsweise:

– über Schlafenszeiten
– über das Fernsehprogramm
– hinsichtlich üblicher Arztbesuche

Auch bei Gefahr im Verzug, das heißt in Notfällen, dürfen Sie selbstständig handeln. Sie müssen Ihren Partner aber danach unverzüglich über den Vorgang informieren. Steht das Sorgerecht dagegen Ihrem Partner und dessen Ex-Partner zu, sollten Sie zumindest für die Alltagsangelegenheiten eine Bevollmächtigung bekommen. Ihr Partner kann Ihnen, wenn das Kind bei Ihnen lebt, eine schriftliche Ermächtigung für die Entscheidungen des täglichen Lebens geben. Diese sollten Sie gerade bei Arztbesuchen oder Schulangelegenheiten bei sich führen.

Dagegen können Sie bei bedeutenden Angelegenheiten, die das Kind betreffen, nicht mitbestimmen, es sei denn, der Ex-Partner hat Ihnen dies schriftlich eingeräumt. Ansonsten können in diesen Angelegenheiten die leiblichen Eltern nur gemeinsam entscheiden.

Stirbt Ihr Partner und lebt das Kind bei Ihnen, kann auf Antrag das Familiengericht entscheiden, dass das Kind zunächst bei Ihnen wohnen bleibt – selbst dann, wenn der andere leibliche Elternteil das Sorgerecht besitzt oder nach dem Todesfall zugesprochen bekommt. Für die Entscheidung steht das Wohl des Kindes im Vordergrund: Hat sich zwischen Ihnen und dem Kind während des Zusammenlebens eine sehr enge Bindung entwickelt, wird es dem Kind in der Regel nicht guttun, gleich aus dem gewohnten Umfeld gerissen zu werden. Durch den Beschluss des Gerichts wird das Aufenthaltsbestimmungsrecht des leiblichen Elternteils sozusagen »überstimmt«.

Adoption

Umfragen zufolge möchte heute jede zweite lesbische Frau und jeder dritte schwule Mann gerne in einer Familie mit Kindern leben. Sie bilden dann zusammen eine sogenannte Regenbogenfamilie. Oft gibt es auch bereits Kinder aus einer früheren heterosexuellen Beziehung. Dennoch wünschen sich viele Paare daneben ein eigenes Kind.

Sie können in einer eingetragenen Lebenspartnerschaft ein fremdes Kind adoptieren. Jedoch geht das nicht gemeinsam: Entweder Sie oder Ihr Partner adoptieren das Kind, der jeweils andere muss der Adoption zustimmen.

Ein fremdes Kind zu adoptieren ist in Deutschland nur selten möglich, nur sehr wenige Kinder stehen zur Adoption bereit. Größere Erfolgschancen haben Sie bei einer Auslandsadoption. Hier müssen Sie hoffen, dass die ausländische Behörde tolerant ist – und nichts gegen die Adoption durch ein homosexuelles Paar hat. Für die Beratung und die Vermittlung sind in Deutschland die Adoptionsvermittlungsstellen der Jugendämter zuständig, aber auch freie Träger wie der Caritasverband oder das Diakonische Werk. Bei Interesse an einer Auslandsadoption können Sie sich ebenfalls an die Jugendämter wenden, aber auch an spezialisierte Vermittlungsstellen in freier Trägerschaft. Über seriöse Anbieter informiert die Bundeszentrale für Auslandsadoption.

Wie in der Ehe ist es auch möglich, dass Sie das leibliche Kind Ihres Lebenspartners adoptieren, die sogenannte Stiefkindadoption. Jedoch muss der andere leibliche Elternteil hier zustimmen.

Stiefkindadoption

Sozialrecht

In fast allen Bereichen, die das deutsche Sozialgesetzbuch betreffen, sind mittlerweile eingetragene Lebenspartnerschaften der Ehe gleichgestellt. Das betrifft unter anderem:

– Arbeitslosengeld
– Elterngeld
– Sozialversicherungen
– Wohngeld
– Unterhaltsvorschuss
– Rente wegen Todesfall
– Familienversicherung innerhalb der gesetzlichen Krankenversicherung.

Gleiches gilt auch für das Mietrecht (hier tritt der Lebenspartner wie der Ehepartner nach dem Tod des Mieters in das Mietverhältnis ein), das Zeugnisverweigerungsrecht (auch nach Beendigung der eingetragenen Lebenspartnerschaft) und das Ausländerrecht (etwa bei der Einbürgerung gibt es keine Unterschiede zur Ehe).

Arbeitsrecht

Im Arbeitsrecht haben die höchsten deutschen Gerichte eine Gleichstellung der eingetragenen Lebenspartnerschaft mit der Ehe bewirkt, insbesondere in den Bereichen:

- Ortszuschlag für Beamte und nach dem Bundesangestelltentarif
- Arbeitsbefreiung wegen Todesfall oder Geburt
- Hinterbliebenenversorgung innerhalb der gesetzlichen Rentenversicherung

Aber auch bei der betrieblichen Hinterbliebenenversorgung sollen Sie als eingetragener Lebenspartner nicht mehr schlechter dastehen als ein überlebender Ehepartner. Ist Ihr Lebenspartner verstorben und steht ihm eine Betriebsrente zu, so haben auch Sie einen Anspruch darauf, wenn für Ehegatten im Rahmen der betrieblichen Altersversorgung eine dahingehende Zusage gemacht wurde. Das Bundesarbeitsgericht bezieht sich in seiner Entscheidung auf das seit 2006 geltende Allgemeine Gleichbehandlungsgesetz. (BAG; Urteil vom 14.01.2009, Az.: 3 AZR 20/07)
Im deutschen Beamtenrecht existieren noch immer bedeutsame Unterschiede, weil über ihre jeweilige Ausgestaltung die einzelnen Bundesländer entscheiden. Das sollte sich mit Einführung des Lebenspartnerschaftsergänzungsgesetzes ändern, doch hat der Bundesrat die Zustimmung dazu verweigert. So erhalten Sie als Partner beispielsweise keinen Ehegatten- beziehungsweise Familienzuschlag und keine Beihilfe, es sei denn, Sie sind selbst Beamter.

Beispiel
Sie leben als Beamtin mit einer Frau in einer eingetragenen Lebenspartnerschaft. Dennoch haben Sie keinen Anspruch auf den Verheiratetenzuschlag. Die Beschränkung des Zuschlags auf verheiratete Beamte ist verfassungsgemäß, so das Bundesverfassungsgericht. (Bundesverfassungsgericht; Beschluss vom 20.09.2007, Az.: 2 BvR 855/06)

Steuerrecht

Die eingetragene Lebenspartnerschaft genießt nicht den verfassungsrechtlichen Schutz der Ehe nach Artikel 6 unseres Grundgesetzes. Diese verfassungsrechtliche Unterscheidung zwischen Ehe und eingetragener

Lebenspartnerschaft wird aber nur dann für Sie spürbar, wenn sich die obersten Gerichte darauf berufen.

Im Alltag dürften für Sie gerade die Unterschiede im Steuerrecht sehr bedeutend sein. Viele steuerrechtliche Vorteile, die Ehepartner genießen, gelten für Sie nicht. Darunter fallen etwa:

- Ehegattensplitting
- Steuerklassenwahlrecht
- Doppelter Sparerpauschbetrag
- Doppelter Werbungskostenpauschbetrag
- Günstigere Steuersätze im Schenkung- und Erbschaftsteuerrecht
- Grunderwerbsteuerrecht
- Vermögensbildungsgesetz
- Altersvermögensgesetz
- Abgabenordnung innerhalb des Steuerrechts

Beispiel

Sie können kein Ehegattensplitting geltend machen, denn Sie haben als eingetragene Lebenspartnerschaft keinen Anspruch auf Durchführung einer Zusammenveranlagung zur Einkommensteuer unter Anwendung des Splittingtarifs. Der Gesetzgeber hat eine einkommensteuerrechtliche Gleichstellung mit Ehegatten nicht gewollt. (Bundesfinanzhof; Urteil vom 26.01.2006, Az.: III R 51/05)

Aufhebung der Lebenspartnerschaft

In einem Scheidungsratgeber sind das für Sie wahrscheinlich die interessantesten Fragen: Wie wird eine eingetragene Lebenspartnerschaft »geschieden«? Was bedeutet die Aufhebung der eingetragenen Lebenspartnerschaft für den Unterhalt?

Wenn Sie die Aufhebung Ihrer eingetragenen Lebenspartnerschaft anstreben, müssen Sie dafür beim Familiengericht einen Aufhebungsbeschluss erwirken. Zuständig ist das Familiengericht, in dessen Bezirk sich Ihr letzter gemeinsamer Wohnsitz befand. Stellen Sie allein den Antrag, ist das Gericht zuständig, wo der andere Lebenspartner seinen Wohnsitz hat.

Aufhebungsbeschluss beim Familiengericht

Ist Ihr Partner Ausländer, ist die Frage zu klären, ob überhaupt ein deutsches Gericht zuständig ist. Deutsche Gerichte sind immer dann für den Aufhebungsbeschluss zuständig, sobald

- mindestens einer der beiden Partner Deutscher ist,

– mindestens einer der beiden seinen »gewöhnlichen Aufenthaltsort« in Deutschland hat oder

– der Registerort der eingetragenen Lebenspartnerschaft in Deutschland liegt.

Die Voraussetzungen für die Aufhebung einer eingetragenen Lebenspartnerschaft sind seit dem Jahr 2005 denen einer Ehescheidung fast gleichgestellt worden (§ 15 LPartG). Wollen Sie die Lebenspartnerschaft aufheben, müssen Sie auch hier zunächst ein Jahr getrennt leben (zuvor war noch eine öffentlich beurkundete Erklärung notwendig). Die eingetragene Lebenspartnerschaft wird, wie bei einer Ehe, durch den Beschluss eines Familiengerichts aufgehoben. Will nur einer von Ihnen die Aufhebung, müssen Sie drei Jahre abwarten. Allerdings kann die eingetragene Lebenspartnerschaft auch direkt (ohne die zwölf beziehungsweise 36 Monate Trennungszeit) aufgehoben werden, wenn die Fortsetzung für einen von Ihnen eine »unzumutbare Härte« bedeutet. Ähnlich wie bei der Ehescheidung liegt die Messlatte hierfür sehr hoch. In der Regel wird Gewalttätigkeit eines Partners eine vorzeitige Aufhebung der eingetragenen Lebenspartnerschaft ausreichend begründen.

Anders als im Eherecht können Sie allerdings nicht nach einem Jahr des Getrenntlebens allein die Aufhebung der Partnerschaft bei Gericht beantragen. Stimmt der andere Partner der Aufhebung nicht zu, müssen Sie drei Jahre abwarten. Das Gericht kann sich für den Zeitraum zwischen ein und drei Jahren durch Anhörung der Parteien oder durch Zeugenaussagen selbst kein Bild davon machen, ob die Lebenspartnerschaft zerrüttet ist oder nicht. Im Eherecht ist ein solcher Antrag möglich – im Lebenspartnerschaftsrecht nicht. Der trennungswillige Partner muss also drei Jahre warten, wenn der andere mit der Aufhebung nicht einverstanden ist, auch wenn die Partnerschaft »zerrüttet« ist.

WISO Tipp

Bekommen Sie die Wohnung zugewiesen, die Ihrem Partner gehört, können Sie aber angewiesen werden, Ihrem Partner eine angemessene Miete beziehungsweise Nutzungsvergütung zu zahlen.

Da Sie auf den Trennungsunterhalt nicht verzichten können, bestehen hier finanzielle Risiken für denjenigen, der die Aufhebung wünscht.

Bei einem Streit während der Aufhebung einer eingetragenen Lebenspartnerschaft kann das zuständige Familiengericht einem von Ihnen die Wohnung zuteilen. Der Vermieter muss der Entscheidung des Familiengerichts Folge leisten. Denken Sie aber daran, den Mietvertrag umzuschreiben. Ansonsten haftet auch der ausgezogene Partner gegenüber dem Vermieter weiter, zum Beispiel für den Mietzins und die Schönheitsreparaturen.

Für den Hausrat gelten während der Trennungszeit und nach Aufhebung der eingetragenen Lebenspartnerschaft vergleichbare Regelungen wie bei der Ehe. Im Streitfall wird jeder Partner seine Kleidung behalten können, der Hausrat muss »nach Billigkeit« aufgeteilt werden (wozu auch das Auto gehört, wenn es überwiegend für Familienfahrten eingesetzt wurde). Möglich sind auch Ausgleichszahlungen für das Auto und den in der Wohnung verbleibenden Hausrat.

Das Vermögen wird nach der Aufhebung Ihrer Lebenspartnerschaft so aufgeteilt, wie Sie es vorher festgelegt haben:

– Bei Zugewinngemeinschaft: Jeder behält das von ihm mit in die eingetragene Lebenspartnerschaft gebrachte Eigentum. Der gemeinsam erwirtschaftete Zugewinn zwischen Eintragung und Aufhebung wird hälftig geteilt.
– Bei notariellem Vertrag: So wie es in diesem vereinbart war, es sei denn, der Vertrag ist sittenwidrig.
– Bei Vermögenstrennung: Jeder erhält das, was ihm gehört.

Umgangsrecht

Auch wenn Ihre Lebenspartnerschaft aufgehoben wird, müssen Sie den Kontakt zu Ihrem Stiefkind, das mit Ihnen in der sogenannten Regenbogenfamilie gelebt hat, nicht abbrechen. Ihnen steht ein eigenes Umgangsrecht zu. Bedingungen für das Umgangsrecht sind das Wohl des Kindes und die längere häusliche Gemeinschaft mit ihm. Eine Blutsverwandtschaft muss nicht bestehen.

Haben Sie eine enge Beziehung zu dem Kind aufgebaut, wird es dem Kind in seiner Entwicklung in der Regel guttun, den Kontakt mit Ihnen aufrechtzuerhalten, auch wenn es nach der Trennung bei seinem leiblichen Elternteil lebt. Wie das Umgangsrecht konkret aussieht, sollten Sie mit Ihrem Ex-Partner besprechen. Sie können das Kind zum Beispiel besuchen oder mit ihm telefonieren.

Beispiel

Sie haben drei Jahre mit Ihrem Partner und seinem Sohn in einer eingetragenen Lebenspartnerschaft gelebt. Davor wohnten Sie schon fünf Jahre zu dritt zusammen. Sie haben sich tagsüber um die Erziehung des Sohnes gekümmert, Ihr Partner war zu der Zeit arbeiten. Man kann davon ausgehen, dass Sie ein enges Verhältnis zu dem Sohn aufgebaut haben. Ist das der Fall, können Sie notfalls das Umgangsrecht vor Gericht einklagen.

Unterhalt

Leben Sie getrennt, können Sie wie im Eherecht von Ihrem Partner möglicherweise Unterhalt verlangen. Die Höhe richtet sich nach Ihren Lebensverhältnissen und den Erwerbs- und Vermögensverhältnissen. Gerade wenn Sie nicht erwerbstätig sind, muss Ihnen der Lebenspartner in der Regel einen angemessenen Unterhalt gewähren (§ 12 LPartG).

Nach der Aufhebung der eingetragenen Lebenspartnerschaft sollte jeder von Ihnen grundsätzlich für seinen Unterhalt selbst aufkommen (§ 16 LPartG), doch das ist nicht immer realisierbar. Es kann Gründe dafür geben, warum Sie nicht arbeiten und für sich selbst sorgen können, beispielsweise:

- Kinderbetreuung
- Alter
- Krankheit
- Gebrechen

Sie können schon bei Eintragung der Lebenspartnerschaft den nachpartnerschaftlichen Unterhalt ausschließen. Halten Sie das schriftlich fest. So sind Sie mit Aufhebung der Partnerschaft nicht mehr finanziell für den anderen verantwortlich.

Den Trennungsunterhalt können Sie dagegen nicht ausschließen, auch nicht durch notarielle Vereinbarung.

Versorgungsausgleich

Seit der Novellierung des Lebenspartnerschaftsgesetzes im Jahr 2005 wird auch nach der Aufhebung einer eingetragenen Lebenspartnerschaft ein Versorgungsausgleich durchgeführt. Ihre während der eingetragenen Partnerschaft erworbenen Rentenansprüche werden anteilig aufgeteilt. Es gilt Vergleichbares wie bei der Scheidung.

Haben Sie vor dem 1. Januar 2005 eine eingetragene Lebenspartnerschaft geschlossen, führen Sie bei der Aufhebung nur dann einen Versorgungsausgleich durch, wenn Sie das zuvor in einem notariellen Vertrag festgelegt haben.

Weitergehende Informationen

Weitergehende Informationen zur eingetragenen Lebenspartnerschaft erhalten Sie beim Lesben- und Schwulenverband:

Lesben- und Schwulenverband in Deutschland (LSVD)
Postfach 10 34 14
50474 Köln
Tel.: 0221-925961-0
Fax: 0221-925961-11
E-Mail: lsvd@lsvd.de
www.lsvd.de

Fazit

Eine eingetragene Lebenspartnerschaft gleichgeschlechtlicher Paare ist in mancherlei Hinsicht in den letzten Jahren der Ehe gleichgestellt worden. Es gibt aber immer noch riesige Unterschiede, die es zu wissen lohnt.

Nichteheliche Lebens- gemeinschaft

Nichteheliche Lebensgemeinschaften haben viele Namen: »Ehe ohne Trauschein«

oder »wilde Ehe« sind die geläufigsten Bezeichnungen. Doch was unterscheidet diese

Partnerschaften von der Ehe? Liegen sie rechtlich näher bei den »eingetragenen

Lebenspartnerschaften« homosexueller Paare oder gibt es doch Rechte und Pflichten

wie in der Ehe?

Was ist eine nichteheliche Lebensgemeinschaft?

Eine nichteheliche Lebensgemeinschaft ist eine auf Dauer angelegte Beziehung zwischen einem Mann und einer Frau (bei gleichgeschlechtlichen Paaren gilt das Kapitel: »Eingetragene Lebenspartnerschaft«), mit einer Bindung, die über normale Haushaltsgemeinschaften wie Wohngemeinschaften hinausgeht. Aber Achtung: Nicht jedes Paar, das zusammen in einer Wohnung lebt, bildet auch eine nichteheliche Lebensgemeinschaft.

Abgrenzung zur Wohngemeinschaft

Zu der auf Dauer angelegten Haushaltsgemeinschaft, die eine nichteheliche Lebensgemeinschaft ist, gehört nach Ansicht deutscher Gerichte die Bereitschaft beider Partner, füreinander einzustehen und gegenseitig Verantwortung zu übernehmen. Fehlt einem Paar dies, ist das Zusammenleben eine reine Wohngemeinschaft und eben keine nichteheliche Lebensgemeinschaft. Oft ist dies eine schwierige Einzelfallentscheidung. Kriterien für die Unterscheidung sind:

– Dauer des Zusammenlebens
– Gemeinsame Kinder
– Gemeinsames Wohneigentum
– Gemeinsames Bestreiten oder einvernehmliches Aufteilen des Lebensunterhaltes

Aufgrund der gesetzlichen Nichtregelung der nichtehelichen Lebensgemeinschaft sind die Gesetze zur Ehe nicht direkt auf nichteheliche Lebensgemeinschaften übertragbar. Die nichteheliche Lebensgemeinschaft hat im Vergleich zur Ehe weniger Rechte.

Weniger Recht als Eheleute

Kinder in einer nichtehelichen Lebensgemeinschaft

Nichteheliche Kinder sind ehelichen Kindern rechtlich gleichgestellt. Dennoch gibt es natürlich Fragen wie etwa beim Sorgerecht, die bei Kindern, die in einer Ehe geboren werden, nicht auftauchen.

Rechtliche Stellung des Kindes

Im deutschen Recht gibt es keine Unterscheidung (mehr), ob ein Kind in eine Ehe oder in eine nichtehelichen Lebensgemeinschaft »hineingeboren« wird. Das gilt selbstverständlich auch für das Verhältnis der Geschwister untereinander, zum Beispiel in den Fällen, in denen das Paar zwischen der Geburt des ersten und zweiten Kindes geheiratet hat.

Die Beziehungsform der Eltern hat auch keinen Einfluss auf das Erbrecht der Kinder, sie sind gesetzliche Erben beider Elternteile, den leiblichen und adoptierten Kindern gleichgestellt.

Nichteheliche Kinder können auch innerhalb der Familienversicherung in der gesetzlichen Krankenversicherung genauso wie eheliche Kinder beim Hauptversicherten ohne Zusatzkosten beitragsfreifrei mitversichert werden.

Vaterschaft

Pater semper incertus – die Vaterschaft ist immer ungewiss. Das besagt schon dieser Satz des römischen Rechts. Wer die Mutter des Kindes ist, das ist biologisch durch die Aktenkundigkeit des Geburtsvorgangs in fast allen Fällen eindeutig. Auf die ganz seltenen Fälle, in denen kein Arzt oder keine Geburtshilfe bei der Geburt dabei ist, muss nicht eingegangen werden. Das ist bei der Feststellung der Vaterschaft deutlich schwieriger. Der Zeugungsvorgang ist – zum Glück – noch komplett unbürokratisch.

Die Anerkennung der Vaterschaft hat aber auch juristisch weitreichende Folgen, und zwar in Sachen Unterhalt, Sorgerecht und erbrechtlicher Ansprüche des Kindes. Die deutsche Gesetzgebung kennt deshalb die »Vaterschaftvermutung«. Grundsätzlich gilt der männliche Ehepartner in einer Ehe als Vater jedes Kindes, das seine Ehefrau zur Welt bringt.

Vaterschaftvermutung

Doch was gilt bei Kindern, deren Mütter unverheiratet sind? An die Stelle der Vaterschaftsvermutung tritt bei nichtehelichen Lebensgemeinschaften die Vaterschaftsanerkennung oder die gerichtliche Feststellung der Vaterschaft (§1592 BGB). Die Vaterschaftsanerkennung eines Mannes ist bei einem minderjährigen Kind aber nur gültig, wenn zu dieser Zustimmung zusätzlich eine Anerkennung dieser Vaterschaftserklärung durch die Mutter vorliegt. Außerdem muss diese Vaterschaftsanerkennung schriftlich erfolgen und öffentlich beurkundet werden, und zwar entweder

Vaterschaftsanerkennung oder gerichtliche Feststellung der Vaterschaft

- beim Jugendamt,
- beim Standesamt,
- beim Amtsgericht (Familiengericht),
- bei einem Notar.

Die Vaterschaftsanerkennung kann schon vor Geburt des Kindes abgegeben werden. Sie kann übrigens immer auch von einem minderjährigen

Vater abgegeben werden, dann allerdings bedarf dieser Rechtsakt der Zustimmung seines eigenen gesetzlichen Vertreters. Die Anerkennung darf nicht an Bedingungen geknüpft sein, auch nicht an Fristen (»bis zum Eintritt der Volljährigkeit« oder »solange ich mit der Mutter zusammenlebe«). Der Bestand einer nichtehelichen Lebensgemeinschaft ist für die Anerkennung der Vaterschaft gänzlich unerheblich.

WISO Tipp

Bei einem volljährigen Kind muss das Kind selbst die Zustimmung abgeben.

Verweigert die Mutter die notwendige Zustimmung zur Anerkennung der Vaterschaft bei minderjährigen Kindern, dann hilft dem Mann nur noch der Gang vor Gericht. Dort wird dann im Rahmen einer Klage die Vaterschaft gerichtlich festgestellt. Diese gerichtliche Klärung der Vaterschaft ist übrigens zwingend vorgeschrieben, wenn die Mutter noch verheiratet ist und ein anderer Mann als der Ehemann die Vaterschaft anerkennen lassen will – übrigens auch dann, wenn der Ehemann keine Einwände gegen die Vaterschaft des neuen Partners seiner Ehefrau erhebt. Das gilt auch noch bis 300 Tage nach dem Tod des Noch-Ehemannes, auch hier vermutet der Gesetzgeber, dass der verstorbene Ehemann der leibliche Vater des Kindes ist. Der Ehemann gilt nur dann nicht als Vater, wenn das Kind nach Einreichen des Scheidungsantrags geboren wird und ein Dritter die Vaterschaft anerkennt. Dieser immer häufiger werdende Fall soll die Gerichte entlasten.

Vaterschafts-
anfechtungsklage

Die Vaterschaftsanfechtungsklage einreichen kann grundsätzlich der Mann, der an Eides statt versichert, der biologische Vater zu sein, aber auch die Mutter und das Kind selbst. Die Frist zur Einreichung einer solchen Klage beträgt zwei Jahre, gerechnet ab Geburt beziehungsweise Kenntniserlangung der eigenen Vaterschaft. Ausgeschlossen ist die Vaterschaftsanfechtungsklage bei künstlicher Befruchtung.

In den Vaterschaftsklagen kann es selbstverständlich auch um viel Geld gehen, da der Scheinvater nämlich den biologischen Vater auf Rückerstattung des Kindesunterhaltes verklagen kann. Juristisch geklärt ist (seit 2013 auch bei künstlichen Befruchtungen), dass zwar das Kind einen rechtlichen Anspruch auf Benennung seines leiblichen Vaters hat, nicht jedoch der Scheinvater und auch nicht die öffentliche Verwaltung.

DNA-Tests zur
Feststellung der
Vaterschaft

Der Gesetzgeber hat eindeutig festgestellt, dass DNA-Tests zur Feststellung der Vaterschaft ein geeignetes und gültiges Verfahren sind und dass alle Beteiligten eine Verpflichtung haben, nach gerichtlicher Aufforderung einen DNA-Test abzugeben. Vom Vater heimlich durchgeführte DNA-Tests an seinen (vermeintlichen) Kindern gelten hingegen nach Entscheidung des Bundesverfassungsgerichts nicht als Beweismittel im Rahmen von

Vaterschaftsanfechtungsklagen. Der Scheinvater muss vielmehr Tatsachen vorlegen, aufgrund deren er davon ausgehen muss, nicht der leibliche Vater zu sein.

Sorge- und Umgangsrecht

Alleinsorge der Mutter

Sind die Eltern nicht verheiratet, haben sie nur dann das gemeinsame Sorgerecht für ihr gemeinsames Kind, wenn sie eine sogenannte Sorgerechtserklärung abgeben. Ansonsten kommt der Mutter die Alleinsorge zu (§ 1626a BGB).

Eine Ausnahmeregelung für die Sorgerechtserklärung besteht nur für Altfälle, also für die Zeit vor der Kindschaftsrechtsreform im Juli 1998. Bis zu diesem Zeitpunkt war eine Beurkundung der Sorgeerklärung nicht vorgeschrieben. Die Rechtsauffassung war dahingehend, dass nichteheliche Kinder aus einem Seitensprung stammen, was zur Folge habe, dass die Väter sich nicht um die Erziehung dieser Kinder sorgen müssten.

Die Vielzahl an Prozessen um das Sorgerecht nichtehelicher Lebenspartner zeigt zunehmend, dass hier der gesellschaftlichen Entwicklung offensichtlich nicht Rechnung getragen wurde. Das kulminiert insbesondere darin, dass der Vater zwar ohne Zustimmung der Mutter kein Sorgerecht erreichen kann, dass er aber andererseits unterhaltsrechtlich voll für das Kind einstehen muss.

Auch wenn ein Vater das gemeinsame Sorgerecht gegen den Willen der Mutter nur mit einer jetzt möglich gewordenen Klage durchsetzen kann, wird ihm in der Regel zumindest ein Umgangsrecht eingeräumt, wenn er dieses fordert. Der Bundesgerichtshof hat entschieden, dass ein nichtehelicher Vater darauf auch dann nicht generell verzichten muss, nur weil ihm in der letzten Zeit der Umgang mit dem Kind entzogen wurde. Ausreichend sei vielmehr, dass er für das Kind in der Vergangenheit tatsächlich Verantwortung getragen habe, dass er damit eine sozial-familiäre Beziehung zu dem Kind begründet habe und deshalb für das Kind – jedenfalls in der Vergangenheit – eine enge Bezugsperson gewesen sei. (Bundesgerichtshof vom 09.02.2005, Az.: XII ZB 40/02)

Mit dem Urteil wurde klargestellt, dass Vätern auch gegen den Willen des betreuenden Elternteils, meist der Mutter, grundsätzlich ein Umgangsrecht zusteht.

Umgangsrecht

WISO Tipp

Der nichteheliche Vater kann das gemeinsame Sorgerecht nicht einklagen. Er hat keinen Anspruch auf ein »Mit«-Sorgerecht, wenn die Mutter das gemeinsame Sorgerecht verweigert.

Name des Kindes

Der gemeinsame Familienname ist ein Vorrecht der Ehe. Welchen Familiennamen trägt also das Kind aus einer nichtehelichen Lebensgemeinschaft?

Das Kind aus einer Ehe erhält bei Geburt automatisch den gemeinsamen Familiennamen der Ehegemeinschaft als Nachnamen. Das Kind einer nichtehelichen Lebensgemeinschaft erhält automatisch den Namen der Mutter, wenn keine Sorgerechtserklärung zugunsten des Vaters abgegeben wurde. Haben die nicht verheirateten Eltern gegenseitige Sorgerechtserklärungen abgegeben, können die Elternteile gemeinsam wählen, ob das Kind entweder den Nachnamen der Mutter oder den des Vaters tragen soll. Das gilt auch für den Vornamen! Viele nichteheliche Lebensgemeinschaften haben den Wunsch, dem Kind durch einen Doppelnamen eine Verbindung zu beiden Elternteilen nahezulegen. Das ist rechtlich allerdings nicht möglich!

Keine Doppelnamen

Es gibt aber zahlreiche Sonderfälle in Sachen Namensgebung: Geben die Eltern trotz Sorgerechtserklärung keinen gemeinsamen Wunsch zur Namenswahl des Nachnamens ab, so überträgt das Familiengericht dieses Recht einem Elternteil, meist der Mutter. Geben die Eltern erst nach der Geburt eine Sorgerechtserklärung ab, so können sie den Namen des Kindes neu bestimmen. Für dieses Wahlrecht gilt eine Frist von drei Monaten. Ist das Kind älter als fünf Jahre, so ist eine Zustimmung des gesetzlichen Vertreters des Kindes für eine solche Namensänderung notwendig, ist das Kind älter als 14 Jahre, so muss zusätzlich auch das Kind selbst zustimmen. Die Zustimmungspflicht gilt auch, wenn eine Mutter, die alleiniges Sorgerecht ausübt, dem Kind den Namen des Partners geben will.

WISO Tipp

Die Wahlmöglichkeit des Nachnamens gilt nur beim ersten Kind! Ein zweites und alle weiteren Kinder aus einer nichtehelichen Lebensgemeinschaft führen immer den Nachnamen des ältesten Geschwisterchens.

Kindesunterhalt

Nach dem neuen Unterhaltsrecht, das im Januar 2008 in Kraft trat, stehen jetzt Kinder an erster Stelle der Unterhaltsansprüche. Dabei spielt es keine Rolle, ob die Kinder aus erster oder zweiter Ehe oder aus einer nichtehelichen Lebensgemeinschaft stammen, sondern gilt für alle leiblichen Kinder.

Wenn es also wegen geringen Einkommens wenig zu verteilen gibt – ein sogenannter Mangelfall vorliegt –, wenn also ein Unterhaltspflichtiger nicht alle Unterhaltsansprüche bedienen kann, haben Kinder nun Vorrang Vorrang der Kinder beim Unterhalt vor allen anderen Unterhaltsberechtigten. Das klingt selbstverständlich – und fällt den meisten Unterhaltspflichtigen auch leichter, als für ihren Noch- oder Ex-Partner zu zahlen. Es war aber nicht immer so: Bis 2007 hatten Kinder und der Ex-Ehepartner gleichrangige Ansprüche mit dem neuen (zweiten) Ehepartner. Das hat sich geändert, Kinder stehen nun an erster Stelle und das ist besonders in allen Mangelfällen wichtig. Wenn kaum noch etwas zu verteilen ist, sind die Ansprüche der Kinder als Erstes zu befriedigen. Diese Regelung soll Kinder vor Armut und dem Abrutschen in Hartz IV bewahren – ob dies gelingt, wird man erst in mehreren Jahren beurteilen können.

Beim Kindesunterhalt sind folgende Punkte wichtig:
- Wer muss Kindesunterhalt zahlen?
- Wie lange wird Kindesunterhalt gezahlt?
- Wann wird kein Kindesunterhalt gezahlt?
- Wie viel Kindesunterhalt ist zu zahlen?
- Wie wirken sich eigene Einkünfte des Kindes aus?
- Was ist Sonderbedarf bezüglich des Kindesunterhalts?
- Wie wird das Kindergeld/der Kinderfreibetrag verrechnet?
- Wie wirkt sich eine neue Ehe/wirken sich weitere Kinder auf den Kindesunterhalt aus?

Da es aber in Bezug auf den Kindesunterhalt keinen Unterschied zwischen verheirateten und unverheirateten Paaren gibt, soll an dieser Stelle das Kapitel *Kindesunterhalt* nicht kopiert werden.

Mutterschaftsgeld/Erziehungsgeld/Elterngeld

Das Mutterschaftsgeld steht ganz im Zeichen des Schutzes der Schwangeren, insofern ist der Familienstand der Mutter in diesem Fall dem Gesetzgeber egal. Arbeitnehmerinnen sollen sechs Wochen vor und acht Wochen nach der Geburt vor finanziellen Einbußen während der Entbindungszeit geschützt werden. Das Mutterschaftsgeld bemisst sich gemäß dem Mutterschaftsgeldgesetz allein nach der Höhe des bisherigen Arbeitsentgeltes der Mutter. Die Krankenversicherung zahlt einen gewissen Tagessatz, die Differenz zum Nettoeinkommen zahlt der Arbeitgeber drauf. Die Beziehungsform, in der die Mutter lebt, hat keinen Einfluss auf das Mutterschaftsgeld. Also haben Mütter innerhalb einer nichtehelichen Gleiche Ansprüche beim Mutterschaftsgeld Lebensgemeinschaft den gleichen Anspruch wie innerhalb einer Ehe.

Gleiche Ansprüche
beim mittlerweile
abgeschafften
Erziehungsgeld

Auch beim Erziehungsgeld machte der Gesetzgeber (es galt nur für Kinder, die bis Ende 2006 geboren wurden) gemäß den Weisungen des Bundesverfassungsgerichtes im Bundeserziehungsgeldgesetz keinen Unterschied zwischen Ehe und nichtehelicher Lebensgemeinschaft bzw. findet Regelungen, dass in diesem Fall die »wilde« Ehe nicht sogar besser gestellt ist als die »klassische« Ehe. Da Ehegatten nicht den doppelten Freibetrag haben, würden die Partner einer nichtehelichen Lebensgemeinschaft, die sowohl als Vater als auch als Mutter anspruchsberechtigt wären, faktisch zu diesem doppelten Freibetrag kommen. Um diese Ungleichbehandlung zu vermeiden, wurde eingeführt, dass die Partner einer nichtehelichen Lebensgemeinschaft den miteinander verheirateten Eltern gleichgestellt werden. Nur eine Bevorzugung sollte also vermieden werden. Gleiches gilt für den Nachfolger des Erziehungsgeldes, dem Elterngeld.

Seit Abschaffung des Erziehungsgeldes gibt es nun im Anschluss an das Mutterschaftsgeld das sogenannte Elterngeld. Ziel ist auch hier, Eltern finanziell zu entschädigen, die wegen der Erziehung des Nachwuchses eine gewisse Zeit ihre Berufstätigkeit ruhen lassen und so weniger Geld zur Verfügung haben.

Gleiche Ansprüche
beim Elterngeld

Aus dem Familienstand ergeben sich beim Elterngeld ähnlich wie beim Mutterschaftsgeld keine Vor- oder Nachteile. Der Familienstand der Eltern ist für die Beantragung unerheblich, Elterngeld gibt es auch für Paare einer nichtehelichen Lebensgemeinschaft.

Das Elterngeld ist einkommensabhängig, ein Mindestbetrag wird aber auch gezahlt, wenn die Mutter vor der Geburt nicht erwerbstätig war. Das Elterngeld beträgt 67 Prozent des durchschnittlichen Nettoeinkommens der vergangenen zwölf Monate. Bei Selbstständigen wird als Bemessungsgrundlage der steuerlich relevante Gewinn herangezogen. Elterngeld wird für maximal 14 Monate gezahlt, wobei ein Elternteil maximal zwölf Monate Elterngeld bekommen kann.

Unterhalt für den Partner/Expartner

Durch das Gesetz zur Reform des Unterhaltsrechtes wurde 2008 die Rangfolge geändert, in der Unterhaltsansprüche geleistet werden müssen. Die Zahlungen fallen immer in voller Höhe an, es gibt keine prozentuale Aufteilung der Unterhaltsansprüche! Die Rangfolge sieht wie folgt aus:

- Schulpflichtige unverheiratete Kinder und Kinder unter 21 Jahren, die bei den Eltern leben und in der Schulausbildung sind, gleichgültig, ob es eheliche oder nichteheliche Kinder sind
- Betreuungsunterhalt für den Elternteil, der ein Kind betreut, unabhängig davon, ob er mit dem anderen Elternteil verheiratet war oder nicht
- Ehegattenunterhalt (nur für Ehepartner, nicht für den ehemaligen Partner einer nichtehelichen Lebensgemeinschaft!)

Übersetzt heißt das: Kindesunterhalt geht wie geschildert immer allen anderen Unterhaltsverpflichtungen vor. Er wird in voller Höhe geleistet. Liegt das bereinigte Nettoeinkommen abzüglich des Kindesunterhaltes danach noch über dem Selbstbehalt, dann kommen weitere Unterhaltszahlungen in Betracht.

Unterhaltsverpflichtung zweier nicht miteinander verheirateter Partner

Während es bei der Verpflichtung zum Kindesunterhalt keinerlei Unterschied macht, ob die Eltern miteinander verheiratet waren oder nicht, wird die Unterhaltsverpflichtung zwischen nicht miteinander verheirateten Erwachsenen untereinander nach den Paragrafen 1615ff. BGB gesondert geregelt – es gelten nicht die gesetzlichen Regelungen des Trennungs- und nachehelichen Unterhalts. Diese nur für verheiratete Partner geltenden Unterhaltsbestimmungen finden hier *keine* Anwendung.

Im Unterschied zur Ehe ergeben sich allein aus einer nichtehelichen Lebensgemeinschaft (nicht zu verwechseln mit einer eingetragenen Lebenspartnerschaft) keine Unterhaltsverpflichtungen. Es gibt keinen »Partnerunterhalt« vergleichbar dem nachehelichen Unterhalt. Die Partner einer nichtehelichen Lebensgemeinschaft sind gesetzlich weder während der Beziehung noch nach der Trennung grundsätzlich zum gegenseitigen Unterhalt verpflichtet, wenn es keine gemeinsamen Kinder gibt.

Keine Unterhaltsverpflichtung ohne gemeinsame Kinder

Dennoch gibt es so etwas wie Betreuungsunterhalt auch bei nichtehelichen Paaren. Der leibliche Vater ist nämlich auch der nicht mit ihm verheirateten Mutter nach Gesetz für sechs Wochen vor und acht Wochen nach der Geburt des gemeinsamen Kindes zu Unterhaltsleistungen verpflichtet – allerdings nur, wenn sie bedürftig ist, also keine Lohnfortzahlungen aus einem bestehenden Beschäftigungsverhältnis bekommt.

»Betreuungsunterhalt« auch bei nichtehelichen Paaren

Dazu hat die Mutter Anspruch auf Unterhalt vom nichtehelichen Partner auch danach, wenn sie aufgrund von Folgen der Schwangerschaft oder der Betreuung des gemeinsamen Kindes nicht arbeiten kann, und zwar bis zu drei Jahre lang. Betreuungsunterhalt muss also auch bei nicht verheirateten Paaren gezahlt werden, wenn ein »gemeinschaftliches« minderjähriges Kind betreut wird – für mindestens die ersten drei Lebensjahre. Nach einem wegweisenden Urteil des Bundesverfassungsgerichts vom 23. Mai 2007, welches die Unterhaltsrechtsreform erst angeschoben hat, fallen unter den Begriff »gemeinschaftliche« Kinder nämlich alle ehelichen und nichtehelichen Kinder. Waren Eltern bis dahin nicht verheiratet, konnten sie keinen Betreuungsunterhalt für ihr Kind beanspruchen wie in einer Ehe. Das Bundesverfassungsgericht war der Auffassung, die Ungleichbehandlung der ehelichen gegenüber den nichtehelichen Kindern sei verfassungswidrig.

Grundsätzlich stehen – nach dem Urteil des Bundesverfassungsgerichts vom Mai 2007 – also auch dem nichtehelichen betreuenden und bedürftigen Elternteil Unterhaltsansprüche »für mindestens drei Jahre nach der Geburt« zu. Nach Paragraf 1615 Abs. 2 BGB kann dieser Anspruch sogar verlängert werden, »solange und soweit dies der Billigkeit entspricht« – also wortgleich den Paragrafen für Ehen. Das gilt bei besonderen Härtefällen wie schweren chronischen Krankheiten des Kindes (sowohl psychischer als auch physischer Natur). In diesen Fällen kann sich der Unterhaltsanspruch verlängern – wie auch bei ehelichen Kindern. Außerdem verlängert sich der Unterhaltsanspruch natürlich mit jedem weiteren Kind in der Beziehung.

Für den Betreuungsunterhalt muss der Anspruch stellende Elternteil das gemeinsame Kind auch tatsächlich betreuen. Der Anspruch besteht daher nicht, wenn ein Kind zum Beispiel im Heim oder bei Pflegeeltern groß wird. Oder wenn das Kind bereits volljährig ist, denn Betreuungsunterhalt kann nur für minderjährige Kinder verlangt werden.

Allgemeine Voraussetzungen für den nichtehelichen Unterhalt (im Unterschied zur Ehe) sind außerdem zusätzlich
– eine rechtswirksam gerichtlich festgestellte Vaterschaft oder
– eine förmliche Anerkennung der Vaterschaft oder
– ein dauerhaftes Nichtbestreiten der Vaterschaft.

Folgende Anspruchsarten bestehen zusätzlich zum Unterhalt bis drei Jahre nach der Geburt:
– Erstattung der Schwangerschafts- und Entbindungskosten
– Finanzielle Ansprüche bei Tot- oder Fehlgeburt (Beerdigungskosten)

WISO Tipp

Der Unterhaltsanspruch gilt zur finanziellen Absicherung vor allem der Kinder aus nichtehelichen Beziehungen, nicht in erster Linie für die Partner selbst. Insofern nimmt die Ehe im Unterhaltsrecht nach Begründung des Bundesverfassungsgerichtes immer noch eine besondere Stellung ein.

Der Gesetzgeber unterscheidet also einen allgemeinen und einen besonderen Unterhaltsanspruch für die nichteheliche Mutter: Der allgemeine ist für den Zeitraum von sechs Wochen vor der Geburt bis acht Wochen nach der Geburt definiert. Allerdings nur bei Bedürftigkeit, also wenn kein Anspruch auf Mutterschaftsgeld besteht.

Daneben gibt es nach dem Urteil des Bundesverfassungsgerichts jetzt einen besonderen Unterhaltsanspruch von höchstens vier Monaten vor der Geburt bis mindestens drei Jahre nach der Geburt. Dieser Anspruch entsteht, wenn von der Mutter aufgrund der Erziehung des Kindes oder von Krankheit keine Erwerbstätigkeit verlangt werden kann.

Das Gesetz räumt den Betreuungsunterhalt für mindestens drei Jahre ein. Was aber gilt nach diesem Zeitraum? Grundsätzlich besteht für den bis dahin ausschließlich betreuenden Elternteil eine Erwerbsobliegenheit. Er muss seine alte oder eine neue Arbeit (wieder) aufnehmen. Es sei denn, eine längere Betreuung wäre »billig«, das heißt notwendig. Bei Kindern über drei Jahren sind die Kinderbetreuungsmöglichkeiten und die Belange des Kindes hierfür entscheidend: Kann eine Kinderbetreuung in Anspruch genommen werden und ist das mit den Belangen des Kindes vereinbar, muss der bis dahin betreuende Elternteil wieder arbeiten.

WISO Tipp

Den Umstand, dass keine ausreichenden Betreuungsmöglichkeiten vorliegen, hat der Unterhaltsbegehrende nachzuweisen.

Zugewinnausgleich/Versorgungsausgleich bei unverheirateten Paaren?

Die Gesetze des Bürgerlichen Gesetzbuches regeln den Zugewinnausgleich unter Eheleuten und für eingetragene (gleichgeschlechtliche) Lebenspartnerschaften. Nichteheliche Lebensgemeinschaften werden von diesem Gesetz nicht berührt.

Kein Zugewinnausgleich

Auch bei Auflösung einer Lebenspartnerschaft nach dem Lebenspartnerschaftsgesetz (LPartG) findet wie bei Eheleuten ein Versorgungsausgleich statt (geregelt in § 20 LPartG). Dagegen haben nichteheliche Lebenspartner keinen Anspruch auf einen Versorgungsausgleich, es sei denn, sie haben einen solchen vertraglich bei einem Notar vorher niedergelegt.

Kein Versorgungsausgleich

Die nichteheliche Lebensgemeinschaft entspricht der Ehe mit notariell festgelegtem Güterstand der Gütertrennung. Sie werden einen möglichen Zugewinn Ihrem Partner nicht auszahlen müssen – natürlich steht nirgendwo geschrieben, dass Sie es nicht freiwillig dürften, wenn Sie eine moralische Verpflichtung darin sehen, zum Beispiel nach Jahren der Pflege.

Unterhaltsansprüche aus einer früheren Ehe

Eine nichteheliche Lebensgemeinschaft wirkt sich grundsätzlich immer stärker auf Unterhaltsansprüche einer früheren Ehe aus, je länger sie andauert. Nach Paragraf 1579 Nr. 7 BGB entfällt der Unterhaltsanspruch des Ehegatten grundsätzlich bei Verfestigung der nichtehelichen Lebensgemeinschaft. Diese Verfestigung wird allgemein nach längerer Beziehungsdauer, mindestens zwei bis drei Jahre, angenommen, insbesondere wenn die neue Beziehung etwa durch eine gemeinsame Wohnung oder gar durch ein gemeinsames Kind erkennbar an die Stelle der Ehe getreten ist.

Was ist mit dem Einkommen eines Partners in einer nichtehelichen Lebensgemeinschaft? Verwirkt durch das Eingehen einer nichtehelichen Lebensgemeinschaft der Geschiedene seinen Anspruch auf Unterhalt vom Ex? Grundsätzlich nein, im Einzelfall (durch den Verlust der Bedürftigkeit) dann aber doch und nach langer Dauer der nichtehelichen Lebensgemeinschaft immer mehr, so könnte man es zusammenfassen. Eine schwierige Konstellation, die meist vor Gericht ausgetragen wird.

Im Einzelfall ist es dem Unterhaltsverpflichteten »unzumutbar«, fortlaufend Unterhalt an den in einer nichtehelichen Lebensgemeinschaft mit einem Dritten lebenden Ex-Ehepartner zu zahlen. In diesen Fällen haben die Gerichte Ausnahmen anerkannt, die zu einer Minderung beziehungsweise zum vollständigen Erlöschen des Unterhaltsanspruches führen können, etwa wenn durch Versorgungsleistungen des neuen Lebensgefährten die Bedürftigkeit des Unterhaltsberechtigten reduziert wird.

Allein schon in den Fällen, in denen sich die Bedürftigkeit durch das gemeinsame Wohnen und Wirtschaften in der nichtehelichen Lebensgemeinschaft reduziert, wenn also der neue Partner des geschiedenen Ehepartners eine mietfreie Immobilie zur Verfügung stellen kann, kann sich die Bedürftigkeit des Unterhaltsempfängers reduzieren. Insoweit liegt in Sachen Bedürftigkeit des Unterhaltsempfängers doch ein Einfluss der nichtehelichen Lebensgemeinschaft auf bestehende nacheheliche Unterhaltsansprüche vor.

Auch die Haushaltsführung oder die Kinderbetreuung des neuen nichtehelichen Lebenspartners zugunsten des oder der »Ex« können im Einzelfall als fiktives Einkommen des Unterhaltsberechtigten unterhaltsmindernd angesehen werden. Dabei muss es nicht immer zum kompletten Wegfall der Unterhaltsleistung kommen, auch eine Reduzierung der Unterhaltsverpflichtung ist möglich. Den Familiengerichten wird in diesen Fällen ein großer Ermessensspielraum zugestanden.

Kein Unterhaltsanspruch bei längerer Beziehungsdauer

Prüfung der Bedürftigkeit

Haushaltsführung und Kinderbetreuung

Vollmachten/Partnerschaftsvertrag

Wer darf was in einer nichtehelichen Lebensgemeinschaft? Eine wichtige Frage – da geht es oft schnell (neben der Frage der Erziehung – s.o.) auch um viel Geld. Der Jurist spricht von »Schlüsselgewalt« wenn es darum geht, das Geld des Partners auszugeben.

Schlüsselgewalt

Die Schlüsselgewalt ist ein Begriff aus dem Bürgerlichen Gesetzbuch, in dessen Paragraf 1357 heißt es: »Jeder Ehegatte ist berechtigt, Geschäfte zur angemessenen Deckung des Lebensbedarfs der Familie mit Wirkung auch für den anderen Ehegatten zu besorgen.« Man könnte hinzufügen: in angemessenem Umfang auch mit dessen Geld. Die Rechtsprechung ist sich aber einig: Diese Schlüsselgewalt der Ehe ist auf nichteheliche Lebensgemeinschaften *nicht* übertragbar.

Allerdings gilt für eine nichteheliche Lebensgemeinschaft eine Anscheins- und Duldungsvollmacht. Wenn ich ähnlich einem Gewohnheitsrecht jahrelang eine gewisse Zahlung toleriere, das heißt übernehme, dann gehe ich auch in einer nichtehelichen Lebensgemeinschaft eine stillschweigende Duldung ein, die nötigenfalls bei Trennung gekündigt werden muss, am besten schriftlich.

Anscheins- und Duldungsvollmacht

Vollmacht

Auch in einer nichtehelichen Lebensgemeinschaft besteht häufig der Wunsch oder die Notwendigkeit, dass einer der beiden Partner Rechts- oder Kaufgeschäfte für den anderen oder mindestens für beide, aber alleine erledigt. Dazu bedarf es bei der nichtehelichen Lebensgemeinschaft einer Vollmacht, man unterscheidet dabei zwischen Einzel- und Generalvollmacht, je nachdem, ob sich die Vollmacht auf ein oder grundsätzlich alle Rechtsgeschäfte bezieht. Der Gesetzgeber schreibt für eine solche Vollmacht keine Form vor, sie muss nicht notariell beglaubigt sein (außer bei Immobiliengeschäften), allerdings muss die Vollmacht vom Vollmachtgeber eigenhändig unterschrieben sein. Grundsätzlich können Sie jede abgegebene Vollmacht schriftlich jederzeit widerrufen. Theoretisch ist eine Vollmacht als unwiderruflich zu erstellen. Davon kann allerdings nur abgeraten werden.

Keine notarielle Beglaubigung notwendig

WISO Tipp

Sie können die Vollmacht auch in ihrer Höhe (z. B. »bis eintausend Euro«) oder zeitlich begrenzen.

Allerdings kann es sinnvoll sein, eine Vollmacht »über den eigenen Tod hinaus« zu erteilen. (Die kann dann aber von den Erben widerrufen werden.) Hier bietet sich eine notarielle Beurkundung an, weil nach dem Tod die Unterschrift des Vollmachtgebers nur sehr schwer zu überprüfen ist. Banken erkennen meist außer notarieller Beglaubigung nur Vollmachten an, die in ihrem Beisein unterschrieben wurden. Ziel einer solchen Vollmacht ist, Rechtsgeschäfte (weiter) erledigen zu können, bis die eigenen Erben tätig werden. Im Ausland können solche Vollmachten auch bei den deutschen Konsulaten bestätigt werden.

Betreuungsverfügung, Patienten- und Vorsorgevollmacht Besondere Formen der Generalvollmacht sind die Betreuungsverfügung und die Vorsorgevollmacht:

- Die Betreuungsverfügung geht über die allgemeine Vorsorgevollmacht hinaus. Sie enthält Wünsche für den Fall einer gerichtlichen Betreuung (früher »Entmündigung«), dem nun das Gericht nach Möglichkeit Folge leisten soll. Sie können entscheiden, wer als Ihr Betreuer eingesetzt werden soll.
- Die Vorsorgevollmacht soll Fälle regeln, in denen Sie wegen Krankheit oder Unfall bestimmte Rechtshandlungen nicht selbst regeln können.
- Die Patientenvollmacht regelt medizinische Wünsche, insbesondere in Sachen künstlicher Ernährung und lebenserhaltender Maßnahmen.

Da diese Vollmachten keiner besonderen Form und auch keiner notariellen Unterschrift bedürfen, ist es umso wichtiger, einen Weg zu wählen, dass das zuständige Vormundschaftsgericht auch von ihnen erfährt. Hier bietet sich eine Hinterlegung beim Zentralen Vorsorgeregister der Bundesnotarkammer in Berlin an.

Wichtige Themenbereiche einer solchen Vollmacht sind die Ausgestaltung der Pflege, die Einwilligung in das Unterlassen lebensverlängernder Maßnahmen, die Unterbringung in Pflege mit freiheitsentziehenden Maßnahmen, Medikamentenverabreichung, Aufenthaltsort, Wohnungsangelegenheiten (Kündigung etc.), Behördenumgang, Vermögensvorsorge mit der Regelung von Wertpapiergeschäften, Befreiung vom Postgeheimnis, Vertretung vor Gericht und die Ausstellung von Untervollmachten. Dies sind die häufigsten Inhalte von Vollmachten, selbstverständlich können Sie aber auch ganz andere, Ihnen wichtige Themen (z. B. den Umgang mit dem Haustier) in einer solchen Vollmacht regeln. Achten Sie nur darauf, dass Sie keine Pflichten zulasten Dritter festlegen (Der Nachbar soll täglich mit meinem Hund Gassi gehen!), die sind nämlich ungültig, wenn derjenige nicht ausdrücklich zustimmt.

Beispiel

Vorsorgevollmacht/Patientenverfügung/Betreuungsverfügung

---

§ 1 Vollmachtserteilung

Ich

_____ Name, Vorname

_____ geboren am,

_____ wohnhaft in

– nachfolgend »der Vollmachtgeber« genannt

erteile hiermit

_____ Name, Vorname

_____ geboren am,

_____ wohnhaft in

– nachfolgend »Bevollmächtigter« genannt

Generalvollmacht,
mich in allen persönlichen und vermögensrechtlichen Angelegenheiten,
bei denen eine Stellvertretung gesetzlich zulässig ist, umfassend zu
vertreten.
Die Vollmacht soll insbesondere als Betreuungsvollmacht zur Vermeidung
der Anordnung einer Betreuung dienen und soll daher bei Eintritt einer
Geschäftsunfähigkeit des Vollmachtgebers ausdrücklich nicht erlöschen.

§ 2 Vollmachtsumfang
Die Vollmacht soll eine Generalvollmacht sein und im Umfang unbe-
schränkt gelten. Zur Erläuterung der Bedeutung der Vollmacht sollen
nachfolgend einige Angelegenheiten aufgezählt werden, die insbesondere
von der Vollmacht erfasst sind, ohne dass durch sie eine Beschränkung
der Vollmacht getroffen wird. Die nachfolgende Aufzählung ist nur beispiel-
haft und nicht abschließend:

1. Umfang der Vollmacht in Vermögensangelegenheiten
   Die Vollmacht umfasst insbesondere die Befugnis,
– alle Rechtshandlungen und Rechtsgeschäfte im Namen des Vollmachtgebers vorzunehmen,

- über Vermögensgegenstände jeder Art zu verfügen,
- Erklärungen aller Art abzugeben und entgegenzunehmen sowie Anträge zu stellen, abzuändern, zurückzunehmen,
- Zahlungen und Wertgegenstände anzunehmen,
- Verbindlichkeiten einzugehen,
- den Vollmachtgeber vor Behörden, Dienststellen und Notariaten sowie Versicherungsgesellschaften aller Art im In- und Ausland umfassend zu vertreten,
- Grundbesitz zu veräußern und zu erwerben, Grundpfandrechte einschließlich Zins und Nebenleistungen und sonstige Rechte für beliebige Gläubiger und Berechtigte zu bestellen und die Eintragung im Grundbuch zu bewilligen und zu beantragen, dingliche Zwangsvollstreckungsunterwerfung auch nach § 800 ZPO zu erklären, die Löschung von allen dinglichen Rechten zu erklären und im Grundbuch zu bewilligen,
- geschäftsähnliche Handlungen wie zum Beispiel Mahnungen, Fristsetzungen, Anträge und Mitteilungen abzugeben,
- Darlehens- und sonstige Kreditverträge abzuschließen,
- über Bankkonten und Depots sowie sonstiges Geldvermögen aller Art im Namen des Vollmachtgebers zu verfügen und Bankkonten und Depots zu eröffnen und aufzulösen,
- den Vollmachtgeber gegenüber Gerichten zu vertreten sowie Prozesshandlungen aller Art vorzunehmen.

2. Vollmachtsumfang in persönlichen Angelegenheiten
Der Bevollmächtigte ist weiterhin zu meiner Vertretung in allen persönlichen Angelegenheiten befugt. Insbesondere umfasst die Vollmacht nachfolgende persönlichen Angelegenheiten.

a) Ärztliche Maßnahmen
Die Vollmacht umfasst die Befugnis zur Einwilligung in ärztliche Maßnahmen, wie in eine Untersuchung des Gesundheitszustandes, eine Heilbehandlung oder einen ärztlichen Eingriff, auch dann, wenn die begründete Gefahr besteht, dass der Vollmachtgeber aufgrund der Maßnahme stirbt oder einen schweren und länger dauernden gesundheitlichen Schaden erleidet (§ 1904 BGB).

b) Unterbringung
Die Vollmacht berechtigt dazu, den Aufenthalt des Vollmachtgebers zu bestimmen.
Die Vollmacht umfasst auch die Befugnis zu Unterbringungsmaßnahmen im Sinne des § 1906 BGB, insbesondere eine Unterbringung des Voll-

machtgebers, die mit Freiheitsentziehung verbunden ist, die sonstige Unterbringung des Vollmachtgebers in einer Anstalt, einem Heim oder einer sonstigen Einrichtung oder die Vornahme von sonstigen Freiheitsentziehungsmaßnahmen durch mechanische Vorrichtungen, Medikamente oder Ähnliches über einen längeren Zeitraum.

3. Patientenverfügung

Die Vollmacht umfasst auch die Befugnis zur Entscheidung über einen Behandlungsabbruch oder die Einstellung lebenserhaltender oder lebensverlängernder Maßnahmen, wenn ich wegen irreversibler Bewusstlosigkeit, wahrscheinlicher schwerer Dauerschädigung des Gehirns oder wegen dauernden Ausfalls lebenswichtiger Funktionen meines Körpers oder wegen schwerster Schmerzzustände außerstande bin, ein menschenwürdiges, das heißt für mich ein erträgliches und weitgehend beschwerdefreies Leben mit eigener Persönlichkeitsgestaltung zu führen, oder wenn das Grundleiden mit infauster Prognose einen irreversiblen Verlauf genommen hat beziehungsweise die traumatische Schädigung irreversibel ist, und die Entscheidung, ob nach meinem Tode zu Transplantationszwecken Organe entnommen werden dürfen. Ich habe neben dieser Vollmacht meine Patientenrechte in einer Patientenverfügung niedergelegt, die auch der Bevollmächtigte respektieren soll.

In allen Angelegenheiten ist der Bevollmächtigte befugt, seine Rechte gegenüber Ärzten, Krankenhäusern, Pflegeheimen et cetera wahrzunehmen, alle nötigen Auskünfte und Informationen zu verlangen, Einsicht in meine Krankenakten zu nehmen und Entscheidungen über Untersuchungen, Heilbehandlungen und ärztliche Eingriffe zu treffen. Die Betroffenen werden dazu insoweit von ihrer Schweigepflicht entbunden.

§ 3 Untervollmacht, Befreiung von § 181 BGB

1. Der Bevollmächtigte kann in Vermögensangelegenheiten Untervollmacht erteilen und dabei diese Vollmacht ganz oder teilweise auf Dritte übertragen. In den persönlichen Angelegenheiten ist die Vollmacht nicht übertragbar, Untervollmacht darf insoweit nicht erteilt werden.

2. Von den Beschränkungen des § 181 BGB ist der Bevollmächtigte in den Vermögensangelegenheiten befreit, sodass er befugt ist, Rechtsgeschäfte im Namen des Vollmachtgebers mit sich selbst oder als Vertreter eines Dritten vorzunehmen.

3. Die Vollmacht ist jederzeit widerruflich.

§ 4 Ersatzbevollmächtigter

Für den Fall, dass der Bevollmächtigte stirbt oder sonst ausfällt, ernenne ich, aufschiebend bedingt durch den Tod des Bevollmächtigten, als Ersatzbevollmächtigten Herrn/Frau

_____ Name, Vorname

_____ geboren am,

_____ wohnhaft in

Der Ersatzbevollmächtigte hat dieselbe Rechtsstellung wie der Bevollmächtigte.

§ 5 Betreuungsverfügung, Grundverhältnis

1. Durch die vorstehende Vollmachtserteilung soll die Bestellung eines Betreuers im Fall von Krankheit oder Gebrechlichkeit vermieden werden. Im Innenverhältnis, das heißt ohne Einfluss auf die Vollmacht im Außenverhältnis, soll von der Vollmacht erst dann Gebrauch gemacht werden, wenn der Vorsorgefall eintritt (Geschäftsunfähigkeit bzw. Betreuungsbedürftigkeit).

2. Für den Fall, dass die Bestellung eines Betreuers notwendig werden sollte, wünscht der Vollmachtgeber den Bevollmächtigten als seinen Betreuer. Wird ein Betreuer bestellt, soll die Vollmacht im Übrigen bestehen bleiben.

3. Im Innenverhältnis, das heißt ohne Einfluss auf die Vollmacht im Außenverhältnis, wird weiter vereinbart, dass der Bevollmächtigte verpflichtet ist, bei der Ausübung der Vorsorgevollmacht folgende Anweisungen zu beachten:

_____

_____

_____

_____

§ 6 Wirksamkeitsbedingungen, Kontrolle

Die Vollmacht wird mit Abschluss dieser Urkunde wirksam. Der Vollmachtgeber wünscht keine Wirksamkeitsbeschränkung dergestalt, dass die Vollmacht erst mit Eintritt der Betreuungsbedürftigkeit wirksam werden soll. Sollte eine der vorbezeichneten Bestimmungen unwirksam sein oder werden, so bleiben die übrigen Bestimmungen wirksam.

Die Bestellung eines zweiten Bevollmächtigten oder einer sonstigen Kontrollperson wird ausdrücklich nicht gewünscht.

Um meinen in der Vorsorgevollmacht niedergelegten Willen zu bekräftigen, bestätige ich diesen nachstehend:

Datum _____

Unterschrift _____

Erbrecht

Sagen wir es einmal so: Das deutsche Erbrecht kennt keine nichteheliche Lebensgemeinschaft! Beim Tod des Partners tritt die gesetzliche Erbfolge ein und das sind die nahen Verwandten des Erblassers sowie dessen Ehegatte beziehungsweise Ehefrau, wenn der Erblasser noch verheiratet ist. Auch Geschwister und noch weiter entfernte Verwandte in bestimmten Konstellationen treten in die gesetzliche Erbfolge ein, jeweils nach einer bestimmten Quotelung, entsprechend der Nähe des Verwandtschaftsgrades. Gesetzliche Erbfolge

Gemeinsame Kinder aus einer nichtehelichen Lebensgemeinschaft sind anderen Kindern des Erblassers – auch denen aus einer früheren Ehe – gleichgestellt. Allerdings: Das Kind Ihres Partners aus dessen früherer Beziehung wird nicht automatisch Ihr Erbe! Kinder aus einer nichtehelichen Lebensgemeinschaft

Soll der Partner einer nichtehelichen Lebensgemeinschaft erben, so muss er mit einer letztwilligen Verfügung eingesetzt werden, es gilt die Testierfreiheit des Erblassers. Möglich ist damit die Einsetzung als Erbe, aber auch die Einsetzung als Begünstigter eines Vermächtnisses. Der Unterschied: Während der Erbe Rechtsnachfolger des Erblassers mit allen Rechten und Pflichten wird, ist das Vermächtnis eine Einzelzuwendung eines Vermögensgegenstandes. Bis zu einer Reform der Rechtsprechung des Bundesgerichtshofes 1970(!) waren solche sogenannten »Geliebtentestamente« sittenwidrig und damit wirkungslos! Geliebtentestamente

»Dreißigster« und »im Voraus«

Die Unterschiede im Erbrecht zwischen Eheleuten und Partnern einer nichtehelichen Lebensgemeinschaft werden schon anhand von zwei Spezialbegriffen deutlich: Nach Paragraf 1969 BGB sind Erben verpflichtet, Familienangehörigen des Erblassers, die zur Zeit seines Todes zu dessen Hausstand gehörten, in den ersten 30 Tagen nach dem Todesfall den Unterhalt zu zahlen, den der Erblasser geleistet hat. Auch die Nutzung der Wohnung und des Hausrates ist für diese Zeit unangefochten. Diese Regelung des sogenannten »Dreißigsten« gilt aber nur für Ehegatten, nicht für Partner einer »wilden Ehe«. Allerdings gibt es erste Urteile, aber noch keine höchstrichterlichen, die die Partner einer nichtehelichen Lebensgemeinschaft in dieser Sache mit Eheleuten gleichstellen.

Der überlebende Ehegatte erhält nach Paragraf 1932 BGB im »Voraus« vereinfacht ausgedrückt den gesamten Hausrat, auch wenn weitere Erben da sind. Auch diese Sonderregelung gilt *nicht* für Partner einer nichtehelichen Lebensgemeinschaft!

Testament

Testament in einer nichtehelichen Lebensgemeinschaft

Ein Testament zugunsten des Partners (das gilt aber auch für Einsetzung jedes anderen Erben) muss zwingend handschriftlich abgefasst und eigenhändig unterschrieben sein. Sie sollten es mit Datum und Unterschrift anfertigen, um Ihren letzten – und eben nicht Ihren vorletzten Willen – durchzusetzen. Ein späteres Testament macht nämlich ein früheres automatisch ungültig. Allerdings: Ein Testament gilt auch nach Beendigung einer nichtehelichen Lebensgemeinschaft weiter, eine Trennung macht es nicht automatisch ungültig.

Beispiel:
»Hiermit setze ich meine langjährige Lebensgefährtin Erna Kasupcke zu meiner Erbin ein.«

Kein gemeinschaftliches Testament

Ein gemeinschaftliches Testament wie bei Ehegatten (»Berliner Testament« – »Wir setzen uns gegenseitig als Erben ein ...«) ist bei einer nichtehelichen Lebensgemeinschaft nicht möglich! Um eine gleiche Wirkung zu erreichen, müssen beide Partner einer nichtehelichen Lebensgemeinschaft ihr jeweils eigenes Testament erstellen.

Erbvertrag

Zu einem Erbvertrag gehören immer mindestens zwei Vertragspartner. Das ist der Unterschied zum Testament, das immer nur eine Einzelperson rechtsgültig erstellen kann. Auch in einem Erbvertrag können Sie wie beim Testament Erbeinsetzungen und Vermächtnisse niederschreiben, auch jeder der Partner alleine für sein Vermögen. Der Vorteil oder Nachteil, ganz wie man es sieht, ist: Im Gegensatz zum Testament weiß nun jeder der beiden Partner über den letzten Willen des anderen Bescheid. Und: Ein Erbvertrag ist nicht durch ein Testament zu ersetzen, beide Vertragspartner binden sich so lange mit ihren jeweiligen letzten Willen aneinander, bis beide gemeinsam diesen Vertrag widerrufen. Allerdings kann selbstverständlich zu Lebzeiten jeder über sein eigenes Vermögen verfügen – auch über Gegenstände oder Vermögensteile, die im Erbvertrag ausdrücklich genannt werden! Nur eben mittels Testament sie vererben, das kann nun kein Partner mehr, auch nicht, wenn die nichteheliche Lebensgemeinschaft in die Brüche geht! Ausnahme: der Rücktrittsvorbehalt (§ 2293 BGB). Wurde im Erbvertrag festgehalten, dass Ungültigkeit des Erbvertrags entsteht, wenn die Partner sich trennen, so gilt dies!

Erbvertrag schließt Testament aus

WISO Tipp

Im Unterschied zum Testament muss ein Erbvertrag notariell beurkundet werden, was Kosten mit sich bringt!

Pflichtteil

Gleichgültig ob Testament oder Erbvertrag: Wenn Sie Ihr Vermögen Ihrem Partner vererben, sind dadurch die Pflichtteilsansprüche Ihrer gesetzlichen Erben nicht aufgehoben. Der Pflichtteilsanspruch ist die Hälfte des gesetzlichen Erbanspruches. Beim Pflichtteilsanspruch endet die Testierfreiheit! Er ist ein reiner Zahlungsanspruch (also kein Anrecht auf die einzelne Vase!), er wird im Erbfall sofort fällig.

Jetzt könnte man denken: Ich verschenke mein Vermögen an meinen Partner, damit umgehe ich den Pflichtteilsanspruch der gesetzlichen Erben. Das geht wegen des sogenannten Pflichtteilergänzungsanspruches nicht. Dieser greift und ermöglicht dem gesetzlichen Erben einen Zugriff auf den Wert der Schenkung im Rahmen seiner Ansprüche, wenn die Schenkung weniger als zehn Jahre vor dem Erbfall durchgeführt wurde. Achten Sie auf diesen Rechtsumstand des Pflichtteilergänzungsanspruches, wenn Sie Ihrem Partner etwa zu dessen Altersversorgung eine Schenkung machen! Sie könnte von den Erben quasi rückgängig gemacht werden. Bei der Schenkung von Immobilien kann dies häufig zum Zwangsverkauf führen, wenn der Beschenkte keine Möglichkeit hat, einen Barausgleich an die gesetzlichen Erben zu bezahlen.

Pflichtteilsanspruch und Pflichtteilergänzungsanspruch

WISO Tipp

Durch notarielle Beurkundung kann auf Pflichtteilsansprüche verzichtet werden!

Sittenwidrigkeit

Allerdings lässt sich auch heute noch, lange Jahre nach dem BGH-Urteil von 1970, ein letzter Wille zugunsten des Partners einer nichtehelichen Lebensgemeinschaft wegen »familienfeindlicher und unredlicher« und damit sittenwidriger Gesinnung anfechten. Im Einzelfall werden dann Gerichte klären, ob das Testament oder der Erbvertrag für nichtig zu erklären ist. Das gilt insbesondere dann, wenn noch eine Ehe besteht und/oder die nichteheliche Lebensgemeinschaft von sehr kurzer Dauer ist und vor allem unversorgte Kinder um ihren Erbanspruch gebracht werden.

Achten Sie gerade beim Erbvertrag auf folgenden Umstand: Haben Sie leibliche Kinder aus einer früheren Beziehung, so bekommen diese bei einer Erbeinsetzung des Partners ausschließlich den Pflichtteil! Um das zu verhindern, können Sie ein Vorausvermächtnis verfügen.

Vorausvermächtnis

Ein Vorausvermächtnis sichert einem Erben etwas zusätzlich zu seinem Erbe. »Voraus« ist vielleicht etwas missverständlich dabei, denn es geht nicht um ein Erbe vor dem Todesfall, sondern um ein »zusätzliches« Erbe. Im Erbfall wird zunächst das Vorausvermächtnis erfüllt, danach die anderen Erbansprüche. Auch der Pflichtteilsanspruch wird erst nach Herausgabe des Vorausvermächtnisses errechnet. Deshalb können Sie das Vorausvermächtnis nutzen, um Ihrem Partner der nichtehelichen Lebensgemeinschaft etwas zukommen zu lassen.

WISO Tipp

Sie können in Ihrem letzten Willen auch die elterliche Sorge für ein minderjähriges Kind regeln. Allerdings: Es gibt kein gemeinsames Sorgerecht gegen den Willen der leiblichen Mutter!

Beispiel:

»Ich setze meine leiblichen Kinder Stefan und Vera zu meinen Alleinerben ein. Meine Partnerin Julie erhält als Vorausvermächtnis mein Aktiendepot bei der Commerzbank.«

Erbschaftsteuer

Für jedes Erbe (auch Immobilien) wird Erbschaftsteuer fällig. Notfalls muss der Erbe sich verschulden, um die Erbschaftsteuer zu bezahlen, wenn er einen ererbten Vermögensgegenstand nicht zu Geld machen will.

Freibeträge und Erbschaftsteuersatz

Der Partner einer nichtehelichen Lebensgemeinschaft ist in Sachen Erbschaftsteuer sehr schlecht gestellt: Er hat nur einen Freibetrag von

20 000 Euro. Alles darüber hinaus muss er mit 30 Prozent versteuern, alles über 6 Millionen Euro sogar mit 50 Prozent. Im Vergleich: Der Ehegatte (und auch der Partner einer eingetragenen Lebenspartnerschaft) hat einen Freibetrag von 500 000 Euro und einen Steuersatz von 7 bis 30 Prozent.

Und jetzt noch ein netter Übergang zum nächsten Kapitel: Bezugsrechte aus Lebensversicherungen fließen grundsätzlich *nicht* in die Erbmasse mit ein. Wenn Sie also für die Altersversorgung Ihres Partners vorsorgen wollen, dann setzen Sie ihn doch als Begünstigten Ihrer Lebensversicherung ein.

Versicherungen

Grundsätzlich ist jede Versicherung ein Vertrag des Versicherungsnehmers mit einer Versicherung. Deshalb muss grundsätzlich auch nur der Versicherungsnehmer Prämien bezahlen und grundsätzlich ist die Versicherung auch nur dem Vertragspartner gegenüber leistungspflichtig. Da macht es auch keinen Unterschied, ob man verheiratet ist oder »nur« zusammenlebt.

Im Schadensfall der Ehepartner oder Partner einer nichtehelichen Lebensgemeinschaft untereinander spielt das sogenannte Familienprivileg im deutschen Versicherungsrecht aber eine entscheidende Rolle. Das Familienprivileg besagt, dass ein Ehe(!)Partner nicht von der den Schaden begleichenden Versicherung in Regress genommen werden kann, wenn er aus Versehen seinem Ehepartner einen Vermögensschaden zufügt. Hintergrund ist, dass es dem Versicherungsprinzip widerspricht, dass die eine Familienkasse, die in einer Ehe vorausgesetzt wird, am Ende den Schaden doch begleichen würde. Deshalb hat eine Versicherung keine Regressansprüche dem verursachenden Ehepartner gegenüber. Bislang gibt es keine höchstrichterliche Entscheidung, ob dieses Familienprivileg auch für nichteheliche Lebensgemeinschaft anzuwenden ist.

Familienprivileg

Haftpflichtversicherung

Bei der Haftpflichtversicherung spielen zwei Konstellationen eine entscheidende Rolle – der Partner in einer nichtehelichen Lebensgemeinschaft als Geschädigter und als Mitversicherter.

Aufnahme in den Vertrag

Viele Haftpflichtversicherer nehmen auf Antrag Ihren Partner mit in die Haftpflichtversicherung auf, meist sogar ohne Erhöhung der Versicherungsprämie – das hat Vor-, aber auch Nachteile. Der Vorteil: Meist ist ohne Aufpreis durch Aufnahme in den Vertrag (und nur dann besteht Rechtssicherheit!) Ihr Partner mitversichert. Fügt er einem Dritten einen Haftpflichtschaden zu, so begleicht die Versicherung den Schaden, es sei denn, es wird Vorsatz nachgewiesen.

Was aber ist bei Schäden am Eigentum des Lebenspartners? Nehmen Sie Ihren Partner mit in den Versicherungsvertrag auf, dann hat das zur Folge: Ein Schaden wird nicht ersetzt! Versicherungsexperten nennen das die Repräsentantenstellung des Partners.

Repräsentantenstellung des Partners

Trennen Sie sich von Ihrem Partner, so teilen Sie dies unverzüglich Ihrer Haftpflichtversicherung mit und schließen Sie gegebenenfalls einen neuen Vertrag ab, denn Sie gelten als nicht mehr mitversichert, spätestens dann, wenn Sie einen neuen ersten Wohnsitz nachweisen!

Hausratversicherung

Anders als bei einer Haftpflichtversicherung, bei der die versicherte Person im Mittelpunkt steht, dreht es sich bei einer Hausratversicherung nur um die versicherten Gegenstände, also den Hausrat. Versicherungsrechtlich ist es also eigentlich gleichgültig, wem genau innerhalb einer nichtehelichen Lebensgemeinschaft welches Stück des Hausrates gehört, wichtig ist nur, dass es sich im Haushalt befindet. So führt dies dazu, dass auch Gegenstände, die Ihr Partner mit in die gemeinsame Wohnung gebracht hat, in der Hausratversicherung mitversichert sind.

Bei dieser Versicherung dreht es sich also nicht darum, den Partner als Versicherungsnehmer mit in den Vertrag aufzunehmen, sondern eher seine Vermögensgegenstände. Prüfen Sie also, ob der Versicherungsschutz noch ausreicht, und erhöhen Sie ihn gegebenenfalls.

Höhe der Versicherungssumme

Behalten Sie beide weiterhin Ihre »alte« Hausratversicherung bei, bedeutet das nicht, dass sich Ihre Versicherungssummen addieren! Es besteht in einem solchen Fall eher eine überflüssige Doppelversicherung!

Überflüssige Doppelversicherung

Rechtsschutzversicherung

Auch in eine bestehende oder neu abgeschlossene Rechtsschutzversicherung kann der Partner einer nichtehelichen Lebensgemeinschaft mit aufgenommen werden (meist nicht einmal gegen Aufpreis). Oft ist der

Mitversicherung

Partner sogar automatisch mitversichert, wenn er mit dem Hauptversicherten in »häuslicher Gemeinschaft« lebt. Ein Versicherungsschutz ist dann aber ausgeschlossen, wenn die beiden Partner einer nichtehelichen Lebensgemeinschaft ein gerichtliches Verfahren gegeneinander anstreben. Das gilt auch nach Trennung!

Kraftfahrzeughaftpflichtversicherung

In der Kraftfahrzeughaftpflichtversicherung spielt der Trauschein keine Rolle: Grundsätzlich ist ja eigentlich das Fahrzeug gegen Schäden von Dritten versichert und damit jeder berechtigte Fahrer, gleichgültig ob Partner, Freund oder Ehemann beziehungsweise Ehefrau.

Allerdings bieten immer mehr Versicherungen günstige Tarife, wenn das Auto nicht »herumgereicht« werden darf. Ihren Partner sollten Sie allerdings schon eintragen lassen als berechtigten Fahrer, und wenn es nur für Notfälle ist. Allerdings wird im Schadensfall auch immer der Versicherungsnehmer hochgestuft, das heißt, er muss in den Folgejahren höhere Versicherungsprämien zahlen, gleichgültig, wer den Unfall verursacht hat.

Berechtigte Fahrer

Kraftfahrzeugkaskoversicherungen

Was ist mit der Kaskoversicherung, der Versicherung also, die Schäden am eigenen Auto übernehmen soll, gleichgültig ob Teil- oder Vollkasko? Zunächst einmal wird die Versicherung den Schaden begleichen, auch wenn Ihr Partner ihn verursacht hat, es sei denn, er wurde von Ihrem Partner grob fahrlässig herbeigeführt und dazu gehören laut Rechtsprechung auf jeden Fall Alkohol oder Drogen am Steuer und auch das Überfahren einer roten Ampel.

Grobe Fahrlässigkeit

Aber auch ohne Vorliegen einer groben Fahrlässigkeit stellt sich die Frage: Wird die Versicherung versuchen, den durch Ihren Partner entstandenen Schaden von ihm zurückbezahlen zu lassen? Diese Regressmöglichkeit ist nur für in häuslicher Gemeinschaft lebende Familienangehörige ausgeschlossen, Versicherungsexperten nennen das die Repräsentantenstellung. Die Rechtsprechung ist sich aber nicht einig, ob dies bei Kfz-Versicherungen auf Partner einer nichtehelichen Lebensgemeinschaft anzuwenden ist.

Repräsentantenstellung

À propos Straßenverkehr: Was ist mit Bußgeldern, Knöllchen und Punkten? Man unterscheidet dabei immer zwischen Fahrzeughalter und Fahrzeugführer (Fahrer).

Bußgelder, Knöllchen und Punkte Im fließenden Verkehr haftet allein der Fahrer, er zahlt Strafzettel wegen zu hoher Geschwindigkeit oder Ähnlichem. Er bekommt auch Punkte. Allerdings muss der Halter mithelfen, den Fahrer zu benennen, ein Zeugnisverweigerungsrecht besteht in einer nichtehelichen Lebensgemeinschaft nicht. Lässt sich der Fahrer nicht feststellen, sind Bußgelder vom Halter zu bezahlen, Punkte bekommt er allerdings nicht, er wird aber ab sofort ein Fahrtenbuch führen müssen.

Im ruhenden Verkehr (Parkknöllchen) haftet der Fahrzeughalter. Im Innenverhältnis der Partnerschaft kann er sich das Geld aber zurückholen, theoretisch hat er sogar einen rechtlichen Anspruch darauf.

Schadensfreiheitsrabatt Der Schadensfreiheitsrabatt in den Kfz-Versicherungen steht nur einer Person zu, auch wenn beide Partner einer nichtehelichen Lebensgemeinschaft gemeinsam Versicherungsnehmer sind (was möglich ist!). Nach einer Trennung geht der Rabatt an den über, der ihn in die Versicherung mit eingebracht hat, bei einem Neuvertrag geht er an den Hauptversicherungsnehmer.

Krankenversicherung/Rentenversicherung

Die sogenannte Familienmitversicherung des Ehepartners oder der Kinder innerhalb der gesetzlichen Krankenversicherung greift ausschließlich bei Verheirateten und Familien. Der Partner einer nichtehelichen Lebensgemeinschaft ist nicht kostenlos mitversichert. Das Bundessozialgericht hat die beitragsfreie Mitversicherung für Partner einer nichtehelichen Lebensgemeinschaft ausdrücklich letztinstanzlich abgelehnt! Der Partner benötigt daher eine eigene Krankenversicherung.

Auch bei der gesetzlichen Rentenversicherung besteht kein Anspruch auf Rentenzahlungen an den Partner einer nichtehelichen Lebensgemein-
Witwen-/Witwerrenten schaft. Witwen- und Witwerrente sind gesetzlich nur für Ehegatten vorgesehen.

Private Rentenversicherung Sie können aber als Begünstigten einer privaten Rentenversicherung (wie bei einer Lebensversicherung) auch Ihren Partner eintragen lassen!

Hartz IV – Bedarfsgemeinschaft

Es gibt einen einzigen juristischen Teilbereich, in dem eine nichteheliche Lebensgemeinschaft der Ehe gleichgestellt wird. Im Sozialrecht. Innerhalb der Hartz IV-Gesetzgebung gibt es den Begriff der »Bedarfsgemeinschaft«. Dahinter versteckt sich das sogenannte Prinzip der Nachrangigkeit, das auch schon früher im Bereich des Sozialrechts galt. Der Staat springt finanziell nur ein, wenn sich jemand nicht selbst helfen oder ihm nicht von seiner Familie oder auch von seinem unverheirateten Lebenspartner geholfen werden kann. Zu einer Bedarfsgemeinschaft gehören, neben den Eheleuten, der Partner einer nichtehelichen Lebensgemeinschaft und die dem Haushalt angehörenden minderjährigen, unverheirateten Kinder des Erwerbsfähigen oder seines Partners (sofern deren eigenes Einkommen oder Vermögen nicht den Lebensunterhalt deckt). Das gilt auch für nicht leibliche Kinder, sogenannte »Patchworkfamilien«. **Patchworkfamlien** Es gibt also im Sozialrecht die feine, aber wichtige Trennung zwischen Bedarfsgemeinschaft (die Mitglieder der Bedarfsgemeinschaft haben Anspruch auf ALG II) und der bloßen Haushalts- oder Wohngemeinschaft (die Mitglieder der Haushaltsgemeinschaft haben keinen Anspruch auf ALG II).

Und dabei geht es nicht nur um den Leistungsbezug: Die Unterscheidung ist genauso wichtig für die Fragen nach Vermögen. Denn: Hat der Partner in einer eheähnlichen Gemeinschaft ein größeres Vermögen, so wird erst **Vermögen** dies (bis auf bestimmte Freibeträge) herangezogen, bis der Staat für den Antragsteller Leistungen zahlt!

Die eheähnliche Gemeinschaft (»Ehe ohne Trauschein«) setzt in der Sozialgesetzgebung ein beständiges Zusammenleben voraus. Neben dem Zusammen-Wohnen definiert der Gesetzgeber das als gemeinsame Planung und Gestaltung der Lebensführung, die »Verantwortungs- und Einstehensgemeinschaft«. Nach oberster Rechtsprechung liegt ein Indiz für eine eheähnliche Gemeinschaft vor, wenn

– die Partner gemeinsame Kinder haben,
– im gemeinsamen Haushalt andere Personen (zum Beispiel Angehörige der Partner) versorgt oder betreut werden,
– die Partner ein gemeinsames Konto haben,
– die Partner wechselseitig über das Konto des anderen verfügen können,
– die Partner sich gegenseitig finanziell unterstützen.

Der Gesetzgeber drückt sehr fein aus, dass die Partnerschaft zwischen einem Mann und einer Frau über eine »reine Haushalts- und Wirtschaftsgemeinschaft« hinausgehen muss, um anerkannt zu werden. Einschlägigen Gerichtsurteile definieren, ab wann ein Zusammenleben als »eheähnlich« bezeichnet werden kann.

Beispielurteile: »Eine Partnerschaft ist erst nach einem Zusammenleben von mindestens drei Jahren als eheähnliche Gemeinschaft anzusehen.« (Landessozialgericht Nordrhein-Westfalen, Az. L 19 B 85/05 AS ER.)

Darum drehte sich ein Großteil der Prozesse zum Thema Hartz IV in den ersten Jahren nach der Einführung: Was ist eine Lebensgemeinschaft und was bloß eine Haushaltsgemeinschaft? – Dabei geht es um sehr viel Geld. Das »Gesetz zur Fortentwicklung der Grundsicherung für Arbeitssuchende« hat die Beweislastumkehr eingeführt. Bei zusammenlebenden Paaren unterstellen die Behörden nun ein eheähnliches Verhältnis mit gegenseitigen Unterhaltspflichten. Die Betroffenen müssen nun die Behörden vom Gegenteil überzeugen, also »den Gegenbeweis glaubhaft« machen.

Beweislastumkehr

»Aus der Tatsache, dass ein gemeinsames Kind vorhanden ist, ergibt sich, dass tatsächlich zwischen der Antragstellerin und dem Mitbewohner eine nichteheliche Lebensgemeinschaft und auch eine Bedarfsgemeinschaft vorliegt.« (Landessozialgericht Nordrhein-Westfalen, Az.: L 12 AS 3352/05.)

»Die Erteilung einer Kontovollmacht beinhaltet ein besonders wichtiges Indiz für das Vorliegen einer eheähnlichen Gemeinschaft.« (Landessozialgericht Hessen, Az.: L 7 AS 23/06 ER.)

Leistungen vom Staat – außer Hartz IV

Grundsätzlich gilt wegen des verfassungsmäßigen Ranges der Ehe im deutschen Recht: Die Partner einer nichtehelichen Lebensgemeinschaft dürfen nicht besser gestellt werden als Eheleute (§122 Bundessozialhilfegesetz).

Wohngeld

Ausgangspunkt für Berechnung eines möglichen Wohngeldanspruches ist das Gesamteinkommen des Haushaltes. Es wird auch das Einkommen des Partners einer nichtehelichen Lebensgemeinschaft herangezogen! Das mindert natürlich die Möglichkeit auf Wohngeldanspruch. Die nichteheliche Lebensgemeinschaft wird dabei regelmäßig nach mindestens einem Jahr in einem gemeinsamen Haushalt angenommen, dann wird quasi aus einer Wohngemeinschaft eines Paares eine Lebensgemeinschaft (§5 Wohngeldgesetz).

Sozialwohnungen

Auch nichteheliche Lebensgemeinschaften können bei geringem Haushaltseinkommen einen Wohnberechtigungsschein beantragen, der zum Bezug einer Wohnung, die der »Miet- und Belegungsbindung« unterliegt, berechtigt. Auch hier wird regelmäßig ein gemeinsames Zusammenwohnen von mindestens einem Jahr vorausgesetzt.

Besoldungsrecht

Der Staat zahlt seinen verheirateten Beamten eine erhöhten »Ortszuschlag«. Das Bundesverwaltungsgericht hat entschieden, dass Paare in einer nichtehelichen Lebensgemeinschaft keinen Anspruch auf den erhöhten Ortszuschlag von Ehepaaren haben.

Sonderurlaub

Der Mann in einer Ehe hat als Beamter und als Angestellter im öffentlichen Dienst Anrecht auf Sonderurlaub, wenn seine Frau ein Kind gebärt. Das Bundesverwaltungsgericht hat entschieden, dass dieser Sonderurlaub nicht auf Väter einer nichtehelichen Lebensgemeinschaft anzuwenden ist.

BAföG

Und dann gibt es auch einmal einen seltenen Vorteil von unverheirateten Paaren gegenüber Eheleuten. Bei der Berechnung des BAföG wird das Einkommen des Ehepartners mit dazugerechnet, was häufig dazu führt, dass der Studierende keinen Anspruch auf diese staatliche Leistung hat. Anders bei Studierenden in einer nichteheliche Lebensgemeinschaft. Der Gesetzgeber fragt hier nicht nach dem Haushaltseinkommen, sondern nur nach dem Einkommen desjenigen, der BAföG beantragt. Der Gesetzgeber geht davon aus, dass Studenten häufig noch keine dauerhaften Beziehungen eingehen und es deshalb nahezu unmöglich ist, zu unterscheiden, wo eine Wohngemeinschaft und wo eine Haushaltsgemeinschaft vorliegt.

Nichteheliche Lebensgemeinschaft mit Ausländern

Die nichteheliche Lebensgemeinschaft mit einem Ausländer ist rechtlich sehr kompliziert, denn es gilt allein wegen einer gemeinsamen Wohnung in Deutschland nicht automatisch für beide deutsches Recht. Auch das Heimatrecht des Ausländers kann gelten, Näheres regelt immer das internationale Privatrecht (IPR).

Heimatrecht des Ausländers

Beispiel
Sie leben in Deutschland ohne Trauschein mit einer Französin zusammen und sie wird schwanger. Für die Feststellung der Vaterschaft und mögliche Unterhaltsleistungen gilt keineswegs deutsches Recht, es gilt in diesem Fall französisches Recht!

Grundsätzlich aber werden weitere Fragen bezüglich eines gemeinsamen Kindes mit einem Ausländer nach deutschem Recht entschieden, also insbesondere Sorgerecht und Umgangsrecht, solange das Kind in Deutschland lebt. Zieht jedoch ein Elternteil (meist die Mutter) mit dem Kind ins Ausland, so gilt das dortige Recht.

Sorgerecht und Umgangsrecht

Im Erbrecht gilt (selbstverständlich auch für Deutsche im Ausland) immer das Recht des Geburtslandes des Erblassers. Leben Sie also mit Ihrem ausländischen Partner in Deutschland zusammen und er verstirbt, so gilt für seine Erbangelegenheiten nicht deutsches Recht!

Erbrecht

Ganz kompliziert wird es bei der Trennung und dem Heimzug des Ausländers in sein Heimatland. Es wird im Einzelfall zu entscheiden sein, wo im Streitfall überhaupt der Gerichtsstand sein wird. Unter Umständen hat der Deutsche auch dort (z. B. in Sachen Kindschaftsrecht) als unverheirateter Partner viel weniger Rechte als in Deutschland!

Gerichtsstand

Einen Sonderfall gibt es seit 1998 bei der Entführung eines Kindes durch einen Elternteil ins Ausland, wenn beide Partner einer nichtehelichen Lebensgemeinschaft das gemeinsame Sorgerecht haben. Die Generalbundesanwaltschaft in Karlsruhe wird dann für Sie mit der Rückholung des Kindes nach Deutschland beauftragt.

Entführung eines Kindes durch den ausländischen Ex-Partner

Rechtlich bedeutsam ist der Unterschied in Sachen Herkunftsland: Kommt Ihr Partner aus einem Land der EU, so gilt in Deutschland kein Ausländergesetz, dies greift nur für Ausländer, die aus einem Nicht-EU-Land kommen. Das Ausländerrecht kennt keine nichteheliche Lebensgemeinschaft, deshalb gilt zum Beispiel auch nicht der »Familiennachzug« wie in einer Ehe mit einem Ausländer. (In der Ehe hat ein Ausländer ein

Anrecht auf eine Aufenthaltserlaubnis in Deutschland.) Begründen Sie also im Ausland eine nichteheliche Lebensgemeinschaft mit einem Ausländer, so hat dieser kein Anrecht darauf, mit Ihnen zusammen nach Deutschland umzuziehen!

Gleiches gilt auch für die Ausweisung. Eine nichteheliche Lebensgemeinschaft mit einem Deutschen ist kein Hinderungsgrund für eine Ausweisung! Allerdings gilt auch in Deutschland (wie in vielen Hollywoodfilmen als Thema) die Heirat eines Ausländers nicht unbedingt direkt als Schutz vor einer Ausweisung. Ämter werden in einem solchen Fall prüfen, ob eine tatsächliche häusliche Gemeinschaft besteht oder ob die Ehe nur eine »Scheinehe« ist.

Ausweisung

Eine Ausnahme ist die Schwangerschaft einer Ausländerin, wenn der Vater ein Deutscher ist und mit ihr in Deutschland zusammenlebt. (Dasselbe gilt selbstverständlich auch für werdende Väter.) Da auch das Kind aus einer nichtehelichen Lebensgemeinschaft mit einem deutschen Elternteil automatisch die deutsche Staatsangehörigkeit erwirbt (durch Anerkennung der Vaterschaft oder gerichtliches Urteil), kann der deutsche Säugling, der ein Bleiberecht in Deutschland durch seine Staatsangehörigkeit hat, nicht mit der Mutter »abgeschoben« werden. Auch wenn schon ein gemeinsames Kind aus der nichtehelichen Lebensgemeinschaft geboren wurde und mit den beiden Partnern in einer häuslichen Gemeinschaft zusammenlebt, ist nach einhelliger Rechtsprechung eine Abschiebung eines Partners unmöglich!

Keine Abschiebung bei Schwangerschaft

Steuer

Die nichteheliche Lebensgemeinschaft kommt im deutschen Steuerrecht *nicht* vor! Insbesondere der steuerliche Hauptvorteil von Ehepaaren, die gemeinsame Veranlagung im sogenannten (Ehegatten-)Splittingtarif, wird für Partner einer nichtehelichen Lebensgemeinschaft nicht angewandt. Beide Partner werden immer einzeln wie Singles veranlagt. Die Steuerersparnis des Splittingtarifes wird nichtehelichen Lebensgemeinschaften nicht gewährt, das hat der Bundesfinanzhof letztinstanzlich entschieden! Auch das Realsplitting, die Absetzbarkeit der Unterhaltszahlungen an den geschiedenen Ehepartner, gilt in einer nichtehelichen Lebensgemeinschaft grundsätzlich nicht. Auch bei der Zuordnung in eine bestimmte Lohnsteuerklasse spielt die nichteheliche Lebensgemeinschaft keinerlei Rolle.

Weder Splittingtarif noch Realsplitting

Vielmehr gilt im Zweifel eine noch nicht geschiedene Ehe steuerrechtlich trotz einer bestehenden nichtehelichen Lebensgemeinschaft bis zur Scheidung weiter, sowohl in Sachen Steuerklasse als auch in Sachen gemeinsame Veranlagung, denn auch im Trennungsjahr vor der Scheidung können Ehegatten noch einmal den Splittingvorteil nutzen.

Kinder- und Haushalts-freibetrag

Der Kinder- und Haushaltsfreibetrag (und auch das Kindergeld) ist nicht an die Ehe gebunden, er wird auch für Kinder nach einer Scheidung und auch für Kinder einer nichtehelichen Lebensgemeinschaft gewährt!

Haushaltsnahe Dienstleistung

In einer nichtehelichen Lebensgemeinschaft, in der ein Partner sehr viel und der andere sehr wenig verdient, kann es steuerlich sinnvoll sein, den Partner als Haushaltshilfe (haushaltsnahe Dienstleistung) anzustellen. Das ist völlig legal! Der Steuervorteil entsteht daraus, dass die Steuerersparnis der Absetzbarkeit beim Besserverdienenden (Lohnkosten plus Rentenversicherungsbeiträge) höher ist als die Steuerlast für den Angestellten (Einkünfte plus Arbeitnehmeranteile Rentenversicherung). Das gilt übrigens auch für sogenannte 400-Euro-Jobs.

Unterhaltszahlungen an den Partner

Grundsätzlich sind auch Unterhaltszahlungen an den Partner einer nichtehelichen Lebensgemeinschaft steuerlich nicht absetzbar, weil keine rechtliche Verpflichtung (wie zum Beispiel den Kindern gegenüber) besteht. Eine Ausnahme kann dann entstehen, wenn Sie wegen Krankheit, Arbeitslosigkeit (ohne staatliche Leistungen) des nichtehelichen Partners oder anderer Katastrophen rechtlich oder sittlich gezwungen sind, Ihrem Partner Unterhaltsleistungen zu zahlen. Mittlerweile erkennen die Finanzämter auch Unterhaltszahlungen an den Partner an, wenn der wegen eines gemeinsamen Kindes nicht arbeiten kann und kein eigenes Vermögen hat.

Allerdings ist es mittlerweile auch möglich, Werbungskosten im Rahmen der doppelten Haushaltsführung anzugeben, wenn ein Partner seinen Lebensmittelpunkt in einer nichtehelichen Lebensgemeinschaft angibt,

Wochenendheimfahrten und doppelte Haushaltsführung

beruflich aber woanders arbeiten muss. In diesem Fall kann er seine Wochenendheimfahrten und die Aufwendungen für eine doppelte Haushaltsführung steuerlich geltend machen.

Einkommensteuer-schulden

In einer nichtehelichen Lebensgemeinschaft haftet kein Partner für die Einkommensteuerschulden des anderen. Etwas anderes besteht selbstverständlich bei gesamtschuldnerischen Verhältnissen, zum Beispiel im Bereich der Grundsteuer, wenn zwei Partner einer nichtehelichen Lebensgemeinschaft sich gemeinsam eine Immobilie kaufen.

Gemeinsam mieten und kaufen, aber auch haften

Im Bereich »Miete« gibt es nur ja zwei mögliche Fallkonstruktionen: Entweder ein Lebenspartner möchte in die Wohnung »dazuziehen«, die der andere Lebenspartner bereits als Mieter bewohnt, oder die nichteheliche Lebensgemeinschaft sucht sich eine ganz neue Bleibe. Die gemeinsame Eigentumswohnung (gemeinsamer Immobilienbesitz) hat ganz andere rechtliche Folgen – die werden im Anschluss besprochen.

Mietverträge

Suchen Sie gemeinsam mit Ihrem/Ihrer Freund/-in eine Wohnung, so kann man Ihnen bei der Wohnungssuche nur raten, nicht so zu tun, als ob Sie verheiratet wären (und nur verschiedene Familiennamen hätten). Im schlimmsten Fall könnte der Vermieter einen so zustande gekommenen Mietvertrag wegen arglistiger Täuschung anfechten.

Kein Vermieter ist gezwungen, ein nicht verheiratetes Paar in seine Wohnung aufzunehmen. Viele gerade ältere Vermieter verbinden damit noch den Gedanken der Kuppelei, auch wenn diese Rechtsvorschrift längst abgeschafft wurde. Sie haben keine Möglichkeit, mit dem allgemeinen Gleichbehandlungsgesetz zu argumentieren. Wem eine Immobilie vermietet wird, unterliegt der Vertragsfreiheit des Vermieters.

Ziehen Sie jedoch in die Wohnung Ihres Partners, so bedarf auch dies unbedingt der Zustimmung des Vermieters. Kein Mieter darf seine Wohnung ohne Zustimmung untervermieten oder »dauerhaft andere Personen in die Wohnung aufnehmen« (§ 540 BGB). Ausnahmen machen hier nach Gesetz eben nur Familienangehörige, also vor allem Kinder. Allerdings darf der Vermieter Ihnen diesen Wunsch auch nicht abschlagen, denn der Einzug des Partners ist ein »berechtigtes Interesse« (§ 549 BGB). Möglicherweise wird der Vermieter wegen des Einzugs des Partners aber die Miete, meist aber auf jeden Fall die Nebenkostenvorauszahlung, wegen zu erwartender höherer Verbräuche erhöhen wollen – und das ist rechtens. Zustimmung des Vermieters

Durch einen bloßen »Zuzug« in die Wohnung Ihres Partners werden Sie nicht Vertragspartei des Mietvertrages! Wollen Sie dies verändern, so kann das nicht einseitig geschehen, es bedarf hierzu der Unterschrift des Vermieters. Ein sogenannter Untermietvertrag ist für diese Konstellation *nicht* der richtige Weg, da sich die Untermiete immer nur auf einen Teil der vermieteten Immobilie und nicht auf ihre Gesamtheit beziehen kann. Untermietvertrag

Fragen Sie sich: Welche Vorteile hat der gemeinsame Mietvertrag, welche Nachteile bringt er mit sich? Was passt für unsere Beziehung am besten? Sind Sie kein Vertragspartner im Mietvertrag der Immobilie, so haften Sie nicht gegenüber dem Vermieter, das kann zum Beispiel Mietausfälle oder notwendige Renovierungen betreffen. Der Vermieter kann auch nur seinem Vertragspartner gegenüber das sogenannte Vermieterpfandrecht geltend machen, also bei Schulden des Mieters Gegenstände aus dessen persönlichem Besitz als Pfand einzubehalten. Stehen Sie nicht im Mietvertrag, so darf der Vermieter das mit Ihrem Eigentum auch nicht machen. All diese Vorteile haben natürlich auch eine Schattenseite – im Trennungsfall. Nur wer im Mietvertrag steht, hat ein Anrecht, in der Wohnung zu wohnen. Trennen Sie sich von Ihrem Partner, so hat derjenige, der im Mietvertrag steht, das Recht, den Partner aus der gemeinsamen Wohnung zu verweisen, notfalls mit Gerichtsbeschluss!

Vermieterpfandrecht

Stehen jedoch beide Partner einer nichtehelichen Partnerschaft im Mietvertrag (unabhängig davon, ob einer »nachgetragen« wurde), so spricht der Jurist von einem »gesamtschuldnerischen Verhältnis«. Beide haften gleichermaßen für Miete und mieterliche Pflichten. Eine anderslautende interne Vereinbarung (»Ich zahle die Miete, du die Nebenkosten«) ist für den Vermieter nicht bindend. Selbstverständlich haben auch beide Vertragspartner die vollen (gemeinschaftlichen) Rechte, das heißt, eine Kündigung etwa muss von beiden unterschrieben werden. Diese gemeinschaftlichen Rechte und Pflichten enden aber nicht automatisch, wenn einer von beiden auszieht! Das gilt insbesondere auch für die Renovierungspflichten, wenn später auch der zweite Mieter auszieht.

WISO Tipp

Setzen Sie am besten eine beiderseitige Verpflichtung auf, mit der Sie sich gegenseitig versichern, dass im Falle einer Trennung jeder vom anderen verlangen kann, einer Kündigung des Mietverhältnisses zum nächstmöglichen Zeitpunkt zuzustimmen!

Kündigung

In Sachen Kündigungsschutz gibt es übrigens keinerlei Unterschiede, ob eine Mietwohnung von einem verheirateten Ehepaar oder von einer nichtehelichen Lebensgemeinschaft angemietet ist. Der Vermieter darf in beiden Fällen ausschließlich bei berechtigtem Eigenbedarf kündigen. Trotz der Einschränkung des Kündigungsschutzes darf der Vermieter (wie auch bei Ehepaaren) mit einer um drei Monate verlängerten Frist (§573 BGB) zur gesetzlichen Kündigungsfrist dem Mieter ausnahmsweise dann kündigen, wenn es sich um ein vom Vermieter selbst bewohntes Gebäude mit nicht mehr als zwei Wohnungen dreht.

Eigenbedarf

Was passiert in Sachen Miete beim Todesfall einer der beiden unverheirateten Partner? Kein Problem, wenn beide Partner Vertragspartner im Mietvertrag sind – der überlebende Partner kann den Mietvertrag fortsetzen, er kann aber auch, wenn ihm die Wohnung zu groß oder zu teuer wird, fristgerecht kündigen.

Nicht so einfach ist es, wenn der Partner stirbt, der alleiniger Mieter im Mietvertrag war. Der Bundesgerichtshof hat aber entschieden, dass der Paragraf § 563 BGB so auszulegen ist, dass in diesem Fall nicht nur der Ehepartner, sondern auch der Partner einer nichtehelichen Lebensgemeinschaft in den Mietvertrag eintritt.

WISO Tipp

Auch die Erben des verstorbenen Partners treten durch eine Erbschaft in den Mietvertrag mit ein. Sind Sie Vermieter, dann achten Sie darauf, dass Sie bei einer Eigenbedarfskündigung auch den Erben des Verstorbenen kündigen, sonst ist die Kündigung aus formalen Gründen unwirksam!

Pflege/Haushaltsführung

Bei einer nichtehelichen Lebensgemeinschaft besteht grundsätzlich keinerlei finanzieller Ausgleichsanspruch für erbrachte Leistungen, auch nicht in der Pflege. Der Zugewinnausgleich, den es im Scheidungsfall gibt, existiert bei nichtehelichen Lebensgemeinschaften auch nicht. Der Gesetzgeber geht davon aus, dass ohne vertragliche Regelung alle Leistungen in einer Partnerschaft so gewollt (und damit gerecht verteilt) sind. Anders als in der Ehe, in der es im Trennungsfall zu einem finanziellen Ausgleich insbesondere in der »Einverdienerehe« kommt, ist das ohne Trauschein nicht möglich. Führt einer von Ihnen den Haushalt und der andere verdient Geld, so gibt es nach der Trennung keinerlei finanziellen Ausgleich, auch wenn dieser jahrelange Zustand bei einem von Ihnen eine finanzielle Schieflage hervorruft – für Juristen: Auch die »Bereicherung« im Kaufrecht bietet keine rechtliche Grundlage für anderweitige Entscheidungen! Das gilt übrigens auch, wenn aufgrund einer finanziellen Schieflage zwischen den beiden Partnern einer der beiden Vermögenswerte wie eine Immobilie anschaffen konnte.

Keinerlei finanzieller Ausgleichsanspruch

Beispiel

Stefan und Kirsten leben ohne Trauschein zusammen. Stefan arbeitet voll, Kirsten kümmert sich um den Haushalt. Vom Ersparten kauft Stefan sich alleine eine Immobilie und steht alleine im Grundbuch. Dann trennen sie sich.

Die Immobilie gehört auch nach der Trennung alleine Stefan, Kirsten kann nicht geltend machen, dass Stefan sich diese Immobilie ohne ihre Mitarbeit nicht hätte leisten können.

Bei Immobilieneigentum gilt immer nur der Grundbucheintrag bzw. eine notarielle Regelung. Wer in einer nichtehelichen Lebensgemeinschaft die tatsächlichen Anschaffungs- oder laufenden Kosten getragen hat, spielt eigentumsrechtlich keine Rolle. Allerdings stehen Eigentümerpflichten (etwa Grundsteuern) auch im Streitfall nur für den an, der tatsächlich Eigentümer ist. Das gilt auch steuerrechtlich: Nur der tatsächliche Eigentümer einer vermieteten Immobilie muss die Mieteinnahmen versteuern, gleichgültig wie in einer nichtehelichen Partnerschaft Aufwendungen und Einnahmen tatsächlich verteilt sind.

Allerdings können die Partner einer Ehe ohne Trauschein individuelle Regelungen vertraglich fixieren, insbesondere:

– Finanzieller Ausgleich für Haushaltsführung
– Finanzieller Ausgleich für Pflegeleistungen
– Vermögensausgleich wegen Haushaltsführung

Miteigentum und Alleineigentum

Ganz schwierig ist im Trennungsfall zu klären: Wem gehören der Toaster, der Fernseher oder die Stereoanlage? Das deutsche Recht trennt nämlich zwischen dem Kaufvertrag und der Erlangung des Eigentümerrechts.

Einfach ist in diesem Fall das Alleineigentum: Wer eine Stereoanlage beispielsweise mit in die Beziehung eingebracht hat, dem gehört sie auch noch alleine im Trennungsfall.

Persönlicher Gebrauch: Wird beispielsweise ein Kleidungsstück oder ein anderer Gegenstand ausschließlich von einem der beiden Partner benutzt, sollte sich die Miteigentumsfrage nicht stellen. Das Kleidungsstück ist Alleineigentum.

WISO Tipp

Erstellen Sie eine Inventurliste. Klären Sie hierin, wem was beim Kennenlernen gehört hat, wer was bei Trennung bekommen soll und ob hierfür ein finanzieller Ausgleich geleistet werden muss.

Ersatzbeschaffung: Wenn in einer Ehe einer einen Toaster mit in die Ehe bringt, der dann durch ein neues Gerät ersetzt wird, so gilt bei Scheidung: Die Ersatzbeschaffung wird Alleineigentum des Erstbesitzers des Toasters, übrigens auch, wenn die Ersatzbeschaffung deutlich teurer und höherwertiger ist als das Originalgerät. Das ist bei der Ehe ohne Trauschein so nicht geregelt. Ein salomonisches Urteil fällte im Fall einer nichtehelichen Gemeinschaft das Amtsgericht Walsrode: Ein nicht verheiratetes Paar hatte einen Rottweiler gekauft. Bei der Trennung stellten beide gemeinschaftliches Eigentum am Hund fest. Da der Hund aber nicht geteilt werden kann, sprach das Gericht schließlich der Frau den Hund zu. Für den Verlust des Tieres musste der Mann im Gegenzug mit 400 Euro entschädigt werden. (Az. 7 C 1028/03)

Miteigentum ist der Begriff, wenn ein Gegenstand beiden gehört. Beide haben anteilig die Hälfte gezahlt und sind sich einig, dass der Gegenstand auch beiden gemeinsam gehört (meist ist das so bei Immobilien). Einigen Sie sich mit Ihrem Partner darauf, eine Immobilie gemeinsam zu erwerben und werden Sie durch den Grundbucheintrag beide hälftig Eigentümer, so ist es völlig gleichgültig, wer tatsächlich wie viel Geld in die Immobilie gepumpt hat. Im Streit- oder Trennungsfall gehört die Immobilie beiden, das heißt, der Verkaufserlös wird halbiert beziehungsweise der eine muss dem anderen, wenn er alleine weiter in der gemeinsamen Immobilie wohnen bleiben will, einen Mietzins zahlen. Hälftige Eigentümer

Wohnen Sie allerdings noch beide friedlich zusammen in einer Immobilie, die nur einem von Ihnen gehört, so macht in der Regel ein Mietvertrag keinen Sinn. Selbst wenn er nämlich in manch einer bestimmten Fallkonstruktion Sinn machen könnte – Finanzämter erkennen eine solche Konstruktion nicht an. Ähnlich wie bei einem Zusammenleben, bei dem nur ein Partner Mietpartei im Mietvertrag ist, so ergeben sich keinerlei Nutzungsrechte an einer Immobilie, wenn ein Partner alleiniger Eigentümer ist. Beim Scheitern der Beziehung muss derjenige, der weder einen Mietvertrag besitzt noch Eigentümer ist, die ehemals gemeinsame Wohnung verlassen, es besteht kein Anspruch auf ein weiterführendes Nutzungsrecht. Mietverträge unter Partnern einer nichtehelichen Lebensgemeinschaft

Immobilien-Kreditverträge-Haftung

Jetzt könnte man auf den Gedanken kommen, dass auch nur derjenige einer Bank gegenüber für Verbindlichkeiten aus einem Kreditvertrag für die gemeinsame Immobilie haftet, der auch Eigentümer ist. Das ist falsch! Das Eigentumsrecht an der Immobilie und das Vertragsverhältnis zum Kreditinstitut sind zwei Paar Schuhe. Gegenüber der Bank haftet nur der im Vertrag explizit definierte Kreditnehmer. Übrigens: Bestehende Verträge mit einer Bank ändern sich selbstverständlich weder durch Trennung noch durch Auszug, nicht einmal durch Vermietung oder Verkauf einer Immobilie.

WISO Tipp

Unterschreiben Sie in einer »wilden Ehe« nie einen gesamtschuldnerischen Kreditvertrag oder lassen sich als Bürge eintragen, wenn Sie nicht auch im Grundbuch eingetragener Eigentümer dieser Immobilie sind. Die Bank hat daraus nur Vorteile: Ist der eine Vertragspartner zahlungsunfähig, kann sie sich an den anderen wenden, egal, ob der überhaupt Eigentümer der Immobilie ist!

Allerdings hat der Bundesgerichtshof in mehreren Urteilen seit 1991 festgestellt, dass bei nichtehelichen Beziehungen und Alleineigentum eines Partners an einer Immobilie bei Trennung durchaus Ausgleichsansprüche geltend gemacht werden können, wenn einer der Partner sich an der Finanzierung beteiligt hat, nicht aber Eigentümer im Grundbuch ist. Allerdings entsteht hierdurch maximal ein finanzieller Ausgleichsanspruch, nicht aber ein eigentumsrechtlicher.

Was passiert mit der gemeinsamen Immobilie im Todesfall?

WISO Tipp

Machen Sie sich um jeden Eigentumsanteil einer Immobilie erbrechtlich Gedanken. Es kann nämlich auch sein, dass nur eine Hälfte des Immobilieneigentums, etwa aus Mangel an einem Testament, an die gesetzlichen Erben und eben nicht an den unverheirateten Partner fällt. Es spielt also erbrechtlich erst mal nur sekundär eine Rolle, ob es sich bei einer Immobilie um Allein- oder gemeinsames Eigentum dreht.

In vielen nichtehelichen Beziehungen stellt sich folgendes Problem: Einer von beiden hat Kinder aus einer früheren Beziehung, dann kauft man sich gemeinsam mit den neuen Partner eine Immobilie. Was passiert im Todesfall?

Der Partner aus einer »wilden Ehe« gehört nicht zu den gesetzlichen Erben wie Eltern, Kinder oder Ehegatten! Selbstverständlich können Sie in einem Testament oder gemeinsam in einem Erbvertrag (unter gewissen Bedingungen) Vorsorge treffen. Eine weitere Möglichkeit ist die Fixierung eines Vorkaufsrechtes des überlebenden Partners an der gemeinsamen Immobilie oder des Eigentumsanteils des zuerst Verstorbenen. Das Vorkaufsrecht kann aber auch Sinn machen, während beide Partner einer »wilden Ehe« noch leben. Dann nämlich darf der eine seinen Miteigentumsanteil erst dann an einen Dritten verkaufen, wenn der Partner den Kauf zu den gleichen Konditionen vorher abgelehnt hat.

Allerdings kann es im Sinne der Erbschaftsteuer (mehr dazu im Kapitel Erbrecht) sinnvoll sein, die Immobilie doch den Kindern zu vererben, dem nichtehelichen Partner aber ein lebenslanges Nutzungsrecht an der Immobilie zu übertragen. Die gesetzliche Erbfolge wird durch ein solches Nießbrauchrecht nicht verändert! Durch Abschluss eines Nießbrauchvertrages im Grundbuch kann man einer Person, die nicht (Allein-)Eigentümer einer Immobilie ist, ermöglichen, die Immobilie zeitlich begrenzt oder lebenslang zu nutzen. Dieser Nießbrauch kann so gestaltet werden, dass er erst im Erbfall eintritt. Ein Nießbrauchrecht kann (ohne weitere getroffene rechtliche Einschränkungen) auch zur Weiterbeziehungsweise Untervermietung der Immobilie im Nießbrauch genutzt werden.

Was passiert mit der gemeinsamen Immobilie bei Trennung?

Ausnahmsweise unterscheiden sich die Probleme, die hier auftreten, wenig von denen, die im Falle einer Scheidung auftreten. Was passiert mit der gemeinsamen Immobilie? Findet sich keine Einigung (Verkaufen an einen Dritten, Vermieten an einen Dritten, Vermieten an den Partner oder Abkaufen durch den Partner), so muss die gemeinsame Immobilie im Streitfall zwangsversteigert werden – mit den absehbaren Folgen großen finanziellen Verlustes.

WISO Tipp

Fast alle Regelungen, die eine Immobilie betreffen, benötigen die notarielle Form. Ein Vertrag zwischen zwei Partnern ohne eine solche Beglaubigung ist oft wertlos!

Schulden

Anders als man vielleicht landläufig denken könnte, haftet grundsätzlich ein Partner nicht für die Schulden des anderen – weder in der Ehe noch in der nichtehelichen Lebensgemeinschaft, es sei denn, es werden gemeinsam Verträge unterschrieben. Auch dann ist es allerdings gleichgültig, ob man verheiratet ist oder nicht.

Schäden

Der eine Partner macht dem anderen Partner zum Beispiel die teure Designeruhr kaputt. Wie sieht es mit der Haftung aus? So wie in der Ehe sind Grundlage für die rechtliche Beurteilung zwei Paragrafen des bürgerlichen Gesetzbuches. Nach Paragraf 823 ist jeder, der einem anderen etwas kaputt macht, zu allgemeinem Schadensersatz verpflichtet. Wie in der Ehe gibt es aber bei Ehen ohne Trauschein einen besonderen Haftungsmaßstab nach Paragraf 277 BGB. Der Schadensersatz ist in Beziehungen auf die Fälle beschränkt, in denen die »eigenübliche Sorgfalt« (also die übliche Schlampig- und Unvorsichtigkeit) übertroffen wurde. Geht der Partner also auch mit seinen eigenen Gegenständen schlampig um? Der Gesetzgeber geht davon aus, dass zwei Partner in einer Beziehung wissen, wie der andere ist, und sich damit arrangiert haben – gehaftet wird also nur, wenn das Maß der üblichen und bekannten Schusseligkeit im Einzelfall überschritten wurde.

Besonderer
Haftungsmaßstab

Wird ein Schadensersatzanspruch in einer »wilden Ehe« nicht sofort schriftlich fixiert, so geht der Gesetzgeber in der Regel davon aus, dass stillschweigend darauf verzichtet wird.

WISO Tipp

Eine Begrenzung der Haftung bei Fahrlässigkeit auf die »eigenübliche Sorgfalt« findet im Straßenverkehr nicht statt. Auch gilt sie nicht bei arbeitsrechtlichen Verträgen zweier Partner.

Arbeitsverhältnisse in einer nichtehelichen Lebensgemeinschaft

Arbeitsvertrag oder nicht? Unentgeltliche Hilfe oder Arbeitsverhältnis? Was gilt, wenn ein Partner einer nichtehelichen Lebensgemeinschaft Selbstständiger oder Freiberufler ist und vom anderen in seiner Firma unterstützt wird?

Zunächst einmal müssen die Partner entscheiden, ob sie mit einem Ar-

Dienstverhältnis beitsvertrag ein offizielles Dienstverhältnis begründen. Dann nämlich entstehen alle Rechte und Pflichten aufseiten des Arbeitgebers und des Arbeitnehmers, so als wenn die beiden nicht in einer Wohnung zusammenleben würden. Der Arbeitnehmer hat Urlaubsanspruch und das Anrecht auf eine angemessene Entlohnung – in gleicher Höhe wie andere Angestellte eines vergleichbaren Jobs. Der Arbeitgeber hingegen hat die Verpflichtung zur Entrichtung der Sozialbeiträge inklusive Lohnsteuer, Arbeitslosenversicherung und sonstige Pflichtabgaben.

Auch sogenannte 400-Euro-Jobs sind unter Partnern einer nichtehelichen Lebensgemeinschaft grundsätzlich möglich! Auch das ist einer der seltenen Vorteile gegenüber Eheleuten – denn bei Eheleuten schaut das Finanzamt viel genauer hin und macht strengere Auflagen, wann Arbeitsverträge zwischen Eheleuten überhaupt zulässig sind.

Was aber gilt, wenn ein solcher Vertrag nicht besteht? Als Grundsatz wird in dieser Konstellation angenommen, dass die Mitarbeit als »Investition in die nichteheliche Lebensgemeinschaft« getätigt wird. Dementsprechend ist auch keine Vergütung der geleisteten Dienste geschuldet. Sind der zeitliche Umfang und die Verantwortung bei der Arbeit umfangreich, so kann aber auch in seltenen Fällen ohne Vertrag ein Anrecht auf Entlohnung entstehen. Im Extremfall landen solche Fälle dann vor Gericht, wo nach dem Einzelfall geurteilt wird.

Selbstverständlich können Sie Ihren Partner in Ihrem Betrieb aber auch

Partner als nicht nur anstellen, Sie können ihn auch zum Mitunternehmer machen.

Mitunternehmer Für Arbeitsverträge ist die Auflösung einer nichtehelichen Lebensgemeinschaft uninteressant, der Arbeitsvertrag besteht weiter! Immer wieder landen Fälle anlässlich einer Trennung einer nichtehelichen Lebensgemeinschaft vor Gericht, in denen festgestellt werden muss, ob nicht trotz Fehlens eines Arbeitsvertrages sogar eine Mitunternehmerschaft vorlag, die dann möglicherweise zu Entschädigungs- beziehungsweise Abfindungszahlungen berechtigt. Entscheidend dabei sind die Dauer und die Intensität der Mitarbeit im Betrieb. Ganze Bücher füllen allein die Diskussionen darüber, was passiert, wenn beide Partner Mitunternehmer sind und sich dann trennen. Die Konsequenzen, die sich daraus im Gesellschaftsrecht und im Steuerrecht ergeben können, würden hier den Rahmen sprengen. Eine solche Konstellation sollte nie ohne anwaltliche Beratung eingegangen werden.

Übrigens: Ähnlich wie im Betrieb enstehen auch bei Haushaltstätigkeiten, bei der Kinderbetreuung und auch bei der Versorgung des Partners im Krankheitsfall nicht automatisch Lohnansprüche unter Partnern einer nichtehelichen Lebensgemeinschaft. Auch diese Leistungen sieht der Staat, wenn keine anderen Verträge vorliegen, grundsätzlich als nicht zu entlohnende Investitionen in die Partnerschaft an – reine Gefälligkeitsleistungen. Sie sind üblicherweise nicht ausgleichsfähig.

Fazit

Eine nichteheliche Lebensgemeinschaft ist in Deutschland zum Beispiel im Erbrecht einer Ehe nicht gleichgestellt. Wohl aber gibt es beispielsweise im Sozialrecht (»Hartz IV«) weitreichende Folgen, die das Zusammenleben in einer »wilden Ehe« begründen.

Register